De l'aurore à la brunante

À Pierre et Marie, lecteurs de l'essai *De l'aurore à la brunante*,

Une œuvre qui vous étonnera… ?

Après une table des matières traditionnelle et une introduction qui vous familiariseront avec l'œuvre, la surprise vous attend. Dès le premier chapitre, après un bref propos, vous constaterez que l'auteur rompt avec l'approche cartésienne linéaire habituelle et adopte une démarche circulaire. Cette dernière quadrille le sujet ciblé, l'attaque sur plusieurs fronts, à l'aide de brèves réflexions. Tel Socrate avec sa maïeutique, l'auteur groupe ses idées en faisceaux pour cerner sa pensée et favoriser l'émergence de la vôtre.

Vous aimez papillonner, butiner au gré de votre fantaisie ? Ce sera possible. Que vous lisiez cet essai selon l'ordre des pages, vos désirs ou au hasard, vous serez toujours en terrain familier. Seul maître à bord, votre esprit pourra vagabonder librement. Après un chapitre, une partie, une page, une réflexion, vous réagirez, le critique en vous surgira, et un dialogue s'établira…

Jaloux de votre liberté, réticent à emboîter le pas, vous craignez d'être happé, asservi ? Bravo ! Vous êtes le maître de votre pensée, de votre morale. Nos proches nous le font savoir, si nous prenons une part de leur soleil. L'auteur ne veut ni séduire, ni convaincre ; il affirme les valeurs qui sous-tendent ses convictions et ses certitudes comme vous avez les vôtres.

Une œuvre littéraire que l'on parcourt est une marche en compagnie d'un ami. Chaque matin, notre vie s'éveille, comme pour tout humain sur terre.

Bonne randonnée

Qui affirme gros risque-t-il d'errer gros ?

Plus de 4 500 réflexions qui affirment, remettent en question...

Puis, lecteurs critiques, à vous la parole !

Table des matières

Les œuvres d'art se divisent en deux catégories : celles qui me plaisent et celles qui ne me plaisent pas. Je ne connais aucun autre critère [1].

ANTON TCHEKHOV

Introduction

A- Avant-propos de l'auteur

La meilleure façon d'avoir raison ou de ne pas dire de sottises est de se taire, et la meilleure façon de ne pas commettre d'erreurs est de ne poser aucun geste.

Adolescent, idéaliste, je me voyais prêtre ou marié et père de famille, écrivain, politicien, docteur en lettres, etc. ; en un mot, selon le slogan de l'époque : « Rien de trop beau pour la classe ouvrière ! » Des années ont passé. La vie a fait de moi, ou je suis devenu avec elle, un professeur et un libre-penseur, incroyant ou agnostique. Dieu, qui a terrassé et interpelé Paul de Tarse, m'a oublié. Je me serais dit victime d'hallucination... À la retraite, je suis revenu à mes amours, l'écriture. Dans cette édition, je reprends l'ossature et les thèmes de l'œuvre que jeune j'avais entreprise et dû abandonner. Je réalise le désir de léguer aux miens et à mes compatriotes ce que la vie m'a enseigné. Je vous invite à cheminer avec moi en terrain connu, celui de la vie.

Je veux, dans cet essai, questionner l'élite et les citoyens qui ont remplacé ceux de la supposée période de la Grande Noirceur et contribué à définir et construire le Québec actuel. Au lendemain de la Révolution tranquille, des citoyens engagés ont voulu créer un Québec plus libre, ouvert et démocratique. D'autres ont jugé opportun d'y ajouter leur vision d'un Québec plus libertin, d'une société qui tournerait le dos à la précédente, et ont popularisé des valeurs discutables. J'aborderai cette

---

1 Florence Montreynaud et Jeanne Matignon, Dictionnaire des citations du monde entier, Paris, Le Robert, 2000, p. 895

question en présentant des valeurs que je crois plus adultes, stimulantes et constructives. Je m'interrogerai sur l'avenir de notre nation, et je remettrai en question tant les citoyens dits ordinaires que ceux qui ont exercé plus d'influence ou détenu plus d'autorité.

Mes dires ne nourriront les vôtres que si la vie vous a amenés à vous poser des questions qui vous ont préparés à en saisir la portée. Le nombre de livres lus est secondaire, l'important est que les nouvelles connaissances soient assimilées et s'additionnent à celles que l'on possède.

Créer un monde idéal pour accéder à un autre éternel fut un but poursuivi par les civilisations antérieures. À cette fin, elles se sont dotées de constitutions et de religions qui précisaient les règles à suivre pour vivre en harmonie les uns avec les autres et pour atteindre le bonheur sur terre et le paradis dans l'autre monde. L'espoir d'un lendemain meilleur aide à vivre et à accepter de se lever tous les matins en courageux Sisyphe. La vie afflige quotidiennement des millions de personnes qui la prennent mal, mais qui peuvent toutes s'améliorer et apprendre. L'humanité peut être autre et mieux, et ne pas chercher à diminuer les effets pervers de l'« hommerie » et de la « femmerie » est s'en faire le complice.

En tant que citoyen qui s'est toujours questionné, comme nous le faisons tous, sur la vie, les êtres humains, notre société et le monde dans lequel nous vivons, je voudrais communiquer l'expérience acquise et les observations que j'ai pu faire sur la nature humaine dans ce qu'elle a de permanent et de provisoire, dans le fait que l'on puisse lire un dialogue de Platon comme s'il avait été écrit hier, qu'aujourd'hui nous utilisons tel genre d'ordinateurs et que demain ce seront d'autres. Que vous acceptiez peu ou plusieurs de mes propos ou réflexions, rien ne me plairait davantage qu'ils vous portent à vous questionner ou vous permettent de faire le point sur ce que vous pensez ou croyez. La vie est toujours en marche et ne permet pas de retour en arrière, si ce n'est en pensée.

J'ai eu 18, 30, 45, 60 et 65 ans… l'âge de la pension de vieillesse. Je fus idéaliste, plus ou moins révolutionnaire, croyant, anticlérical, et je suis maintenant un agnostique rangé. Je me dis agnostique, mais je suis bien conscient, lorsque de nombreux hasards ou coïncidences s'additionnent et vont dans une même direction, qu'il est honnête de se demander si un plan directeur ou un architecte ne seraient pas là, derrière. Les humains cesseront de se poser la question de l'existence de Dieu le jour où ils seront capables de créer un colibri, non une navette spatiale, et un humain, non un robot d'apparence humaine. Serons-nous d'éternels croyants face à d'éternels agnostiques ou athées?

Des commentaires sur les humains, vous en avez lu et entendu beaucoup. Ceux-ci sont d'un Québécois francophone, et ils portent surtout sur la vie, son milieu, sa province et son pays. Comment satisfaire des êtres qui vivent aussi difficilement seuls qu'en groupe, qui ont à la fois besoin de se caser et «auraient soif d'infini», et qui doivent ce qu'ils sont et ce qu'ils ont en partie à ceux qui les ont précédés et à ceux avec qui ils vivent? C'est là tout un défi!

À l'ère où les cotes d'écoute ont la cote, où des vedettes ou des pseudo-vedettes recherchent le plus haut coefficient de popularité, où l'on aime bien être sur la *map*, où les «piasses» dominent, je prends la parole comme l'ont prise les pourfendeurs d'un hier dit étouffant et de grande noirceur, et les «curés laïques» de la grande liberté et de la grande clarté. Depuis le début de la Révolution tranquille, les éditorialistes, chroniqueurs, animateurs de *talk-shows* ou de tribunes téléphoniques, compositeurs de téléséries ou de téléromans, artistes, scientifiques, etc., ont défini l'acceptable et le tolérable. Ils ont orienté et imposé la «doxa» actuelle – ce que pensent et privilégient la majorité des citoyens ou la pensée commune –, popularisé les valeurs à la mode et détenu, sans mandat, le pouvoir réel. Merci à tous ces écrivains d'hier qui avaient des choses à dire, à exprimer et à léguer. Je les ai fréquentés comme je fréquente les créateurs d'aujourd'hui. J'en ai retenu beaucoup et peu. Mes proches, ceux avec qui j'ai tricoté ma vie, m'ont éduqué et m'ont davantage influencé qu'eux. L'auteur de cet essai se perçoit comme une éponge perméable à l'amour des siens et est reconnaissant aux artistes et savants qui l'ont précédé, ces amoureux du genre humain. Il s'adresse à ceux qui veulent le juste milieu dans un équilibre qui favorise l'égalité de tous et la justice sociale.

Des propos et des réflexions, il s'en publie depuis l'Antiquité. Les écrivains et les philosophes les ont multipliés par la suite jusqu'à nos jours. Les *Pensées* de Pascal ou les *Propos* d'Alain n'ont pas vieilli, mais le monde d'aujourd'hui est différent du leur. Les connaissances, la technologie et les mœurs ont évolué. Nous mettons l'accent sur des préoccupations qui nous sont propres.

Chaque génération doit se définir, se choisir des valeurs parmi celles héritées des prédécesseurs ou imposées par la vie, ou s'en créer de nouvelles. Chacune doit définir ses besoins et se doter d'un environnement social et culturel qui l'aidera à vivre son aventure humaine de la façon la plus agréable et la plus heureuse possible.

Pour simplifier, on peut dire que dans toute société, dans tout groupe d'humains, depuis que le monde est monde, il se développe des rassembleurs et des créateurs. Les premiers, on les appelle des religieux ou des politiciens; les seconds, des artistes. Les uns comme les autres sont perçus comme des *leaders* ou des témoins qui aident les membres de leur communauté à s'unir, se sécuriser et se définir.

Toujours pour simplifier, il semble plausible que l'ignorance, doublée d'insécurité, soit à l'origine des religions. D'où vient l'univers, d'où vient la vie? Ce sont des questions qui préoccupent les êtres intelligents que nous sommes. Il se développerait un clergé qui tenterait de répondre à ces questions, de résoudre ce mystère. Puis, arriveraient dans certaines civilisations, en plus des religieux et des artistes, des philosophes et des scientifiques qui tenteraient de définir et d'expliquer l'univers et la vie.

Les tribunaux grecs ont condamné Socrate à boire la ciguë pour avoir remis les dieux nationaux en question et corrompu la jeunesse, dit-on. L'Église a obligé Galilée à nier ses découvertes scientifiques devant l'Inquisition, et les croyants ont digéré difficilement l'évolutionnisme de Darwin. Entre le sorcier d'une tribu primitive, l'astrologue chez les hindous, l'oracle de Delphes, les augures chez les Romains, les centres de pèlerinage chez les chrétiens, la filiation est évidente. On veut expliquer le mystérieux, prévoir l'imprévisible. Historiquement, la religion précède la science. Pour parler le langage d'un Camus, on fait le saut dans une croyance, et en sciences, on accède à des vérités qui permettent d'accéder à d'autres. Les scientifiques doivent éviter de tomber dans le scientisme ou le positivisme du XIXᵉ siècle, qui faisait de la science une religion qui expliquerait non seulement le comment, mais aussi le pourquoi, et qui appartiendrait plutôt aux philosophes et aux théologiens... Les religions enseignent et croient en la survie de l'être humain dans un autre monde, et que l'amour et le bien doivent triompher en ce monde sur la haine et le mal, qui n'y donneraient pas accès. Pour elles, les humains auraient hérité d'un Dieu créateur, de gènes d'essence spirituelle ou divine qui les prédisposeraient à vouloir retourner à lui après une mort qui ouvrirait la porte sur le sublime pour l'éternité. Un incroyant ne peut accepter cette vision. Avec les religions, il faut cependant accepter que l'amour doit l'emporter sur la haine, le bien sur le mal, le moral sur l'immoral, le positif sur le négatif et que l'ennemi à vaincre, le perfide, le Satan, serait l'amoral qui met le bien et le mal, la vertu et le vice sur le même pied. Le capitalisme sauvage, amoral, pour qui faire du profit est le critère moral de tout ce qui a une portée économique, s'il s'implantait dans le monde, détruirait notre planète et l'humanité. À l'heure actuelle, le capitalisme se dirige dans cette voie au pas de course.

Dans cet essai où le contenant précède et porte le contenu, l'auteur fait appel à des complices qui remplacent un « je », un « nous », un « les humains »... Ce procédé lui évite les répétitions et humanise le discours. Pierre, célibataire, conjoint ou veuf, incarnera l'honnête homme ; Marie, copine ou conjointe, l'honnête femme ; Jacques, l'ami, le coquin sans scrupule ; et s'ajouteront un Jean, une Jeanne... Pierre, au besoin, sera un pacifique belliqueux, un entêté qui se résiste, un polémiste éteint, et conciliera des désirs, des goûts ou des vouloirs contraires. Bien entourés, l'auteur et ses complices affirmeront, remettront en question, assurés que vous réagirez...

Ces derniers incarneront, selon les besoins, un niveau de conscience différent. Ils proposeront des réflexions ou s'appuieront sur une morale basée sur l'amour de ses frères, sur le légal, le droit, ou sur le rentable, le profit. Les notions de péché, de crime ou de violation de la libre circulation des biens et de la croissance du P.I.B. selon la loi de l'offre et de la demande s'affronteront. Les « curés » porteront ou non une soutane, les magistrats, une toge et les financiers, un complet et une cravate. Le lecteur devra se situer dans cet essai, assailli de propos, de réflexions, d'idées, de points de vue que sous-tendront des convictions, des valeurs différentes. Puisse une Ariane lui faire cadeau d'un peloton de fil qui lui permettra de se retrouver dans ce labyrinthe qu'impose la vie, où le bien et le mal coexistent, se côtoient. Platon, Aristote, Sénèque, le Christ, imprègnent cet essai.

Avec des pensées rédigées de façon concise, les adjectifs et les adverbes céderont leur place à un « oui, mais... », à un « non, mais... » d'un lecteur critique. Des points de suspension, d'interrogation, un conditionnel évitent bien des discussions oiseuses. L'œuvre est présentée de façon inhabituelle et se développera de façon circulaire et non linéaire à l'aide de réflexions précédées de propos. On nie une affirmation, on l'approuve, la nuance, l'intensifie ou la diminue. L'auteur n'a pas relevé toutes les manifestations de l'«hommerie» et de la «femmerie», il veut en montrer les effets négatifs sur les individus et les collectivités, et souligner que les maîtriser ferait la différence entre une vie et une société idéales et ce qu'elles sont réellement.

Cette œuvre, imprégnée de valeurs judéo-chrétiennes, a germé et s'est développée en territoire canadien, au Québec, et se voudrait à la fois singulière et universelle : singulière dans ses propos et réflexions sur l'actualité, et universelle dans ceux qui remontent à l'*homo sapiens*. La mondialisation actuelle adopterait la démocratie comme type de société et le régime capitaliste. Les pays asiatiques, dont la Chine, économiquement capitaliste et politiquement communiste, l'Inde, etc., épouseraient cette approche. Les pays de tradition musulmane se définissent politiquement, à l'heure actuelle… Comme beaucoup de pays sont multiethniques, le système fédératif aurait la cote, et le Québec, peuplé de descendants de colons français et d'immigrés, encore indécis sur son avenir, serait familier avec ce que vivent et vivront bien des pays dans le monde.

B- FAITS HISTORIQUES… ET RÉFLEXIONS PRÉLIMINAIRES

Il y a 13,7 milliards d'années, après le big-bang, une succession de causes et d'effets aurait formé l'Univers.

Avant le big-bang, ignore-t-on si d'autres univers ont précédé le nôtre ?

L'Univers a eu un début et il aurait une fin, selon l'*Apocalypse* et des scientifiques ; il serait en expansion, ou en compression ?

S'interroger sur le début de l'univers oblige-t-il à croire à un créateur ?

Comme notre univers a eu un début, la cause première serait violente, affirmative…

On connaît l'origine, la taille et le contenu de la « bombe » initiale ?

Du big-bang à nos jours, tout s'est produit aléatoirement, selon des scientifiques.

La Terre aurait 4,5 milliards d'années et aurait fourni les conditions qui ont donné la vie végétale, animale et humaine.

Les astronomes, physiciens, mathématiciens, chimistes, géologues, etc., se partagent l'étude de notre planète.

Le soleil, source de chaleur, est la principale cause de l'apparition de la vie sur terre.

La rotation de la Terre sur elle-même et autour du Soleil explique le jour et la nuit et nos saisons.

Des planètes propices à créer ou à donner la vie sont découvertes dans l'Univers… ?

L'apparition des premières molécules organiques à l'origine de la vie daterait d'environ 3,5 à 3,8 milliards d'années.

Pourquoi a-t-il fallu 10 milliards d'années pour aboutir à la molécule qui a donné la vie ?

La vie serait animée par un besoin impératif de progresser qui s'est affirmé, selon Darwin, par sélection naturelle.

Quand Darwin affirmait que l'évolution s'était faite par sélection naturelle, il voulait dire que la qualité l'emportait sur la quantité…

Pour croître et se reproduire, les végétaux satisfont leurs besoins dans leur milieu ; les animaux et les humains y ajoutent le plaisir.

Charles Darwin a relevé les étapes par lesquelles les êtres vivants sont passés pour aboutir à l'homme moderne.

La théorie de l'évolution de Darwin a remis en question celle du créationnisme.

Depuis Darwin, on regarde derrière plutôt qu'en haut.

L'*homo sapiens*, ou homme de Cro-Magnon, s'est développé entre 300 000 et 100 000 ans av. J.-C.

Les descendants de l'homme de Cro-Magnon et de l'homme de Néandertal se sont mélangés.

Comme Pierre descend de l'homme de Cro-Magnon, on comprend qu'il soit égoïste et violent.

De l'homme de Cro-Magnon à ce jour, l'évolution, aidée de mutations négatives et de virus, a accru le pouvoir du cerveau humain.

Les humains divisent ou conçoivent le temps en court, moyen et long terme, et l'espace en local, national et international.

Les êtres vivants, biologiquement programmés, naissent, vivent et meurent.

Les végétaux ne consomment que le nécessaire, les animaux et les humains davantage, et rejettent les surplus.

Les prédateurs, en dévorant les plus fragiles, aident une autre espèce.

Le prédateur forme ses proies à le voir venir et les y dirige.

S'il est normal que les requins vivent en requins, que les financiers les imitent…

Pour un végétal ou un animal, vivre et se reproduire est une victoire.

Sur le plan biologique, physique, nous devons aux animaux qui nous ont précédés ce que nous sommes.

Les animaux qui vivaient en meute ou en clan ont davantage évolué que ceux qui vivaient en solitaires.

Seulement quelques milliers de gènes différents expliquent la supériorité de l'être humain sur le chimpanzé.

L'intérêt ou les besoins et le plaisir orientent et définissent les choix qui expliquent le comportement humain.

Les humains, libres, optent pour le bien ou le mal, jouent un rôle positif ou négatif.

Les gains de l'intelligence humaine sur l'instinct combleraient plus que les pertes sur les plans instinctif et sensoriel.

Après combien de millénaires retrouve-t-on dans l'A.D.N. humain des traces autres que physiques des ancêtres ?

De quelle quantité de gènes les humains ont-ils hérité de chacune des étapes par lesquelles leur A.D.N. est passé ?

Notre A.D.N. nous relie-t-il davantage aux poissons qu'aux oiseaux, aux herbivores qu'aux carnivores ?

Les liens du sang chez les humains copient-ils ceux des animaux ?

Les animaux rendent instinctivement leurs petits autonomes.

Les animaux satisfont leurs besoins, ignorent la dégustation.

Les animaux, programmés ou déterminés, ignorent l'erreur, l'abus et le remords.

Entre des milliers et des milliers de manchots, le couple et leurs petits se reconnaissent.

Les animaux improvisent mieux que les humains.

Le farniente comble le fauve, après le délice d'une antilope distraite ou trop lente.

Tant que les animaux domestiques se nourrissent et collaborent à leur reproduction, ils acceptent leur sort… ?

Un abîme sépare les humains, qui parlent et rient, des animaux.

Les humains, tous génétiquement compatibles, se sont adaptés à leur milieu pour survivre.

La vie sur terre s'est éteinte plusieurs fois, a survécu à tous les cataclysmes et a toujours refait surface.

La violence dans l'univers, dans la nature, chez les vivants serait la suite logique du big-bang initial ?

Voir à l'origine de l'univers un dieu juste et bon a précédé la théorie de Darwin.

La survie de l'humanité, avec la destruction de l'environnement et la pollution généralisée, est-elle menacée ?

Les êtres vivants, plus ou moins prolifiques, se perpétuent grâce aux nouvelles générations.

Dans un pays, des villes et des villages, une ou des langues, une ou des religions, une ou des classes sociales, etc., se côtoient.

En Occident, les pays sont monarchiques, républicains et démocratiques, capitalistes, socialistes ou mixtes, etc.

Jusqu'à ce jour, les grandes civilisations qui ont fleuri sur notre planète ont pratiqué la guerre.

Les belliqueux ne devraient-ils pas guerroyer entre eux ?

Un citoyen pacifique se fait soldat si son pays est envahi.

Un tribunal international poursuivrait et punirait les responsables de génocides ou de crimes contre l'humanité… ?

Depuis la lointaine Antiquité, des sociétés ont éliminé la guerre, les injustices et le sexisme ?

Il se crée des empires depuis l'Antiquité, et tous ont périclité, car ils prenaient plus qu'ils donnaient.

L'Empire romain dominait, assurait la paix, donnait autant qu'il retirait de ses conquêtes… ?

En 2001, des kamikazes ont ébranlé l'Empire étatsunien ; en 2011, des commandos ont abattu Ben Laden et jeté son corps aux requins.

Le terrorisme n'est-il que la réaction violente à la violence des injustices dans le monde ?

Les Lumières et la Révolution française en finirent avec le concubinage des pouvoirs politiques et religieux.

Un jour, l'ONU se démocratisera-t-elle, et le vote majoritaire des membres réglera-t-il tout ce qui touche le bien de l'humanité ?

Dans nos démocraties capitalistes, dans l'urne, le vote d'un milliardaire a le poids de celui d'un ouvrier.

Quinze pays forment le Conseil de sécurité de l'ONU, et cinq sont permanents.

Une oligarchie, composée des cinq pays qui ont un droit de véto au Conseil de sécurité de l'ONU, détient le pouvoir.

Les cinq pays du Conseil de sécurité qui ont un droit de véto contrôlent l'ONU.

En Occident, les élus trouveront-ils un moyen de mettre un terme à la dictature de l'argent, qui ne connaît plus de limites ?

L'humanité irait mieux si l'argent des armes servait à enrayer la pauvreté et à établir la justice.

Au XXe siècle : deux guerres mondiales, des dizaines de millions de morts, des guerres civiles, les purges de Staline et de Mao…

Quelle autorité, plus haute que celle de l'ONU, pourrait instaurer la paix et la justice dans le monde ?

En Occident, les citoyens élisent des politiciens pour prendre en compte leurs intérêts, et les financiers s'emparent du gouvernail.

Nos premiers ministres et leur Conseil des ministres défendraient, libres de toute pression, le bien commun… ?

Les citoyens dormiront tranquilles, quand ils connaîtront le pouvoir réel des lobbyistes et des investisseurs.

En Occident, ces nombreux ministères, axés sur l'économie, tiennent-ils le haut du pavé ?

La domination des exigences économiques sur les priorités politiques et culturelles se justifie-t-elle ?

Une société où le capital a le premier et le dernier mot est anti-démocratique.

Les ressemblances relient, rapprochent davantage les humains que leurs différences les éloignent.

Des amitiés, des amours, il en naît à l'Équateur comme au Pôle Nord.

Pierre et Marie sont biologiquement semblables, amoureusement complémentaires et culturellement proches.

Les humains sont proches au point où ils donnent à leurs enfants les noms et prénoms de leurs prédécesseurs.

D'une génération à l'autre, les modes et les outils évoluent, les arts et le savoir se lèguent.

Qui aime Homère et Molière peut être plus près d'eux que des poètes et humoristes actuels.

L'ONU regroupe 193 pays et 7 milliards d'individus qui veulent la paix, la santé et le bonheur...

Ne voir que les différences et envier ou vouloir dominer l'autre expliquent le sexisme, le racisme et les guerres.

La mondialisation sera un plus si nous l'abordons la main tendue pour donner autant que pour recevoir.

L'évolution humaine idéale voue autant d'énergie à assimiler le meilleur d'hier qu'à être ou devenir ce que nous sommes.

L'éternel ennemi : le culte de la richesse, de la célébrité, du pouvoir, du progrès, du nouveau...

Les éternelles «hommeries» et «femmeries» : l'inconscience, l'irresponsabilité, l'immoralité, la corruption, la déchéance...

Les éternels dictateurs : le capital, le travail, la science, les religions, le plaisir...

L'évolution a doté les Pierre et Marie d'un cerveau et d'un sexe, ou d'un violon.

L'évolution a doté les humains d'un cerveau, qui explique leur nombre et leur mainmise sur la planète.

Que la nature et la vie aient procédé de façon évolutive signifie qu'on peut s'y insérer en bien ou en mal.

Existe-t-il un rôle plus noble et important que celui du politicien qui se voue au bonheur de ses frères ?

Les découvertes scientifiques rentables mais nocives pour l'humain et son milieu remettent en question l'éthique de tous.

La langue de bois et les euphémismes des experts illustrent la gravité des maladies de la planète et de l'économie mondiale.

Si Dieu a fait une expérience en créant les étranges animaux que nous sommes à sa ressemblance, peut-on parler de réussite?

Les pacifistes deviendront-ils dangereux, s'il n'y a plus d'espoir, si l'issue devient fatale et catastrophique…?

Les pays de l'ONU mettent fin à la dictature de l'argent, y substituent le règne de l'amour, ou ils continuent de s'exploiter et de détruire leur environnement.

Pour contrer l'argent, moyen d'échange devenu le dieu Argent: détruire le mythe que l'argent est le pétrole des humains, prévoir que le coopératisme éclipsera les banques, n'accepter aucune fraude dans la gestion des deniers publics, exiger la transparence totale quant aux budgets et aux dettes de l'État, régler le problème du financement des partis politiques.

Pierre et Jacques évoquent le Christ, son message et nous, les humains:
Pierre: Jacques, le sort de l'humanité te préoccupe?
Jacques: Pas plus que ça. J'écoute les nouvelles, le soir.
Pierre: Tu crois que nous y pouvons quelque chose?
Jacques: Dans le passé, on croyait qu'un messie naîtrait…
Pierre: Du personnage du Christ sont nées des religions.
Jacques: Qui n'ont pas instauré le règne de l'amour entre les hommes…
Pierre: Si on avait présenté le couple, la famille idéale, non les fables d'Adam et Ève et d'un homme-dieu…
Jacques: De toute façon, l'«hommerie» et la «femmerie» étaient dans la soupe initiale.
Pierre: On en reparlera.

Dieu aurait pris plus de 13 milliards d'années à nous façonner?

Si la vie s'éteint une nouvelle fois sur notre planète, les humains l'auront permis, voulu.

Pourquoi Dieu aurait-il créé tant et tant d'astres? Le boson de Higgs…?

C- Les complices pierre et marie s'interrogent

L'auteur, avant son périple, donne la parole, pour les besoins, aux aînés Pierre et Marie. Agnostiques, incroyants, ils refusent de croire qu'un Dieu se soit révélé ou intervienne dans la destinée humaine. Ils feraient le point avant le passage de la grande faucheuse. Que sont les humains, ces animaux étranges, instinctifs et violents, sensibles et rationnels, naïvement imaginés et créés à l'image de ces dieux et déesses puissants et immoraux, de la mythologie grecque ?

Pierre : Marie, nous avons évité le naufrage, survécu…
Marie : En effet, la grande faucheuse nous a oubliés.
Pierre : Il t'arrive de regarder derrière ?
Marie : Malgré moi. J'ai commencé à faire le bilan.
Pierre : Tu acceptes que la vie te survive, continue sans toi ?
Marie : Quand on meurt, c'est le retour au néant, non ?
Pierre : Incroyante, tu ne trouves pas ça absurde ?
Marie : Je préfèrerais survivre, mais…
Pierre : Notre vécu nous interdit cette croyance.
Marie : Est-ce raisonnable de donner le dernier mot à la raison ?
Pierre : Logique, oui, raisonnable… ? En deux mots, ton bilan ?
Marie : Pour être brève, j'ai aimé et j'ai eu du plaisir.
Pierre : Tu oublies tes malheurs ?
Marie : Oui, et la vie serait l'alpha et l'oméga pour tous.
Pierre : Il nous resterait à mourir dignement et sans souffrir.
Marie : Oui, et vivre ne serait-il qu'essayer d'apprendre à bien s'aimer et aimer ?

D- Valeurs de base des propos et réflexions de l'essai

Le bien : la vie, l'amour, la justice, la liberté.

Le mal : la mort, la haine, l'injustice, l'esclavage.

La vie, l'être : croître ; se reproduire ; s'épanouir.

La mort, le non-être : décliner ; s'éteindre ; se décomposer.

L'amour : unit ; aide ; apaise ; crée.

La haine : divise ; nuit ; agresse ; tue.

La justice : égalise ; donne ; nourrit ; construit.

L'injustice : déséquilibre ; prend ; affame ; détruit.

La liberté : intègre ; caractérise ; enrichit ; rend heureux.

L'esclavage : exclut ; uniformise ; appauvrit ; rend malheureux.

Les quatre valeurs sacrées : la vie, transmise par amour, se nourrit de justice et de liberté.

Se connaître trop bien ou trop peu gêne également pour le rapprochement[2].

Léon Tolstoï

I – Propos et réflexions d'un psychologue du dimanche

En tout humain sommeille un psychologue. Il est impossible de passer sa vie sans s'étudier, sans essayer de connaître les étranges animaux que nous sommes. Se définir est nécessaire, pour trouver sa place, se caser, comme on dit.

Membres d'une famille, d'une collectivité qui a ses caractéristiques, sa langue, son histoire, sa culture, et dans laquelle nous vivons, exerçons ou avons exercé un métier, une profession, nous avons senti le besoin de nous y intégrer pour vivre notre aventure humaine.

Cette connaissance de soi et des autres s'impose, pour bien jouer notre rôle. Elle nous aide à mieux nous orienter, à prendre de meilleures décisions, celles qui nous permettront de nous réaliser, d'apprivoiser le bonheur, le nôtre, comme celui de nos proches.

Pour aimer la vie, les humains ont besoin de se sentir heureux. La tristesse et le désespoir qui caractérisent le psychisme du dépressif conduisent au suicide, sans des soins appropriés. La joie de vivre est un signe de bonne santé mentale, et perdre le rire est une bien lourde perte. Les maladies ou de tristes évènements peuvent nous assombrir, mais apprendre à se doter de panneaux solaires qui captent les moindres rayons de soleil, les moindres raisons d'espérer un meilleur demain, est la seule façon d'affronter les durs coups de la vie.

Il n'est pas nécessaire de suivre un cours de psychologie, pour se connaître et connaître les autres, qui sont d'autres nous avec plus ou moins de différences. Il suffit d'être présent et attentif pour découvrir

---

2 Florence Montreynaud et Jeanne Matignon, *Dictionnaire des citations du monde entier*, p. 900.

que chaque journée vécue laisse des empreintes et fait que nous nous endormions différents et les mêmes que la veille. Vivre, c'est composer avec soi et les autres quotidiennement.

Ce qu'on appelle la « culture » nous viendrait en partie du langage et des arts, qui ne sont que les fruits de la réflexion des humains sur eux-mêmes. Les écrivains reproduisent nos « états d'âme » en poésie, les font vivre au théâtre et dans les romans, les musiciens traduisent nos sentiments ou nos émotions, les peintres, notre être et notre milieu, les sculpteurs et les architectes, nos besoins et nos aspirations, le cinéma, notre quotidien. Les arts se complètent et ont pour objet les êtres humains.

Fréquenter les arts, c'est en apprendre sur soi et les autres. Ils s'adressent à tout notre être, et non à notre seule intelligence, comme un traité de psychologie. Avec l'école, les médias, les sports, les arts et la mondialisation, notre sensibilité, notre pensée et notre philosophie s'ouvrent à celles du monde entier.

Les plaisirs humains innés de satisfaire ses besoins primaires, de vivre et se reproduire, de se nourrir, d'aimer, de jouir de liberté, de percevoir et contempler le beau, le bon et le vrai dans la nature et chez l'autre, de vouloir créer, sont multipliés par le fait que les humains vivent en société et que l'acquis, transmis de génération en génération, d'un peuple à un autre, progresse depuis des temps immémoriaux. Même si on ignore qu'Homère, Sophocle et Platon nous caractérisent culturellement, leur apport n'en est pas moins capital.

Baser une réflexion sur l'être humain, sur ce qu'il est, sur cet étrange animal qui essaie d'être raisonnable s'impose. Sans la limiter, une telle approche serait sans fin. Réfléchir sur ses caractéristiques essentielles, son ego, son besoin d'être bien, d'aimer et de créer est le but de ce chapitre. Il s'attardera sur la personne comme sujet, sur ses rapports avec les autres et sur la vie, perçue comme la valeur première, et l'art de la représenter.

A- Moi et moi

a- La volonté et la liberté

Adam et Ève, créés libres et responsables, auraient désobéi à Dieu.

Adam et Ève, enjôlés par un serpent, auraient commis l'«hommerie» et la «femmerie» fatales.

Pour Pierre, il y a ce qui s'oublie et ce qui ne s'oublie pas.

Même Dieu n'a pas absous la désobéissance d'Adam et Ève.

L'inconscience et l'irresponsabilité sont les deux premiers étages de l'«hommerie» et de la «femmerie».

Pierre sait, verbalise et assume pourquoi il veut, aime et fait ce qu'il veut, aime et fait.

Au paradis terrestre, Adam et Ève devaient être végétaliens et les animaux, herbivores.

Le mythe d'Adam et Ève illustre le besoin humain de chercher des coupables pour les maux de l'humanité.

Pierre et Marie sont nés animalement contaminés…

Heureux péché originel, qui a permis aux humains, d'origine animale, d'être imparfaits.

L'égoïsme est la base sur laquelle s'échafaudent «l'hommerie» et la «femmerie».

Il y a souffrir d'«hommerie» et de «femmerie» badines ou sérieuses, ou avoir le nombril plus ou moins gros…

Descartes basait sa philosophie sur le postulat «Je pense, donc je suis», Pierre sur «J'aime, donc je vis».

Socrate a dit «Connais-toi toi-même» et Nietzsche, «Deviens ce que tu es».

Nos qualités, notre savoir et nos succès, ou nos défauts, notre ignorance et nos échecs nous identifient?

Définir le contenu du mot «âme» a découragé ceux qui ont essayé.

Pour le croyant, la grâce et les sacrements créent l'«âme», pour l'incroyant, elle émane de la fusion cœur-raison.

Avec Freud, ajoutons l'instinct à la fusion cœur-raison, pour définir l'«âme» humaine.

La grâce serait-elle de vouloir vivre, ou de s'adapter à son milieu?

Pierre se veut en santé, en amour, juste et libre.

Pierre se veut disponible, perfectible, heureux et créateur.

«Je veux exceller parce que Plus existe et me défie», de dire Pierre.

Le perfectible épuisé, la plénitude ou le sommet atteint, que peut-on ajouter?

Sans le précéder d'instinct, peut-on atteindre l'idéal par intuition?

L'adulte de bonne volonté trouve en lui les raisons d'exceller.

Qui a du cœur et de l'honneur s'aime debout.

Le citoyen qui se tient debout est si rare qu'on en fait un héros.

Prendre son idéal, son travail au sérieux, sans se prendre au sérieux.

La vie a appris à Pierre, enfant roi, à oublier sa couronne.

Liberté, que de démagogues, de faux prophètes, de faux experts, de faux héros et de fausses vedettes te courtisent!

Une certaine censure est-elle acceptable, si une liberté débridée bafoue des valeurs communes?

La naïveté de Pierre, jointe à sa bonne volonté, explique sa force.

On ne catégorise ni ne catalogue quelqu'un qui est un digne représentant de lui-même.

On ne s'interroge pas sur la santé de quelqu'un qui va trop bien…

Que Pierre agisse, réagisse, ou non, tout révèle son être.

Vivre sa liberté est la différence entre être et ne pas être…

Pierre, disciple de personne, libre et autonome, prend en lui, ou ici ou là, opinions et idées.

Pierre a toujours des raisons, conscientes ou inconscientes, d'agir ou de réagir.

Pierre, dit-il, a escaladé l'Everest parce qu'il était là ; l'acte gratuit est réservé à Dieu, immobile et éternel.

Pierre, disciple de personne, se veut un bon païen.

Un esprit éclectique butine, observe, associe, emmagasine, et se définit comme un libre-penseur.

Pierre lit éditoriaux et chroniques pour mieux se lire.

Un libre-penseur ne cherche et ne veut pas de pasteur, ni de maître.

La force de Pierre lui vient-elle du fait qu'il repère les huîtres qui cachent des perles ?

Un être vivant hérite d'une place ; autonome, il s'en taille une.

Le mal, chez les humains, viendrait de leur ascendance animale.

En Pierre sont tapis un ange et un démon, et il est libre de nourrir celui qu'il préfère.

Un progrès génétique prend le temps requis.

Un acquis culturel doit se greffer sur l'inné.

Le comportement de Pierre s'explique par le fait qu'il fut un enfant de 0 à 6 ans, selon Freud.

Les chercheurs départageront-ils un jour l'inné de l'acquis… ?

Jeunes, Pierre préférait la sobriété de sa mère et Jacques, l'alcoolisme de son père.

Nés de parents alcooliques, Pierre a maudit leur dépendance et Jacques l'a adoptée.

Après chaque cuite, un alcoolique repentant se frappe la poitrine en disant qu'il se hait.

Pierre veut plus que satisfaire ses besoins primaires.

Pierre, capable d'héroïsme, l'est aussi de lâcheté.

Multiplier les excuses est le pain quotidien des « têtes de linotte ».

Pierre apprend de ses erreurs et multiplie ses bons coups.

Pierre atteindra-t-il son plafond sur le plan psychologique comme sur le plan intellectuel?

Qui accepte ses limites s'attend à ce qu'autrui en fasse autant.

Si maman avait appelé un chat un chat, et non un minou, Pierre…

Pierre a cessé de jouer à la victime le jour où il a réalisé qu'il était libre et responsable.

On est toujours trop jeune pour être blasé ou nostalgique.

Les records sont compilés pour être battus.

Un record battu dix fois devient un piètre record.

S'il y a deux issues, la victime prend la mauvaise…

Pierre, assailli par la vie ou les injustices, se révolte au lieu de s'écraser.

La révolte est une réaction instinctive de colère, face à une injustice.

Pierre accepte de limiter sa soif de liberté, s'il comprend pourquoi.

Un noble projet mal orienté et mal défini est voué à l'échec.

Pierre, conscient de sa valeur, la connait et en tire profit.

La volonté vient d'un amour de la vie qui donne la force et le courage de se réaliser.

Le profit retiré d'une activité va avec l'implication qu'on y met.

Pierre veut aider ses frères et sœurs, malgré leur «hommerie» et leur «femmerie».

Pierre veut relever le défi d'exploiter ses talents au maximum.

L'ambition, l'admiration et l'émulation entre les meilleurs donnent l'excellence.

On n'accorderait du crédit à autrui que sûr de son honnêteté; corrompu, seul, il coulerait…

Se connaître aide et permet de s'exploiter.

Une personne en santé aime la vie, progresse et construit.

Croire que les humains veulent tous devenir parfaits est de l'angélisme.

Y a-t-il chef qui dresse des soldats plus obéissants et solidaires qu'un chef mafieux?

L'autonomie, en soi, n'a aucun lien avec la morale.

L'autonomie caractérise le comportement, n'est pas une valeur.

Y a-t-il plus autonome avec un *gun* que Mom Boucher?

L'autonomie, non couplée au sens de l'autre et des responsabilités, peut engendrer un monstre.

Adopter les convictions du Christ, bravo, celles d'un Hitler...

Un phare est-il un libre-penseur, libre d'esclavage?

L'antique civilisation grecque a produit les libres-penseurs stoïciens, épicuriens, pythagoriciens, etc.

Pierre, fasciné par les glorieux d'hier, s'en inspire.

Jacques préfère admirer les génies plutôt que les côtoyer.

Pierre a apprivoisé les arts et la science en fréquentant ses représentants.

Démissionne-t-on avant d'avoir épuisé le possible?

Quand les experts baissent les bras, tous les baissent-ils?

Quand on tord et retord un torchon, n'en extirpe-t-on pas une autre goutte?

Pierre distingue les combats réputés perdus d'avance de ceux vains et téméraires.

L'excellence se cultive sur les plans physique, psychologique ou intellectuel.

Un athlète stimule ses admirateurs en maintenant ou en améliorant ses performances.

Un champion qui se repose est un champion en sursis.

Qui se réjouit d'un championnat né de la bêtise humaine?

Les athlètes professionnels recherchent la visibilité, contrairement aux amateurs.

Prétendre qu'un athlète qui veut gravir un podium doit tricher est croire qu'ils trichent tous.

Un athlète qui détient un record est-il un champion en sursis?

Comme on attend toujours plus des athlètes, ils s'aident…

Un excès de confiance est l'ennemi de qui veut exceller.

Le réalisme et la lucidité ouvrent sur le dépassement.

Pierre a rêvé d'aller sur la Lune, il en a parlé à d'autres, et le rêve s'est réalisé.

Le jour où Pierre fut applaudi, il risquait de perdre la tête.

Une grosse tête ne s'explique pas, elle a raison.

Être sur un piédestal, attaché, ou au sol, libre.

Si la noblesse, la bourgeoisie et l'élite ont reçu plus, est-ce pour donner plus?

Pierre exècre ceux qui dictent ce qu'on pensera, aimera, achètera…

Pierre ne cède pas obligatoirement le chemin à qui sait où il va.

Pierre, pour atteindre ses buts, court-circuite les pions qui paralysent ou retardent sa progression.

Il est essentiel de s'accepter, sans oublier qu'on peut agir sur soi.

Pierre et Marie, avec un verre et un joint, fuient ou se fuient?

Pierre s'aime quand il s'élève au-dessus de la petitesse ou de la mesquinerie.

Pierre s'aime moins quand il est courageux qu'il se méprise quand il est lâche.

Pierre décèle vite les petits esprits, comme ils volent bas.

Pierre est-il le premier responsable de ses succès et insuccès?

Une victime voit autour d'elle des bourreaux possibles.

Pierre propose, et la vie dispose.

Pierre garde son quotidien dans la bonne direction.

Vouloir, c'est ajouter un autre pas quand on croit avoir fait le dernier.

On peut reprocher à un spectateur de ne pas avoir éteint le feu, non de l'avoir mis.

On dit : « Quand on veut, on peut », pourquoi pas : « Quand on peut, on veut » ?

Qui inverse le vouloir et le pouvoir récolte de l'inertie.

Contrairement à celui qui ne veut pas entendre, le sourd le voudrait.

Jacques se parle, mais il ne s'écoute pas.

Jacques fait son possible, mais Pierre trouve qu'il fait peu.

Qui est satisfait de n'être qu'un bon diable ?

Pierre fait tout avec rien, et Jacques, rien avec tout.

Jacques approuve les accommodements qui ne le touchent pas.

Jacques disait savoir y faire et n'a fait que du gâchis.

Jacques, qui se dévalorise, accepte qu'on en vienne à le croire ?

Pierre règle vite un problème qui n'exige qu'un dollar.

Jacques, qui piétine alors que Pierre danse, se remet en question.

Ne pas commettre d'erreurs n'est pas poser de bons gestes.

Un bon pli se prend-il aussi vite qu'un mauvais ?

Descendre un escalier est plus facile que le monter.

Est-il plus agréable de pratiquer la vertu que s'adonner au vice ?

Peut-on s'aimer éteignoir ou saboteur ?

Il est stimulant d'entendre un désabusé se justifier avec vigueur.

Qui n'est pas allergique aux « p'tits rois nègres » ?

La pression atmosphérique explique pourquoi le vice séduit plus que la vertu.

Le propre du néophyte est de vouloir plus que le maître.

La valeur d'un prétendant suggère celle du maître.

Pierre admire autrui sans se sentir inférieur.

En règle générale, les humains aiment exceller sur les terrains où ils sont le plus doués.

Pierre se félicite de sa dépendance à bien se nourrir et à faire de l'exercice tous les jours.

Le secret avec les croustilles et le chocolat : en manger quelques grammes, et les mettre en pénitence.

Pierre consomme avec modération et donne avec excès.

S'il faut donner la chance au coureur, la saisir reste un défi.

Qui n'a jamais succombé à une tentation dégradante ?

Le dalaï-lama conseille d'oublier l'erreur et de retenir la leçon.

Pierre aime « brasser la cage » des bien-pensants.

Une pulsion crée un désir, et la raison le satisfait ou non.

L'agir de Pierre naît-il de pulsions qu'il contrôle ou de stimuli qu'il peut ignorer ?

Une excitation sexuelle ou un stress intense qui durent peuvent provoquer une éjaculation.

Avoir une contraction suivie d'une détente est propre à l'éjaculation et à l'accouchement.

Respirer par le nez diminue l'attente et adoucit la rage au volant.

Le stress, qui répond à une agression, épuise l'agressé.

Pierre veut policer ses instincts, sans devenir un ange.

On fait ses besoins « au p'tit coin », et on lave son linge sale en famille.

Pierre peut être grivois, si le discours « s'angélise ».

Il y a de sottes et de brillantes sottises.

Pierre, affamé, aura-t-il toujours cinq ans ?

Au cinéma, Pierre ne ferme pas les yeux si une jolie femme s'y dénude sur grand écran.

Pierre apprécie une délicate, une subtile indécence chez les femmes.

Taquiner la libido n'est pas exhiber de la chair.

Être esclave de certitudes erronées explique les autres esclavages.

L'esclave d'une passion compulsive dort si elle est assouvie.

Le lot de Pierre et Marie, en amour, est de répondre à leur appétit sexuel.

L'amour vit de dons et de cadeaux que le sexe conjugue.

L'abstinence ne cause ni dépendance ni maladie vénérienne.

Un violeur voit-il dans sa victime celle qui éveille ses pulsions, ou sa haine sexiste?

Du plomb se greffe-t-il dans une tête de linotte?

Pierre ou Marie à bébé: «Pleure, tu pisseras moins!»

Pierre ou Marie à fiston: «Si tu comprends pas avec la tête, tu comprendras avec les fesses.»

Pierre au fils adulte: «J'ai fini de jouer au fou avec toi.»

Que gagne un pleurnichard à nous entendre pleurnicher avec lui?

Jacques, pudique, ne se déshabille pas devant son chat.

Existe-t-il des hommes nés d'incorrigibles *play-boys* ou «ratés-noceurs»?

Pour le libidineux, une femme qui se déshabille devient géniale.

Jacques en arrivera-t-il un jour à être saturé des plaisirs sexuels?

Grand-papa à sa petite-fille: «Non, je ne sais pas jouer à la Barbie.»

Le juge à l'ado: «Trois sentences sans lourdes conséquences, ça suffit!»

Une victime d'une dépendance est une victime complice?

Comment se sent un fumeur, un alcoolique ou un drogué qui abuse des urgences d'hôpitaux?

Au triage, devrait-on diriger les fumeurs, les alcooliques et les drogués dans des cliniques privées?

Il est important pour la victime que l'agresseur regrette ses sévices.

Pour se libérer d'une dépendance, il y a la volonté, l'aide disponible ou la défaite.

Qui aime un alcoolique ne lui offre pas le verre…

Tout sevrage exige une compensation qui varie avec la dépendance.

Freud a relevé la phase buccale chez l'enfant, mais que sait-on de l'impact psychologique du sevrage?

Pierre et Marie ont gardé des réflexes de la période où ils tétaient, dont le baiser, l'amour oral, boire, etc.

L'alcoolique, comme l'amoureux de la pause-café, renoue-t-il avec la phase buccale?

Que sait-on de l'impact psychologique que représente l'épreuve du premier pas chez l'enfant?

Se libère d'une dépendance qui en libère le corps et l'esprit.

Entre un itinérant et un bourgeois, n'y a-t-il que quelques coups du sort de moins?

Pierre a donné 20 dollars à un sans-abri, espérant le voir sourire.

Être pauvre, ça passe; en avoir l'allure et l'odeur, non.

Un itinérant ne se présente pas cravaté et en limousine.

Quand la guigne s'acharne sur Pierre, il en limite les coups?

Comme les vertus sont acquises, les philosophes et pédagogues d'hier les enseignaient.

Jacques, sans le sou, pratique-t-il la tempérance malgré lui?

Si Pierre a vécu des évènements éprouvants, seul, il s'éclate.

Pour les seuls musulmans, avoir soif d'infini, c'est désirer une infinité de femmes?

George Simenon, dans ses *Mémoires intimes* (1981), se vante d'avoir baisé avec deux milliers de femmes dans sa vie...

Sexuellement, Pierre est compatible avec toutes les Marie de cette planète.

Un homme qui contrôle sa libido peut rêver escalader l'Everest.

De la tolérance pour les «péchés de poil», s'il n'y a aucun abus...

Si on compte les conquêtes de certains hommes, qu'en serait-il s'ils étaient nés pédophiles?

De pseudo Don Juan multiplient les conquêtes, ou sont abandonnés de multiples fois...

Pour le «jovialiste», la maladie et la mort sont enivrantes.

Pierre se fie aux médecins pour son corps; il se fie à lui, aux siens et aux psys pour son «âme».

Tôt ou tard, on joue au psy avec un proche.

Un jeune est le principal agent de son éducation, comme un malade l'est de sa guérison.

Si aucun appareil ne détecte les signes d'une future dépendance, un psy le peut-il?

Les affamés de secrets d'alcôve de pseudo-vedettes sont-ils des voyeurs?

La routine tue Pierre et aide Jacques à vivre.

Admettre ses faiblesses est le premier pas, les maîtriser, le second.

Règle-t-on au sol un problème à la nappe phréatique?

Si un délinquant admet qu'il s'abuse, la réhabilitation est possible.

L'esclave d'un vice le nourrit et tend la main pour le vaincre.

Si un mafioso respecte un «code moral» avec ses semblables, est-il réhabilitable?

Un «miracle» déprogrammerait un cerveau en un éclair...

Les bandits triment pendant que les honnêtes citoyens dorment.

Les crapules et les spéculateurs ne dorment que d'un œil.

À côtoyer la racaille, les gens vertueux se raffermissent...

Le criminel libéré veut-il rebâtir sa réputation, ou vivre sans travailler de 9 à 5?

Pour une crapule, le bagne, les travaux forcés de 9 à 5 ne passent pas: l'enfer!

La prison accentue la paresse d'un mafioso.

Un mafioso s'investit dans ce qui paie vite et «gros».

L'univers de la prostitution et de la drogue est infesté de bonnes gens qui ne veulent rien savoir du 9 à 5.

Se questionner n'est pas se remettre en question.

Un délinquant qui réintègre le clan des honnêtes citoyens, voilà un vrai miracle!

Marie, diabétique, aime les friandises; avant sa visite chez son médecin, elle suit son régime...

Un alcoolique ne voudrait-il que retrouver un état intra-utérin, un éden où il était bien?

Un alcoolique qui admet ses excès les diminue par trois, par deux...

Un alcoolique l'est aux yeux des autres, non des siens.

Les bontés pour l'alcoolisme de Jacques ne l'en sortent pas...

Mal dans sa peau, un alcoolique vit la vie qu'il aime et veut vivre.

Qui oserait liquider le précieux liquide d'un alcoolique?

Un excès de tabac ou d'alcool donne un cancer du poumon ou une cirrhose du foie...

L'inceste fut d'abord un crime biologique, et la consommation de porc, un d'hygiène.

Un vice qui bouleverse ou ruine les siens n'est-il pas criminel?

La drogue des drogues est l'argent facile; avec lui, on a les autres.

Les accros n'en sont-ils pas plus souvent à leur dernier dollar qu'à leur dernier abus?

Si le scandale séduit les déviants, Jacques, «normal», s'en repaît.

Pierre a pris une voie de desserte pour batifoler, mais doit regagner l'autoroute.

Les chemins qui ne débouchent pas sur l'autoroute de l'amour sont des culs-de-sac.

Pierre, ni ermite, ni misanthrope, aime la solitude.

Qui sort parfait en gros plan ou d'un examen à la loupe?

Qui pensait qu'un jour Pierre se prendrait pour une vedette?

Montaigne disait que si haut que l'on soit placé, on n'est jamais assis que sur son cul.

Régler un différend à l'amiable, sans avocats ni médias, est l'idéal.

Un abus se règle dans les médias, ou avec ceux qui sont impliqués?

Pierre prend l'esprit ou la lettre d'un mot ou d'un geste, selon l'intention qu'il en perçoit...

Un plus grand nombre d'intervenants étire le dénouement d'un conflit...?

Pierre intervient dans un débat pour montrer qu'il existe, ou pour pouvoir dire : « Je l'avais bien dit ! »

Le consensus se complique avec le nombre de débatteurs.

Avec qui dialoguer ou négocier est-il se faire avoir ?

Si Jacques ne sait pas cuisiner et reçoit un hôte, il doit servir un repas.

Il est plus aisé de servir du riz qu'un plat bien mijoté.

Même le chef cuisinier casse des œufs, s'il fait une omelette.

Pierre suit la recette la première fois, et encore…

Les gens en santé sont doués pour nier la souffrance d'autrui.

Entendre raconter ou lire un fait nous touche selon sa proximité.

L'incompréhension et l'individualisme achèvent la rupture du cordon ombilical.

Pierre tire profit d'autrui, dans le respect.

b- La rationalité et l'émotivité

Toutes les générations, les siècles sont importants ; ils expliquent ceux qui suivent.

Aristote définissait l'humain comme un animal raisonnable, et non qui essaie de l'être.

L'intelligence émotionnelle nourrit les « états d'âme » nés d'impressions.

Pierre, jeune, a vécu dans un milieu et un décor où comédies, drames et tragédies l'ont façonné.

Le scientifique, le méchant-gentil, démystifie et sécurise.

Un enseignant en sciences molles enseigne, ou s'enseigne ?

La nuit, en forêt, un adulte entend un hibou qui ulule ; un enfant, le cri d'un monstre.

Le poète, le prophète, le philosophe, le théologien et le scientifique sont tous parents.

Pierre et Marie, poètes, aiment le beau ; philosophes, ils s'interrogent ; et scientifiques, ils calculent et mesurent.

Pour pleurer et chanter, on a créé les vers ; pour se questionner et analyser, la prose et les chiffres.

La vérité : la chercher, la répandre ; elle respecte le réel, le défend ; elle éclaire, rassure.

Le mensonge : le cultiver, l'exploiter ; il déforme le réel, le nie ; il trompe, berne.

L'inconnu, comme le poivre, libère son odeur et sa saveur quand on le broie.

Artiste : créateur, amateur ; innove, se divertit ; imagine, constate ; plaît, se nourrit.

Philosophe : sage, disciple ; interroge, admire ; enseigne, apprend ; témoigne, se connaît.

Scientifique : savant, étudiant ; analyse, utilise ; découvre, applique ; prodigue, progresse.

Un philosophe qui ne s'attarde pas au comment et un scientifique au pourquoi font de piètres intellectuels.

Le scientifique Descartes, avec son « Je pense, donc je suis », donnait préséance au philosophe.

Un artiste, un philosophe ou un scientifique qui prétend faire table rase du savoir d'hier est un fumiste.

Jacques : Pierre, vis d'abord, tu philosopheras ensuite !
    Pierre : Que veux-tu, je suis né philosophe…
    Jacques : Et poète et scientifique ?
    Pierre : Si on veut. Tu m'acceptes ainsi ?
    Jacques : Parce que je t'aime, sinon…
    Pierre : Pourvu que je me mette des limites ?
    Jacques : Ou que je te mette un frein… et encore…
    Pierre : Merci ! Tu es un vrai ami !

Le scientifique argumente-t-il objectivement, en se basant sur des statistiques subjectivement sélectionnées ?

Qui argumente statistiquement balaie le spectre, ou s'abstient.

Pierre fait plus ce qu'il peut que ce qu'il veut.

Choisir dépend de l'époque, du contexte, du but, etc.

Choisir est se dire «j'aime cela», «ça répond à mes intérêts ou à mes besoins».

Combien d'intellos jouent les érudits, incapables de justifier leur opinion?

Un choix se fait ou une décision se prend là où siègent les émotions dans le cerveau.

Quand les statistiques prouvent qu'un bourreau est une victime, qu'une perte est un gain, Pierre se questionne.

Le feu réchauffe, éclaire, et illustre la fusion cœur-raison, l'«âme».

Le cœur déclenche l'amour, la raison le nourrit.

Analyser, dissocier, aller du tout aux parties, synthétiser, associer, aller des parties au tout.

La raison monte des parties au tout, le cœur descend du tout aux parties.

Le poète saisit le tout, le scientifique analyse les parties.

La répétition de coïncidences explique les superstitions; celle de faits rigoureux, les lois scientifiques.

La répétition de trop nombreuses coïncidences soulève un questionnement...

Le poète et le philosophe en tout humain harmonisent leur sensibilité et s'échangent leur pensée.

Un poète a besoin de ressentir la gamme des émotions, un philosophe de la comprendre.

L'artiste, le philosophe ou le scientifique préparent des mets qu'ils proposent et qui plaisent...?

N'attendre de Pierre qu'il ne soit que logique est le réduire à une mécanique.

Une pulsion ou un désir triomphe, si un oui instinctif ou venant du cœur séduit la raison.

La pudeur est innée, le scrupule est acquis, culturel.

D'une pulsion à l'émotion, de l'émotion à la raison…

L'amour platonique, comme le mariage de raison, ignore les intermittences du cœur.

Un cœur de pierre est-il à l'écoute de son cœur ?

Le cynisme et le sadisme se donnent la main.

Pierre, acteur et spectateur de son vécu, se protège.

S'appuyer sur des principes ou des convictions justes n'engendre aucun intégrisme.

L'extrémiste et l'intégriste incarnent-ils déséquilibre ou courage ?

L'intégrisme refuse le changement, freine l'évolution, la vie.

L'extrémiste dicte ses volontés, l'intégriste ses soupçons.

Le contrôle des émotions élimine le fanatisme.

Le fanatisme est une forme d'idolâtrie.

L' idolâtrie est une tare héritée de l'enfance.

La reconnaissance et l'admiration sont louables, se donnent sur mesure et au cas par cas.

Vedettes, œuvres «boostées» par la machine, «l'enfer» pour tous…

La surexposition médiatique donne-t-elle la nausée ?

Une biographie posthume se base sur des documents, et n'a rien d'un récit dithyrambique.

Une biographie de Pierre, Jean, Jacques n'intéresse qu'eux.

Le «Je pense, donc je suis» de Descartes dit que je suis un être vivant conscient.

Un postulat est une évidence première, une lapalissade une évidence stupide.

Il y a plus scientifique et pertinent qu'analyser, si on analyse ?

Le philosophe admet le dernier le postulat qui base ses certitudes.

La recherche scientifique traque l'inconnu, ajoute des connaissances, en rectifie ou en déloge de fausses.

Un coup de pied réveille un philosophe qui prétend que le réel est imaginé, selon Molière.

L'impression ou le souvenir qu'on a du réel le colore ou le transforme.

Pierre s'étonne que ses frères, ces « roseaux pensants », se satisfassent de lapalissades.

Quand des experts s'opposent, lesquels ont raison ?

Les interjections et les jurons ponctuent les émotions.

Un expert l'est s'il accepte qu'il y ait des zones grises…

Apprendre c'est bien, comprendre c'est mieux.

Tant suer pour apprendre au lieu d'y aller avec ses aptitudes.

Un apprentissage, sans l'aide d'intuitions qui en éclairent le cheminement, est ardu.

Est-il préférable d'en ingurgiter moins et d'en digérer plus ?

Les nôtres enseignent si nous leur prêtons l'oreille.

Est-il plus rentable d'enseigner mieux que plus ?

Convaincre est séduire par des paroles ou des gestes le cœur et la raison.

Se croire libre empêche-t-il d'être subjectivement objectif ?

Qui est sincère et honnête est émotionnellement objectif et rationnellement subjectif.

Qui argumente pour prouver qu'il a tort ?

Qui, désarçonné par un argument décisif, claque la porte ?

La logique d'Aristote – majeure-mineure-conclusion – prouve, et la dialectique de Hegel – thèse-antithèse-synthèse – convainc.

Aristote cherche l'adhésion de la raison ; Hegel, de l'être.

Jacques : Pierre, tu m'as interrompu ?
  Pierre : Tu parlais pour parler…
  Jacques : D'après toi.
  Pierre : Je dois te démontrer que tu faisais du surplace ?

Jacques : Pierre, tu parles beaucoup, beaucoup…
  Pierre : Je parle peut-être pour ceux qui n'osent pas ?

Jacques: Tu défendrais la veuve et l'orphelin?
Pierre: Je le croirais…
Jacques: Le saint homme!

Les statistiques ne créent rien; honnêtes, elles confirment des faits, appuient un vouloir ou un cheminement.

Il est malhonnête de psychanalyser son ou ses adversaires plutôt que de s'en tenir aux faits.

Psychanalyser l'autre évite-t-il de se psychanalyser?

Il est urgent de zapper, si deux psychanalystes se psychanalysent à la télé…

Pierre, sûr d'avoir raison, philosophe objectivement…?

Pierre et Jacques disent le contraire, et les deux sont sûrs d'avoir raison…

Papa refuse d'appuyer Pierre ou Jacques, qui s'affrontent.

Pierre, sûrement objectif, réprouve la subjectivité de Jacques…

Pierre a-t-il plus raison que Jacques, ou plus souvent?

Pierre a-t-il plus raison que Jacques, ou est-il moins dans l'erreur?

Avoir vraiment raison, c'est l'avoir après explications ou approfondissements.

Une pierre dans un engrenage ne s'élimine pas en la niant.

Avoir raison, oui, à condition de continuer à l'avoir…

Pierre ne dit pas à qui le contredit qu'il a tort, mais l'invite à approfondir la question.

La force de l'adversaire révèle celle du vainqueur.

Un éducateur qui pose une question connaît-il toujours la réponse?

L'objectivité interdit-elle de passer l'éponge sur un «péché» commis par un proche?

Avec les siens, Pierre échange, ne discute pas, s'entend, ne négocie pas, se mesure, ne s'affronte pas…

L'objectivité exige-t-elle de condamner son fils coupable, comme le juge le fait?

Reproche-t-on à des parents de fêter avec faste le retour d'un enfant prodigue?

Reçoit-on son enfant abandonné par son conjoint avant de l'accabler de reproches?

Le subconscient éclaire et explique nos réactions.

Les émotions bafouent une raison qui induit ou déduit.

Pierre veut faire le tour du monde; mais il n'a que les moyens de faire celui de sa chambre.

Trop ému, Jacques ne dit que des sottises.

Un mystère quotidien: y a-t-il justice, si le plateau de la balance s'équilibre?

Un petit mystère: pourquoi, après un lavage, des bas se retrouvent-ils seuls?

Un grand mystère: que peut-il sortir du néant?

Pierre nie le préjugé qui dit que les intellectuels ont le cœur sec.

Si Pierre veut humaniser l'animal qui gît en lui, il doit se douter qu'il réagira.

Arrive-t-il que ses désirs balayent ses principes?

Pierre, gras et chauve, a des traits psychologiques aussi marqués.

Le fait que le rationnel et l'émotif de Pierre s'affrontent l'empêche de dialoguer...

Ceux qui argumentent trop bien se défendent ou défendent leur clocher.

Constater un fait ou tirer une conclusion n'est en rien faire un procès d'intention.

Un choc d'idées ou de points de vue ne doit pas créer d'ennemis.

Une idée est une idée, non un fait...

Dans un débat d'idées, y ajouter la passion aide, ou nuit?

Si Jacques et Marie réagissent, Pierre continue de les taquiner.

Si Pierre ne réagit pas, les arguments de Jacques tombent.

Le silence crée des ennemis, non des adversaires.

Le silence crée des devins qui avaient prévu l'imprévisible.

Pierre ne donne sa langue au chat qu'avec ses petits enfants.

Un voyage en auto suffit pour connaître le degré de civisme ou le seuil de tolérance de Pierre.

Quinze jours de vie commune ont suffi à Pierre et Marie pour savoir si leur couple était viable.

Pierre porte une médaille sur laquelle on lit d'un côté ce qu'il nie de l'autre.

Haydn n'a-t-il pas créé une joyeuse sonate en mode mineur?

Une douce sensation n'en combat-elle pas une douloureuse?

Darwin a-t-il relevé une autruche dans la lignée des humains, tant ils y jouent?

Oscar Wilde a reconnu toutes les rumeurs sur lui comme vraies.

Le jeu de l'autruche prépare des lendemains amers.

Un parent plus émotif et l'autre plus rationnel s'équilibrent.

Pour nos prédécesseurs, un enfant atteignait l'âge de raison à sept ans, pensait avant de pleurer…

Un enfant est raisonnable si, laissé à lui-même, il mange le plat principal avant le dessert.

Un jeune déjà rangé peut connaître des lendemains amers…?

L'aîné d'une famille l'est pour la vie.

L'élève qui dépasse le maître le remplace, l'assiste ou le quitte…

On voit bien avec les yeux du cœur, et la raison limite ses élans.

Pierre aime ou n'aime pas, et rationalise ensuite.

Qui donne priorité aux émotions met les bœufs devant la charrue.

Les émotions, filtrées par la raison, cèdent le pas à la raison si…

Pierre est sincère: «C'est ce que j'ai dit, mais ce n'est pas ce que je voulais dire.»

Pierre s'excuse: «Je dis que tu es lent, non que tu n'es pas vite.»

Pierre argumente: «Non seulement j'ai raison, mais tu as doublement tort.»

Pierre veut être approuvé: «Jacques, tu ne peux pas ne pas penser comme moi.»

Pierre se comprend: «Je ne veux pas te dire que je ne t'aime pas, mais…»

Pierre: Jacques, tu es sûr d'avoir raison?
Jacques: Oui!
Pierre: J'insiste. Tu es bien sûr?
Jacques: Très!
Pierre: Alors, ça va…

La logique de Pierre emprunte au poète, au philosophe et au scientifique qu'il serait.

Pierre, sagement objectif, l'est plus que logiquement.

Pierre n'approuve ni ne rejette la solution proposée, il demande une approche différente.

Philosopher ne règle en rien une question existentielle.

Un penseur-né est muni d'un microscope et d'un télescope.

À multiplier les nuances, on finirait par ne plus rien dire.

Quand un penseur prend de l'assurance, longueurs et nuances perdent du terrain.

La précision et les nuances s'imposent dans une thèse, ou entre spécialistes.

Comprendre les enjeux est toujours plus important qu'avoir raison.

Peu importe sa gravité, une erreur est une fausse note.

Un argument en appelle un autre, va plus loin, ou ailleurs.

Une constatation funeste, et notre univers s'écroule…

Après un argument «marteau», il y aura toujours un «connard» pour ajouter: «Puis après?»

Le cerveau fournit plus que des raisons de se lamenter.

Pierre marche avec son fauteuil roulant tous les jours.

Trop écouter ses émotions est se donner trop d'importance?

La parole qui n'est pas suivie du geste est du vent, dit-on.

Chez les humains, il y en a pour tous les goûts, même pour ceux qui n'en ont pas.

Les voyantes et les astrologues voient d'abord la crédulité et le porte-monnaie de leurs clients.

Si la voyance était une réalité, qui prendrait une mauvaise décision?

La passion des jeux de hasard et des paris est chez elle au sein des peuples et des gens superstitieux.

Les médiums sont-ils entre les esprits et nous, ou entre le néant et nos superstitions?

Et si thaumaturges et guérisseurs vidaient les hôpitaux…?

Le mot «clarté», qui n'a que six lettres, rebute l'«ésotéricien».

Quand une thérapie baigne dans l'huile et l'encens, Pierre se retire.

Les parapsychologues tournent autour de la psychologie ou de la fumisterie?

Que les charlatans qui ajoutent au problème se retirent!

Il appartient à des adultes ou à des spécialistes, non à des pairs, d'aider un jeune à se sortir du bourbier.

Les acteurs du cinéma muet ont mis un bémol au pouvoir de communiquer par télépathie.

Les maisons bien orientées, selon le feng-shui, capteraient le bonheur quand il passe…

Les charlatans aiment citer un scientifique qui les aurait appuyés…

L'alchimie, avec le nouvel âge, renaîtrait de ses cendres…

Le membre d'un clan, d'une secte ou d'une religion se perçoit comme un élu.

Médecins et guérisseurs s'approprient les mérites de la guérison des malades.

Les charlatans: des abuseurs de citoyens naïfs qui les font vivre.

Supprimer la douleur n'est pas en enrayer la cause.

Avec le lot de médicaments que Pierre prend, se rendra-t-il à 80 ans…?

Jacques fut guéri par un placébo, dont il a béni les vertus.

Un placébo agit-il sur un animal?

Si Yann Martel faisait cadeau aux chefs d'État d'une copie de *La partie de billard*, d'Alphonse Daudet?

Si une question existentielle s'intellectualise, Pierre se retire.

Remettre les idées de quelqu'un en question précède sa conversion…

c- Le jugement et l'équilibre

Un bon jugement résulte d'un bon équilibre.

L'équilibre caractériserait ce que les psys voient comme une bonne santé mentale.

Cœur-raison : le tout et/ou la partie, la quantité et/ou la qualité, l'esprit et/ou la lettre, la gauche et/ou la droite?

La vie n'est-elle pas une aventure plutôt sérieuse?

Le sage Épicure enseignait la modération, non l'épicurisme.

Un dicton dit de ne pas brûler la chandelle par les deux bouts.

Être son double, c'est être son ange gardien, ou son démon?

On associe les fils des ténèbres aux démons, à la corruption, et les fils de la lumière aux anges, à la pureté.

L'Église et des écrivains d'hier ont dénoncé les ravages de l'«hommerie» et de la «femmerie».

Quand seuls les anges passent entre les mailles du filet, la morale est devenue immorale…

Qui est doté d'un bon jugement anticipe l'avenir.

Le cerveau humain priorise la règle générale avant l'exception.

Selon qu'une majorité de citoyens privilégient la vertu ou le vice, les anges ou les démons donnent le ton.

Pierre, qui fut excessif, apprécie les bienfaits de la modération.

Pierre corrompt autant son destin en comblant trop ses besoins que pas assez.

Jacques, économiquement faible, recherche les ventes au rabais.

La modération ne s'impose pas, mais se suggère et se vit.

Une consommation effrénée comble d'insatiables besoins.

Dilemme : l'excès et la liberté ouvrent la porte ; la mesure et le contrôle la referment, si…

Faut-il ralentir le rythme pour se demander le pourquoi du pourquoi ?

Pierre souhaite à ceux qui vivent au pas de course de se rattraper avant de mourir.

L'activisme rapporte-t-il plus que la paresse ?

À trop vouloir sauver temps et argent, les bévues se multiplient.

Réfléchir, c'est approfondir, donc simplifier.

Réfléchit-on et se concentre-t-on mieux dans le silence et les yeux fermés ?

Connaître l'être humain, c'est connaître son cerveau.

Un présent obsessif qui monopolise l'esprit devient l'ennemi.

Le célèbre *carpe diem* du poète Horace s'adresse à des adultes.

Pierre a un pied dans son siècle, un dans ceux d'hier et filtre ce qui est à la mode.

Savoir sortir du système, s'isoler, se sentir vivre, se lire, relire son milieu, et s'y réinsérer.

Lire une succession de mots, est-ce lire entre les lignes ?

La subtilité est l'apanage des beaux esprits.

Une parole ou un geste sont révélateurs, comme une tumeur est bénigne ou maligne.

La confiance se crée avec mille gestes et s'envole avec un seul…

Un symptôme est un symptôme s'il connote autre chose.

Pierre décode ce que sous-entendent les nouvelles du soir.

Pierre, bon mari, bon père, bon travailleur, est déjà un homme extraordinaire.

Une personne généreuse, même vidée, donne encore.

Un petit don d'un pauvre représente autant, proportionnellement, qu'un gros don d'un riche.

Un philanthrope donne pour s'aimer, insouciant d'un retour.

Un biochimiste qui veut s'enrichir peut créer de la salive artificielle…

Si ce que l'on a à dire n'est pas mieux que le silence, on dit qu'il vaut mieux se taire.

Se taire défendrait mieux sa réputation que s'expliquer…?

L'honneur et le respect de l'autre sont les garde-fous des excès et des vices.

Qui vit les valeurs de base du bon citoyen est exemplaire.

Vouloir domestiquer tout à fait Pierre est-il un bête projet?

Bien mûrir peut n'être qu'accepter le bien-fondé de saines et sages traditions.

Si Pierre n'est pas où il voulait être, est-il bien là où il est?

Si Pierre ne fait pas ce qu'il aime, aime-t-il ce qu'il fait?

Pierre, qui a choisi et exerce un noble métier, regarde ailleurs…

Savoir relativiser ce qui doit l'être est un signe de maturité.

Il n'est pas immoral d'être naïf ou imbécile, comme l'ignorance n'est pas un vice de l'esprit.

Jeanne de dire: «Mon linge n'est pas sec», et d'éclater de rire.

Quelle fraction du savoir humain possède Pierre?

L'école, où l'on y corrige l'erreur, est belle.

Une erreur commise à l'école a peu de conséquences.

Ces éducateurs en série, qui corrigent les jeunes, en font-ils des adultes qui voient d'abord le négatif?

L'école certifie celui qui maîtrise le savoir enseigné.

Pierre douterait de la compétence d'un spécialiste qui obtiendrait son diplôme avec 60 %.

Une erreur fatale fait-elle d'un spécialiste un incompétent ?

Un spécialiste a-t-il droit à l'erreur, quand les conséquences peuvent être fatales ?

L'erreur est possible là où il y a un problème.

L'abus est possible là où la loi a une faille.

Le spécialiste qui commet une erreur rappelle qu'il est humain, mais peut faire du tort à son client.

Pierre jubilait de savoir que l'erreur subie en aiderait d'autres…

Jacques croit que s'il dépose une demande avant la date butoir, il accélérera la réponse.

Qui ne s'élance que sur des prises va souvent sur les buts.

Pierre prévoyait une soirée occupée ; fatigué, tôt au lit, il s'est levé reposé.

Un effort au lever n'est pas le même qu'au coucher.

Le rire allège les mauvais coups du sort et le poids des responsabilités.

La privation développe-t-elle la maîtrise de soi, ou le désir de posséder ce dont on est privé ?

Se priver de petits plaisirs pour un grand est louable.

La répétition d'une action devient une habitude.

Un gamin aurait besoin de voler des pommes ou de regarder sous une jupette, mais devrait savoir s'arrêter.

Il est possible de passer à travers la vie sans apprendre à vivre.

Se baser sur un principe juste et impopulaire pour régler un conflit est osé, mais…

Si seuls les citoyens parfaits critiquaient l'agir des autres, c'en serait fait de la critique.

Qui gagne à sortir de son placard un squelette qu'il ignore ?

Un document qui éclaire un fait marquant est un plus.

On doit justifier les reproches, non les compliments.

Si les humains étaient identiques, ils ne seraient que les plus évolués des animaux.

Les gens cultivés qui ne se prennent pas pour d'autres sont agréables à côtoyer.

Les différences entre les individus et entre les communautés du genre humain font sa richesse.

Notre conscience consciente cote notre moralité.

Le moraliste veut mettre de l'ordre dans le chaos social.

Le moraliste actualise le legs des ancêtres.

Un moraliste entretient les plantes du jardin et en élimine les mauvaises herbes.

Un moraliste risque de passer pour un hypocrite ou un salaud converti, si...

Un criminel qui loue la vertu se compare-t-il au bon larron de l'Évangile?

Si les moralistes irritent, le génial La Fontaine irrite aussi?

Jacques suit les conseils d'un moraliste comme ceux d'un dentiste...

Chez le grand fabuliste, la fourmi et la tortue l'emportent sur la cigale et le lièvre.

Jacques manque de temps, même quand il en a trop...

Le cauchemar du moraliste est de vivre et laisser vivre.

Prise à la lettre, l'honnêteté intellectuelle clôt le bec de tout juge ou moraliste.

Il est malséant de défendre la vertu ou d'ironiser sur le vice; qui n'a pas l'ombre d'un squelette dans son placard...?

Pierre vit et laisse vivre autrui s'il n'interfère pas indûment dans sa vie.

Le moraliste propose un idéal à atteindre.

Il arrive qu'un moraliste déroge de l'idéal qu'il propose.

Se donner en exemple contredit ce que cherche la vertu.

Le moraliste essaie de répondre aux grandes et aux petites questions.

Le sage ne critique le comportement de ses proches que s'ils franchissent un seuil inacceptable.

Qu'il soit admis qu'un acte répréhensible ait fait des victimes les aide à s'en sortir.

Pierre a besoin d'assumer son passé, comme un peuple son histoire.

Jacques laisse l'audace et le courage aux héros, aux Batman et Spiderman.

La hardiesse précède le courage, ou en découle?

Pierre, lâche ou prudent, assure ses arrières plutôt deux fois qu'une.

De vertu, la prudence qui paralyse devient une faiblesse…

Est-ce par amour, par confiance en la vie que Pierre ose plus qu'il assure ses arrières?

Le reniement, ceux qui disent ce qu'ils pensent le vivent régulièrement.

Pierre accueille un franc-tireur qui «tire franc» la main tendue.

Qui admet être proche d'un criminel, d'un abuseur ou d'un traître?

On peut mentir à tous, sauf à soi-même, à moins que…

Qui est le vaincu entre le fourbe qui ment et le dupe qui gobe?

Jacques prend ses maladresses pour des traits de génie.

Pierre, sans des convictions basées sur des valeurs sûres, est une girouette.

Pierre refuse les compromis qui le détruiraient.

Des convictions aident à choisir et à poursuivre ses objectifs.

Les convictions immunisent-elles contre le doute?

Qui influence celui qui sait ce qu'il veut et ne veut pas?

Il revient à chacun de se munir d'un système immunitaire sur le plan psychologique.

André Gide priait Dieu de lui épargner les maux physiques; il disait se charger des maux psychologiques.

André Gide conseillait d'être bon avec les autres, car nous pourrions avoir besoin d'eux.

Des bâillements, des sourires complices et le silence désarment tout militant…

Avec les humains, rare est le pur pur, l'impur impur, et les décisions doivent suivre.

Avoir trop de convictions fait qu'elles s'entrechoquent.

Pierre admire celui qui meurt fidèle à ses convictions.

Pierre, versé sur le sens de la vie et l'art de vivre, doit se questionner encore.

Pierre est réputé voir les évènements dans le bon angle et prendre les problèmes du bon bout.

Un fait mal observé est-il un fait mal interprété?

Si l'action anime Jacques, la réflexion nourrit Pierre.

Jacques décide et constate, Pierre constate et décide.

Si on consulte Pierre, c'est que libre, il sait lire le contexte.

Un tête-à-tête avec Pierre sauve des heures de réflexion, de lecture ou de visite chez le psy.

Pierre parle pour connaître ou amuser les autres, peu pour parler et par politesse.

Pierre refuse de s'ouvrir le « mâche-patates » pour déclarer que le soleil brille et qu'il est midi.

Le « mâche-patates » mâchait des patates avant de mâcher des mots.

Si Pierre voyait ce qu'il avale, le porterait-il à sa bouche?

Pierre accueille le nouveau avec sérénité.

Le nouveau, Pierre préfère le créer.

Pierre et Jacques sont si amis qu'ils réagissent de façon identique.

Jacques, qui a des réactions prévisibles, est-il compulsif ou fataliste?

Espérer, c'est continuer à ramer quand on ne voit pas la rive désirée.

Un *leader* corrompu n'entraîne-t-il pas des disciples semblables?

Une pilule ne corrige ni un pervers, ni un salaud.

En tentant le diable, on voit s'il succombera.

Qui veille mal à ses intérêts veille-t-il mal à ceux des siens?

Un criminel veut corrompre le citoyen intègre.

Un citoyen corrompu a le pouvoir de corruption qu'a une pomme pourrie dans un panier.

Si la popularité définissait ou consacrait les vedettes, les crapules gagneraient le trophée.

Une crapule, dotée d'un cerveau pervers, aime et pratique le vice comme un saint la vertu.

Tout se paie chez les humains; les escrocs sont des perdants.

Hier on parlait de justice immanente, de ciel et d'enfer sur terre.

Pour Camus, les humains sont des Sisyphe condamnés à peiner.

À la différence d'une pomme pourrie, Pierre peut se repentir, devenir un bon larron.

Un sage est une vigie, et sonne l'alarme.

Un sage respecte trop la liberté d'autrui pour se créer des disciples…

Pierre n'est le disciple que de lui-même, et parfois il l'oublie…

Un disciple meurt heureux en citant son maître…?

Pierre ne veut ni convaincre ni séduire, il ne veut qu'échanger.

Est-il sage de garder la meilleure bouchée pour la fin?

Le sage est comblé de ne boire qu'un verre d'eau.

Une à la fois, Pierre mangera plus d'une tonne de pommes de terre dans sa vie.

Le sage s'attache à l'essentiel, et il s'y tient.

Jacques se veut sage: il se tait, de peur de dire des sottises.

Jacques, l'ami de tous, dit des lapalissades telles qu'«un sage n'est pas un sot».

Le poids de la quantité:
Pierre: Jacques, qu'est-ce ce qui est pire qu'une guerre mondiale?
Jacques: Deux!

Pierre: Jacques, les journaux ont-ils immortalisé pire meurtrier que Jack l'Éventreur?

Jacques : Le cinéma en a ajouté un : Landru…

Pierre : Il y a eu Robert Pinkton, au Canada, non ?

Jacques : Il a déjà trop monopolisé l'intérêt de la presse.

Pierre : Jacques, donnerais-tu le record Guinness de l'horreur aux dirigeants rwandais en 1994 ?

Jacques : Non, à Staline et aux Khmers rouges de Pol Pot.

Pierre : Pour le nombre de victimes ?

Jacques : Oui, et ils exterminaient les leurs pour leurs idées.

Pierre : Jacques, donnerais-tu le record Guinness du racisme aux États-Uniens, ou aux Afrikaners ?

Jacques : Non, aux Allemands sous Hitler.

Pierre : Du racisme ou du sadisme ?

Jacques : Pour les deux !

Pierre : Jacques, pour toi, deux, c'est préférable à un ?

Jacques : Oui, s'il multiplie le positif ou divise le négatif.

Jacques, pour consoler Pierre, lui disait qu'il valait mieux être en santé que malade.

Seul le citoyen immature a le pas, et pourtant, il envie les autres…

Se faire qualifier de très sage peut ne pas être un compliment.

La sagesse et une grande émotivité sont difficilement conciliables.

Régler un faux problème exige autant d'énergie qu'en régler un vrai.

Les joies intellectuelles demandent de l'effort, croissent et se multiplient.

Humaniser les plaisirs instinctifs les ennoblit, sans les diminuer.

Pierre s'est humanisé en s'écartant de ses origines animales et en en gardant les vestiges bénéfiques.

Savoir pourquoi un fait divers nous perturbe est révélateur.

Qui n'est pas allergique aux soi-disant experts et vedettes ?

Avoir une opinion sur tout meuble la conversation et amuse le connaisseur.

Marie préfère l'univers des romans Harlequin au sien.

Pierre s'attarde à son histoire, à celle des siens et de ses proches, plutôt qu'à des fictives.

À chacun le tour d'être ridicule ; savoir en rire est le lot d'une
minorité.

Qui accepte de perdre la face avec le sourire ?

Un adulte sait où et jusqu'où il se prend au sérieux.

Pierre se croit né de la cuisse de Jupiter, et Jacques de son entrecuisse.

Un jeune déjà omniscient commence mal sa vie adulte.

Les jeunes multiplient leurs bêtises et les adorent…

Sans humour, la vie manque drôlement d'humour.

Pierre sait qu'un jour il se permit de rire de lui-même…

Admettre ses travers et en rire est en être en partie libéré.

Est-il bien vu de se valoriser ou de se dévaloriser avec humour ?

Se mettre en valeur ou se dévaloriser est-il une « maladie de l'âme » ?

L'assurance d'un suffisant varie avec son quotient.

Jacques a fait faillite, et il n'achetait que des produits en solde.

Pour certaines personnes, le dernier est l'avant-dernier.

Marie se glorifie de sa beauté au lieu d'en remercier la nature…

Sans flirter, peut-on dire à Marie que la vie en a fait une fleur ?

Que choisir entre faire confiance à autrui et le regretter, et s'en méfier ?

En soi, la beauté récolte des éloges, et la laideur des rejets.

Jeune, Pierre voyait la beauté de Marie avant sa bonté.

Qui ne se contredit pas une fois par jour ?

Peut-on être loyal avec tous sauf avec son conjoint ?

L'humble citoyen qui prend du galon peut en perdre la tête.

Pierre se prend pour un parmi les autres.

Un roi, s'il manque de papier, se salit les doigts en se torchant.

Même un génie déraille si ses intestins le tenaillent.

Un constipé doit être disponible dès que ses intestins lui signalent
qu'ils lâcheraient du lest.

Idéalement, le matin, la vessie et les intestins se libèrent, l'un après l'autre.

Hospitalisé, peu importe la raison, on se retrouve nu.

Jacques, incapable d'atteindre les raisins désirés, dit qu'ils ne sont pas mûrs et s'il recule, qu'il veut prendre un élan.

Un ambidextre ou un esprit «égotruiste» se construisent.

Changer un pigeon de place n'en fait pas un aigle.

Le principe de Peter dit que l'habit fait le moine.

Le principe de Peter dit-il que le cerveau, lui aussi, s'ankylose?

Le principe de l'autruche: ce n'est pas ça, parce qu'il ne faut pas que ce soit ça.

Le principe du jour: tôt ou tard, l'ordinateur cérébral de Pierre «boguera»…

Selon Pierre, il n'y a rien de grave sauf ce qu'il l'est.

Pierre peut-il reprocher à Jacques, incapable de le comprendre, de ne pas le comprendre?

Pour réactiver les mots, Pierre se permet d'écrire à ses lecteurs: bon jour, bon soir, ou au re-voir.

Réflexe philosophique: Que celui qui peut comprendre, comprenne.

B- Moi et l'autre

a- L'égoïsme et l'altruisme

L'égoïsme et l'altruisme s'entremêlent chez tout individu et le caractérisent.

Si l'on exclut les liens du sang, l'altruisme est une disposition acquise.

Les taxes et les impôts reflètent l'altruisme des citoyens.

Se dépouiller de 20 dollars pour aider, c'est bien, mais un coup de main, une visite, n'ont pas de prix.

Penser à soi est penser aux autres, et penser aux autres est penser à soi.

Qui veut aider un démuni doit porter une barbe et suer?

Un conseiller financier intègre et expert? Pourquoi pas!

Pierre s'aime, aime les siens, ses proches, ses concitoyens, et les autres.

Qui connaît son monde prévoit ses réactions.

Qui remet en question les idées à la mode perturbe.

Qui doute de lui-même aime-t-il être remis en question?

Un citoyen, un groupe, peuvent être généreux, non un peuple ou un empire.

Rompent avec Pierre ceux qui refusent d'être remis en question si…

Pierre s'aime plus s'il pratique la vertu que s'il s'adonne au vice.

Qui croit que l'amour unit plus les humains que l'intérêt?

L'aide humanitaire ajoute un exploiteur, si celui qu'elle sort de la misère a le cœur pourri.

Les autres sont d'autres nous, avec des différences…

Marie aime Pierre tel qu'il est, pourvu qu'il ne soit ni macho, ni drogué, ni ivrogne, etc.

Pierre comprend Marie et l'accepte ; la comprend et ne l'accepte pas ; ne la comprend pas et l'accepte ; ne la comprend ni ne l'accepte.

Le couple permet de créer des liens intimes et durables.

La complémentarité dans le couple n'a pas de limites.

Les parents, avec leurs enfants, revivent de façon différente.

Pierre et Marie acceptent qu'ils soient eux-mêmes et s'aident à s'améliorer.

Il est sage de renoncer à vouloir être compris.

Échanger en personne crée moins de distorsion qu'au téléphone ou par courriel.

Les médias sociaux sont truffés de commérages, de malentendus et d'incompréhensions.

La souffrance appelle-t-elle la compassion ?

Le pourboire dit merci pour le sourire.

A-t-on la liberté de ne pas être aimable, pacifique, juste, responsable, etc. ?

Le « péché » blesse autrui, n'est ni une faute ni une erreur.

Si bien penser à soi est le secret de la bonne humeur, nos proches l'apprécient.

Qui pense un peu trop à lui débute ainsi ses phrases : « Moi, je… »

Pierre mémorise le nécessaire pour survivre, et le maximum pour bien vivre.

Qui empiète sur la part de soleil de l'autre sans ressentir de culpabilité agit en animal.

L'inconscience et l'irresponsabilité ne sont ni du cynisme, ni du sadisme.

Les sept péchés capitaux : l'orgueil, l'avarice, la luxure, l'envie, la gourmandise, la colère et la paresse.

Les péchés ne sont pas morts avec l'abandon de la religion.

Bien utilisé, le même cure-dent dure une semaine.

Les avares gardent leurs sous, leur temps, leur expérience et leur cœur.

Un harpagon, un père Grandet, un séraphin dans une famille, une communauté, c'est un de trop...

Un péché était mortel s'il était grave, commis avec une connaissance suffisante et le plein accord de la volonté.

Hériter de ses parents un code moral basé sur l'amour est un cadeau pour la vie.

L'altruisme attire médecins, infirmiers et enseignants.

Qui est exempt d'inconscience ou d'irresponsabilité?

Entre une qualité, économe, et un vice, avare, tout n'est qu'une question de degré.

Jacques, économe, lèche les murs avec la peinture.

Hier, le bien s'opposait au mal; maintenant, il augmente le PIB.

Jacques connaît-il ses limites, ou est-ce à Pierre de les lui révéler?

Pierre fait la morale à Jacques, s'il omet de se la faire.

Jacques est incapable d'admettre qu'il a été odieux.

L'incapacité de communiquer transforme ses victimes en bourreaux.

Un problème technique se règle techniquement; un problème humain, humainement.

Un proverbe québécois: *Quand y pleut su el curé, y mouille su el vicaire.*

Les Caractères, de La Bruyère (1645-1696), sont plus actuels et justes que ce qui se publie aujourd'hui.

La «merde» que vivent les humains, causée par leur rapacité, est prévisible et évitable.

Le parasitisme des vivants illustre la loi de la gravitation.

Entre vedettes et *fans* soi-disant naïfs, n'y a-t-il qu'échanges entre vampires et parasites?

Le *fan* l'est par naïveté, par faiblesse, ou bien par intérêt?

L'égoïsme ouvrirait la porte du malheur ou de l'enfer, l'altruisme, celle du bonheur ou du paradis.

Il arrive que Pierre se pardonne ce qu'il reproche à autrui.

Le jaloux et l'avare conscients de leur vice sont-ils guérissables?

Toute entente ou tout contrat exigent un intérêt commun.

Les contrats qui créent des heureux créent des gagnants, dit-on.

Pierre fréquente les œuvres classiques et se nourrit d'actualités.

Pierre, qui partage son savoir et son expérience, doit se ressourcer sans cesse.

Livrer son savoir aide à le posséder et à l'approfondir.

Pierre respecte Jacques en l'aidant à devenir plus adulte.

L'opposition stimule Pierre à livrer son expérience.

Si le passé nous inspire, le climat et l'air ambiants nous imprègnent.

Nos désirs ne peuvent viser que notre bien et le bien commun.

Pierre, intelligent, voit bien à ses intérêts.

La différence entre un sot et un futé, le sot l'ignore.

Qui aime entendre qu'il ne prend pas ses propres intérêts?

L'instinct de conservation exige de défendre ses intérêts.

Qui gaspille temps et argent en futilités en manque-t-il pour l'essentiel?

Jacques croit que sa façon de penser et de vivre est la meilleure, sinon la seule.

Jacques n'a aucun préjugé, sauf de croire qu'il est le seul à ne pas en avoir.

Les Noirs naissent-ils manœuvres, ou est-ce le seul travail qu'on leur confie?

Pierre croit que ce qui l'ennuie ennuie les autres.

Si Jacques fait des excès d'alcool, tous n'en font pas.

Si Pierre admet avoir défendu des idées erronées, il peut en défendre d'autres...

Condamner ses coups de cœur pour de la frime préserve-t-il de nouveaux mirages ?

Pierre, perfectionniste, selon son humeur, se perçoit comme un minable ou un héros.

Qui vit dans le désordre ne le voit plus.

Pierre ne permet à personne de mettre de l'ordre dans son désordre apparent.

Jacques, qui cherche ce que Pierre a de plus que lui, est-il jaloux ?

La lucidité et l'honnêteté intellectuelle détruisent les illusions et les ennuis possibles.

Pour Jean-Paul Sartre, l'enfer c'est les autres ; ils expliquent son œuvre et sa célébrité.

L'accommodement raisonnable : tu t'adaptes, ou nous nous adaptons ? Voilà la question !

L'accommodement raisonnable s'impose pour ceux qui manquent d'oxygène vital.

Tout accommodement déraisonnable nuit au bien commun.

Jacques voit les *losers* du même acabit que lui comme des victimes.

Jacques voit ceux qui s'en permettent trop comme des anarchistes ou des criminels.

Jacques qualifie de susceptibles les personnes blessées là où il ne l'est pas.

Il y a des mots assassins comme « raciste », « sexiste », « maniaque », « pervers », « crapule », etc.

Les blessures à l'instinct pénètrent en profondeur.

S'excuser, c'est bien ; il reste à réparer.

Les euphémismes élimineront-ils les mots trop réalistes ?

Les diminutifs et les superlatifs ne se multiplient pas à l'infini.

Réduire Pierre à ses vertus ou à ses vices dominants fausse son image.

Quelle place le tempérament a-t-il dans la psychologie moderne ?

Pour Marie, la vie se résume à ne pas avoir de peine ni en faire.

Pour ressentir du mépris, il faut se sentir inférieur ou coupable.

La complaisance, fille de la flatterie, corrompt le dialogue.

Jacques retient les défauts d'autrui et oublie leurs qualités...

La qualité des échanges monte ou baisse selon le degré de complaisance qu'on y met.

Jacques est important au point de prendre un mot sur lui comme une rumeur.

Comment accorder Pierre, qui discute la tête froide, et Marie, qui y met son cœur?

Jacques parle pour parler et voit diminuer ses auditeurs.

Pierre ne lit et n'écoute que celui qui a quelque chose à dire.

Pourquoi publiciser les frasques des *stars,* sinon...?

Les personnes connues ont-elles avantage à étaler leur vie privée?

Seuls un proche, un spécialiste ou un voyeur s'intéressent à la vie privée d'autrui.

Un voyeur aime savoir qu'un génie se masturbait pour fêter la fin d'une création.

Jacques, «gros nombril», porte des lunettes opaques, ne voit pas les autres.

Jacques, «gros nombril», pense demander et oublie d'offrir.

Le paresseux se dit bon à rien et répond mal aux demandes d'aide, pour qu'on l'oublie.

Jacques, paresseux, suppliait sa conjointe de lui écarter les fesses pour péter.

Pierre admet se faire qualifier de jaloux comme un fait, et non un jugement.

Trop attendre des autres crée des malaises, des malentendus et des brouilles.

Le moyen de ne pas être déçu par l'un de ses proches est de mourir jeune.

Avec la liberté sexuelle, l'autre devient un contagieux possible.

Pierre préfère se créer un ennemi et pouvoir se regarder dans un miroir.

Un homme d'honneur joue franc-jeu.

Pour s'aimer, faut-il se sentir aimable?

On peut oublier sa solitude ou son anniversaire, et la vie continue…

Jacques, redevenu célibataire, a perdu la tête et retrouvé…

Jacques, devenu seul, cèdera-t-il encore sa liberté?

Jacques, abandonné, cherche-t-il une autre servante?

Sous le charme d'un coup de foudre, Pierre multiplie les «je t'aime».

Pierre, devenu veuf, résistera-t-il longtemps au chant des sirènes?

Qui, devenu veuf, aime qu'on lui présente la perle rare?

Pierre reçoit des autres l'attention qu'il leur prodigue.

Qui reçoit sans donner éloigne un possible copain.

Eh oui, il est possible qu'un veuf se refuse le «nanane» et garde le sourire…

Un veuf grossit-il tous les jours la liste des gadgets qu'il ne range plus?

Pour se libérer de biens inutiles, commence-t-on par le sous-sol?

Qui vit seul est heureux de parler seul et fort sans menace de camisole de force.

La Fontaine a dit que le diable, se faisant vieux, se fit ermite.

Le non-dit crée autant de malentendus que le «trop-dit» de malaises.

Être incompris est le pain quotidien des humains.

Être compris est-il se faire dire: «À ta place, j'aurais dit ou fait la même chose»?

Combien d'idéalistes gardent le feu sacré toute leur vie sans problème de santé?

Est-il mieux d'être un pince-sans-rire que d'avoir un rire qui pince?

Qui prône trop la tolérance en aurait-il grand besoin?

En soi, la tolérance est un comportement transitoire.

Pierre ne prend et ne donne que son dû, et il est perçu comme un bon citoyen.

Pierre, honnête, a-t-il des oreilles pour un criminel?

Pierre, rangé, accepte ou comprend-il un skinhead ou un punk?

Oui pour l'excentricité sur scène, dans les carnavals, les parades et son salon.

Pierre ne se contente pas d'être une coquille vide.

À qui le châtiment d'un coupable procure-t-il satisfaction et joie?

Un grand de ce monde qui se sait grand est bien petit et grandement à éviter.

Pierre a sursauté, quand son médecin s'est dit heureux de travailler sur son cas.

Pierre aborde-t-il l'autre confiant ou méfiant, en lui tendant ou non la main?

Voir chez l'autre le négatif d'abord n'évite-t-il pas des déceptions?

Selon l'éducation, l'autre est noir ou blanc, et connu, il devient gris.

Pierre reflète-t-il ce que les autres lui renvoient?

Le regard des autres nous donne-t-il les raisons de nous aimer?

Pierre détecte mal les causes de l'anxiété de Jacques.

Si le talent est le passeport vers la célébrité, la vraie vient de l'amour de ses proches.

Les tares physiques attirent la compassion et les psychologiques, le rejet.

Les handicaps psychologiques s'implantent sans permission.

Depuis le milieu du XXe siècle, grâce aux antidépresseurs, le malade mental vit au milieu des siens.

L'animal en tout humain refuse que Pierre gêne sa liberté, et son réflexe est de l'éliminer.

Un chauffard derrière un conducteur prudent se questionne, ou montre le poing?

Selon ses besoins, Jacques veut imposer son rythme aux véhicules qui le suivent ou le précèdent…

Pierre, instinctivement, réagit comme un primate.

La férocité d'un félin reflète son amour de la vie ; celle d'un humain, son inhumanité.

Qu'un félin ait un repas ou non, il ne ressent ni fierté, ni dépit.

Qu'un paon mâle séduise ou non la femelle, il ignore la vanité.

Le bûcher de Jeanne d'Arc, qui entendait la voix de Dieu, a frôlé Claude Ryan, qui voyait sa main dans sa vie.

Un candidat au *burnout* oublie la pause-café et le jour de paye.

Pour un passionné, il n'existe ni lundi matin ni vendredi après-midi.

Les voyages enseignent que l'on peut être autre et vivre autrement.

Les Ulysse font sentir aux casaniers que le voyage déniaise…

Avec le temps, l'application continue d'une force minime exerce une pression énorme.

La ténacité et le travail ne règlent pas tout, mais presque…

La patience est vitale, pour qui veut exceller.

La patience ou l'insistance viennent à bout de tout ; la tache et le tissu en disparaissent.

Un alcoolique qui diminue sa consommation chaque jour pendant un an est sobre.

Un analphabète qui écrit chaque jour pendant un an sait lire.

Un enfant handicapé l'est-il pour sa communauté ?

Des handicapés atteignent des performances qui éclipsent des «bien-portants».

Comment aider Pierre, qui s'enlise, sans le heurter ?

Secouer un apathique se justifie-t-il ?

Même si le désir est fort, on ne peut vouloir pour un autre.

La méthode sûre de se mettre Pierre à dos est de vouloir son bien plus que lui.

Entre éduquer et surprotéger, la ligne est mince.

Les aînés qui ont légué leur expérience meurent sereins.

Qui filtre ses propos en public sait que la «pudeur verbale» a un sens.

Pierre, appuyé sur de fortes convictions et capable d'en rire, perturbe ses proches…

Il y a un fossé entre ce que Pierre pense, dit ou écrit.

Ne dit-on les quatre vérités qu'à ceux capables de les entendre?

Pour qui dire ses vérités à quelqu'un est-il se créer un ennemi?

Jacques s'insurge contre Pierre, s'il lui sert un proverbe qui le remet en question.

Jacques accepte une critique si le ton et la formulation lui plaisent.

Pierre apprécie la critique qui pique là où ça fait mal.

Jacques: Pierre, tu m'as blessé!
　　Pierre: Beaucoup, à t'entendre.
　　Jacques: Et ce n'est pas la première fois.
　　Pierre: Tu peux me préciser ces gaffes?
　　Jacques: Tu m'as manqué de respect.
　　Pierre: Nous sommes des pairs.
　　Jacques: Oui, mais…
　　Pierre: J'aurais été avec toi trop…
　　Jacques: Trop direct, trop cru.
　　Pierre: J'aurais manqué de délicatesse, de tact?
　　Jacques: C'est peu dire.
　　Pierre: Un incident diplomatique?
　　Jacques: Il y a le ton, et les choses dites.
　　Pierre: Je t'aurais dit des choses politiquement incorrectes?
　　Jacques: Inacceptables. Il y a des limites…, des vérités…
　　Pierre: Il y a des limites à être vrai, à dire la vérité?
　　Jacques: Dans ses propos, oui!
　　Pierre: Quand je sens que tu me ménages, tu me blesses.
　　Jacques: C'est que je t'aime.
　　Pierre: Tu n'es pas ma mère. Je suis un adulte!

Jacques : Moi aussi.

Pierre : Entre adultes qui se respectent, on n'est jamais trop vrai !

Un critique raffiné peut-il encenser les succès d'artistes incultes ?

Pierre, qui repense et critique les idées à la mode, crée des vagues et des remous.

Jacques a gagné le record Guinness des bêtises en un jour.

Qui combat la bêtise humaine part en guerre tous les jours.

L'énormité de la bêtise commise varie selon la richesse ou le pouvoir de son auteur.

Il faut contrer la bêtise sur le terrain qu'elle fleurit.

Pierre s'attend d'un proche qu'il soit à la hauteur et irremplaçable.

Aidés par le talent ou le travail, tous peuvent être exceptionnels.

Les personnes célèbres, depuis l'Antiquité, occupent peu de pages dans les dictionnaires.

Combien de génies furent aidés pour gérer leur quotidien ?

À l'accueil d'un être aimé, la joie est à son comble.

Un ami se quitte-t-il sans une blague ?

Ce que Pierre vit d'insolite ou d'original, il aime le raconter.

Pierre, qui croit avoir fait ses preuves, peut-il se reposer ?

Pierre aura droit au grand repos après son dernier souffle.

Qui ne peut pas s'immortaliser dans ses descendants ?

Avoir une bonne blague, sans personne à qui la raconter…

Pierre, qui sait rire de lui-même, a toujours un public.

Pierre joue franc-jeu et se respecte et respecte ses rivaux en s'adaptant à leurs coups, si…

Il y a le plaisir de jouer, de participer et de gagner.

Interdire à l'autre de réagir à sa guise, y voir de la méchanceté, est-ce ne voir que son côté de médaille ?

Après une discussion orageuse, le soleil brille encore.

Un geste, un mot malheureux peuvent ruiner une réputation ou briser une amitié pour la vie.

Un mot dit ou une idée énoncée à propos, en terrain propice, peut avoir une portée toute une vie.

b- L'amour et la haine

La base de la morale dit d'aimer l'autre comme soi-même.

Pierre, fruit de l'amour, est biologiquement destiné à aimer.

Pierre est né de parents en amour, dans un acte d'amour.

Qui n'est pas aimable et est détesté peut-il s'aimer?

L'amour appelle l'amour, ne s'impose pas ni ne domine.

Si l'amour progresse, la haine aussi, et de façon extrême.

Mieux vaut mourir inconnu que reconnu pour un crime.

Aimer, est-ce aussi créer des liens avec nos ennemis?

Pierre et Marie jouent, l'un pour l'autre, le rôle d'un gyroscope.

Il y a Pierre et Marie amoureux, et il y a Pierre qui préfère jouer et Marie danser.

Si Pierre et Marie s'épousent, ils progresseront si…

Les compromis, qui créent la paix, joignent les alliés.

L'orientation sexuelle d'un enfant se précise-t-elle à la puberté?

Pierre: Jacques, Jean est malade. Il est amoureux.
    Jacques: Au contraire, il est en santé.

L'amour convainc l'être aimé qu'il est plus que ce qu'il est.

Pierre trouve ses héros près de lui, non sur la place publique.

Pierre et Marie échangent avec les leurs, leurs proches, et tous s'apprécient.

Pierre et Marie, fantaisistes, badinent avec l'amour.

Un amoureux peut devenir un ami, un ami un amoureux, et les deux des ennemis.

Il est aussi facile d'abuser d'une femme avec des compliments que d'un homme avec des avances.

Sainte-Beuve: «Le style, c'est l'homme», d'où en accepter le style, c'est accepter l'homme.

Accepter le style de Pierre, c'est se dire: «Bravo, c'est bien lui!»

L'amour ne se récupère pas, on récolte ou on paie la note.

Pierre aime librement Marie, celle qui dit tel mot ou pose tel geste.

Pour blesser un proche qui vous estime, lui laisser entrevoir qu'il est plus bas dans votre estime qu'il croyait.

Il y a les coups inutiles, les coups bas, et ceux d'un Brutus…

Pierre n'accepte-t-il pas Jacques ou ses idées?

Pierre ne sert pas aux autres ce qu'il n'aime pas se faire servir.

Le mot «reconnaissance» est trop long pour en retenir le contenu.

Reconnaître les dons de nos proches et leur rendre est digne d'éloges.

Pierre et Marie ont tué leur complexe d'Œdipe en remerciant leurs parents de leur avoir donné la vie.

Qui, avec les siens, accepte de passer après les étrangers?

Seuls Pierre et Marie, humiliés, connaissent leur souffrance.

Ne voir que les blessures récentes, en faire une boule est-il propre à l'enfance?

Être mésestimé ou voir son mérite nié blesse et déçoit.

Jacques, seul, déplore de passer après ses copains en couple…

Qui regarde quelqu'un de haut «manque le bateau».

Une personne généreuse n'abuse pas de sa supériorité.

Une personne humble se refuse de récolter tout l'honneur dû.

Pierre s'humanise et progresse en se mesurant aux autres.

La souffrance est la clé qui ouvre la porte de l'altruisme.

Semer et récolter de l'amour donne un sens à sa vie.

Pierre veut aider des démunis, qui en aideront d'autres.

Les placements sur des humains sont-ils les plus risqués?

Un requin loge peut-être dans la tête d'un pauvre qu'on aide…

Marie, sous le charme d'un chanteur de pomme, a remercié Pierre, qui l'a réveillée.

Pierre aime Marie assez pour lui laisser ses illusions et trop pour ne pas les détruire.

Pierre y réfléchit avant de priver Jacques de raisons de s'aimer.

Pierre, à qui Marie lui demandait s'il l'aimait, l'a blessée en lui répondant qu'il l'aimait bien.

Pierre, croyant ennuyer Marie, l'a insultée en lui disant qu'elle pouvait se retirer.

Comme Pierre et Jacques se côtoyaient par besoin, Pierre l'a dit, et il a perdu un «ami»…

L'amour se gagne, se cultive, ne s'impose pas.

L'amour naît-il plus aisément chez quelqu'un qui le cherche?

Pierre, secrètement amoureux de Marie, sera attisé ou éteint par ce qu'elle dit ou fait.

Si Pierre et Marie ne pensent qu'à se regarder et se toucher, Cupidon les a ensorcelés.

Être sous l'emprise de Cupidon est-il un avant-goût du sublime?

Pierre, accueilli et rassuré, a déboutonné la blouse de Marie…

Un utérus est une fleur où un amoureux dépose sa semence, prend du plaisir et en donne.

Qui se soucie trop de l'hygiène fait un piètre amoureux.

Le coup de foudre éteint, il reste à s'aimer, partager et construire…

Pierre, qui aime Marie, ne peut vivre loin d'elle.

Pierre n'ose dire à Marie ce qu'il fait pour lui prouver son amour si elle ne le voit pas.

Jacques, non amoureux de Marie, ne la voit ni n'en parle avec la passion de Pierre.

En amour, s'engager pour la vie est un défi d'adultes, et le relever, un exploit.

Pierre, qui aime Marie, ne discute ni ne négocie ce qui en fait ce qu'elle est.

L'amour explique que Pierre comprend Marie sans la comprendre.

La rupture d'amoureux sans enfant n'est-elle qu'un fait divers?

Pierre et Marie n'écoutent pas leurs reproches, de crainte qu'ils soient fondés.

Le conseiller conjugal a rassuré Pierre et Marie: ils ne sont pas sourds.

Pierre et Marie se sont séparés pour réfléchir, ou pour s'oublier?

Pierre et Marie, parents, se rapprocheront ou s'éloigneront?

Quand un des conjoints voit un cadeau comme un placement, le couple agonise.

En couple, est-il préférable de se libérer, ou de rester coi et tirer sa révérence?

Peut-on récolter sans semer ailleurs qu'au paradis terrestre?

Qui veut être aimé est-il conscient qu'il doit séduire l'autre?

Un dépendant affectif attire ou attendrit, éloigne ou répugne…

Pierre se rase et Marie se coiffe, pour s'embellir.

Pierre se vêt avec goût et sobriété par respect de ceux qu'il côtoie.

On ne gagne ni ne prouve l'amour des siens avec un raisonnement.

Existe-t-il des conjoints fidèles, sobres et travaillants, mais mal éduqués, casaniers ou malpropres…?

Un vrai Don Juan chante la pomme même à une Ève.

Pierre se repent davantage d'avoir été trop dur que trop bon.

Il est plus facile de donner à quelqu'un pour qui la vie a été dure.

Entouré d'amour, est-il plus facile d'aimer?

Marie, pour qui un animal comble un vide affectif, se sent comprise.

Les enfants veulent un chien, et papa et maman acceptent s'il ne «chie» pas et ne «pisse» pas.

Si on «chosifie» les animaux, on ne peut en produire artificiellement.

Un enfant s'éduque, un animal se dresse.

La génétique peut créer une vache plus rentable ou un pitbull plus brutal.

Que dire à ces fillettes végétariennes qui se voient vétérinaires?

Qui finit son assiette avec la viande est un futur végétarien?

L'humain voit l'animal qui dévore ses petits comme «inanimal»...

Les humains préfèrent déguster les animaux jeunes et tendres...

Visiter des abattoirs ou voir des prédateurs dévorer leurs proies suffit pour devenir végétarien.

Argument-choc: soyons tendres avec les animaux de boucherie; de catégorie A, ils paient plus.

Pierre a adopté Fido et a su le même jour que l'animal était le dépendant affectif.

Qu'un chien oblige Pierre à marcher amortit son investissement.

L'amoureux de son chien se croit compris, s'il en a besoin.

Pierre refuse de devoir son équilibre affectif à un animal.

Pierre, avec l'«âme» d'un Cyrano, séduit les Roxane de ce monde...

Il est des personnes bien nées et éduquées qu'il est impossible de ne pas aimer.

Pierre amuse Marie et a gagné son cœur.

Marie préfère le comique Pierre à l'ennuyeux Jacques.

Qui assume le contenu de ces trois petits mots: «Je t'aime»?

Les femmes ont le don de manifester leur affection avec le toucher, les caresses.

Entre «je t'aime, ma «pitoune»» et «je t'aime, mon colibri», où est la différence?

L'amour élimine les remords, les «si j'avais su!».

Pierre et Marie sont-ils conscients que faire l'amour engage?

Pierre aime ses frères et penche autant de leur côté que du sien.

Pierre a le droit de s'aimer, sans oublier d'être d'abord aimable.

Pierre absout Jacques, qui le fuit pour de fausses raisons.

Jacques, qui s'accorde compassion et pardon, mourra-t-il ainsi?

«Si je suis sale, effronté, insupportable, je ne veux qu'être vrai», de
    dire Jacques.

Le chimiste analyse la «merde», le fermier y voit de l'engrais, et les
    parents en libèrent bébé.

Sauf à un saint, manger du riz tous les jours donne des yeux bridés.

La prudence musèle les paroles et gestes fâcheux.

La prudence retient s'il y a des possibilités que…

La prudence refrène la première impression si…

Quelques secondes de réflexion avant d'agir ou de réagir évitent bien
    des dégâts.

Être là signifie que les siens, ses proches, comptent sur soi.

Un ami ne peut avoir mal à la tête si on a besoin de lui.

L'amitié est un germe semé et entretenu chez un autre soi toute une
    vie.

L'amitié est-elle en péril, si Pierre ne voit que les failles de Jacques?

L'amitié baisse si, dans le besoin d'être vrai, l'un sent de la réticence.

La confiance en soi vient de l'amour inconditionnel des siens.

Un enfant aimé de ses parents acquiert l'assurance qui le rendra
    résilient demain.

On naît anxieux, paranoïaque, ou on le devient?

Lier des faits, en déduire qu'un ami est un ennemi, qu'un méfait est
    un complot est de la paranoïa…

Pierre, jeune, n'a pas eu de père à imiter; adulte, il en cherche encore
    un.

Pierre contrôlait-il parfaitement ses émotions, ou était-il indifférent?

Pierre voit-il ce que vit Marie, ou le ressent-il?

Il arrive que Pierre soit ému, mais rarement plus que Marie.

Existe-t-il des situations où un proche peut ne pas se mêler de ses affaires?

Aider autrui est aussi savoir quand outrepasser ses droits...

Se mêler de ses affaires est-il l'adage des indifférents?

Pierre ne se mêle pas de ses affaires, quand un des siens est en péril.

Un coup de foudre fusionne les amoureux.

L'amour transcende et intègre la sexualité.

Un coup de foudre, un «coup de cœur» ou un «coup de fesses» ne raisonne ni ne négocie...

Pierre, en amour, désire la compagnie de celle qui l'a ensorcelé.

L'amour fusionnel des amoureux qui se voient comme les moitiés d'un tout est voué à l'échec.

En couple, le moi et le toi précèdent le nous.

Un couple construit un «nous», une pensée androgyne, ainsi qu'un «je» et un «tu».

Si un conjoint fait le tapis, doit-il se surprendre si son partenaire lui marche dessus?

La différence peut séduire ou repousser l'autre, sans être en soi une qualité ou un avantage.

Le proverbe qui dit: *A beau mentir qui vient de loin* permet d'effacer ou de recréer son passé.

Les différences rapprochent-elles le temps du coup de foudre, puis éloignent?

Dans un couple bien assorti, les ressemblances rapprochent et les différences s'atténuent.

Un coup de foudre relègue les autres dans l'ombre.

Le coup de foudre de Pierre s'est éteint: Marie adhérait à une secte...

Le lendemain d'un coup de foudre, la vie se charge de tout ajuster.

La boisson ou la drogue guérissent-elles une peine d'amour?

Aujourd'hui, on ne peut accuser un couple qui a trois enfants d'ignorer la pilule…

Le pouvoir entre humains s'arrache et entre amoureux, il se partage.

Si l'amour baisse, Jacques découvre ses talents de comptable.

Si Marie ne prend pas sa place, Pierre ou un autre la prendra.

Les couples qui durent s'accordent la première place ou s'admirent.

Les conjoints qui se quittent une fois les enfants autonomes n'ont pas connu la complicité amoureuse.

Un couple instable transmet ce «cadeau» à ses enfants?

Les mères qui ne coupent pas le cordon avec leurs grands ados étirent leur rôle…

Les enfants surprotégés sont ceux qu'on voudra contrôler demain…?

Les parents qui décident du conjoint et du travail de leurs enfants nient leur liberté.

Il revient à fiston et fifille de suivre ou non les traces de papa et maman.

Jacques, incapable de vivre les exigences de la fidélité, la ridiculise.

Les étoiles qui brillent tous les soirs sont ce qu'on appelle la «fidélité».

Les compromis qu'accepte un couple devraient satisfaire les deux…

Si des conjoints ne peuvent passer l'éponge, la vie commune peut être courte.

Passer l'éponge est admettre qu'il y a chez l'autre plus que l'offense, la blessure…

«Marie, tu m'aimes, n'en fais pas un plat!»

Pierre, ni curé, ni juge, ne pardonne ni ne condamne, mais veut comprendre et passer l'éponge, si…

L'autonomie des conjoints joue contre la stabilité des couples fragiles…

La profondeur d'une blessure explique le temps de cicatrisation.

Un vase brisé se répare et permet à des fleurs de s'épanouir.

Marie et Pierre ont vécu le projet de séparation de leur conjoint comme un rejet.

Rompre une relation, est-ce dire à l'autre qu'il n'a pas répondu à nos attentes?

Pierre ou Marie a conclu à sens unique que la liaison était terminée.

Qui, fier et amoureux, rit au lieu de pleurer d'avoir été trompé ou abandonné?

Jacques, épuisé de négocier ses passe-temps, a rompu.

Pierre, sans le regard de Marie, apprécie mal ce qu'il vit.

Pierre, conscient que Marie le manipule, joue le jeu.

Pierre vit en couple, a des oreilles, une compagne qui l'apaise et veille à ses intérêts.

Pierre et Marie se donnent-ils sept baisers le lundi matin pour la semaine?

Un jeune couple dans lequel l'un des conjoints cherche encore l'âme sœur n'a pas d'avenir.

Pierre vit seul, libre et responsable de la convention qu'il s'est signée et de son bonheur.

Vivre seul, c'est être juge et partie.

Pourquoi refaire sa vie avec un autre, au lieu de la continuer?

Passé un seuil critique, combien d'accros, à 25 ans, mourront tels ou pires?

Les sites pornos ou d'«anatomie» occupent un fort pourcentage d'espace sur Internet.

Pierre, qui vit seul, ne prend pas de médicament pour se masturber.

Pour Pierre, Marie est sûrement belle, puisqu'elle l'a séduit.

Féliciter les bons coups avant de relever les erreurs donne des ailes pour les corriger.

Éduquer un enfant est le domestiquer sans tuer l'animal qui gît en lui.

Pour un jeune enfant, son grand frère est un géant, son père, un surhomme, sa mère, une héroïne.

L'individualisation de l'éducation ou de l'enseignement est l'idéal…

Il revient aux professeurs de s'adresser à tous et à chacun.

Un éducateur qui pose une question espère que l'éduqué trouve la réponse.

Pierre aime se questionner ; il a peut-être la réponse…

Pierre espérait que la question surgisse ; il avait la réponse…

Jacques préfère soulever une question à y répondre, soulever un problème plutôt que le régler…

Un éducateur préfère ralentir le jeune éduqué plutôt que le pousser.

Un éducateur sème avant d'émonder et de récolter.

Un éducateur propose, n'impose pas, mais s'impose…

Un éducateur, comme un médecin, crève l'abcès, n'entend pas les lamentations du patient.

Un professeur, qui n'a rien d'un chercheur, ne marche que sur une patte.

Éduquer, c'est répéter, et enseigner, c'est abuser de l'analogie.

Accepter de livrer et partager son expérience est accepter de servir de marchepied.

Un éducateur rêve de former de bons citoyens.

Un éducateur sert de cobaye au besoin.

Un professeur permissif menace-t-il un confrère contrôlant ?

On peut relever, chez un jeune, les traces de ses éducateurs.

Un éducateur qui n'aime pas les jeunes et est impatient n'est pas chez lui dans une école.

À la garderie et à la maternelle, les mamans et les papas éducateurs précèdent les Montessori et Piaget.

Au secondaire, le professeur devrait enseigner davantage qu'éduquer.

Qu'un professeur fasse des erreurs sécurise l'étudiant moyen et révolte le doué.

Un pédagogue sait quand et jusqu'où tenir compte de l'ignorance de la personne éduquée.

L'art d'un pédagogue se greffe à son savoir et à l'amour de ceux qu'il éduque.

Un professeur qui dévoile les perles d'une œuvre d'art est un maître.

Servir la vérité est en soi servir la morale.

Un enfant s'éduque, un adulte est censé l'être.

Pierre a hérité de ses parents la fierté et la droiture, et ils lui ont enseigné le sens de l'autre.

Pierre joue franc-jeu ; si son vis-à-vis grogne ou rue, il se retire.

On ne « casse » pas un jeune bien trempé, on canalise cette force.

Un jeune bien trempé, doté d'un fier caractère et déjà un *leader*, est-ce génétique ou acquis ?

« Les jeunes sont sans pitié », disait La Fontaine, qui dénonçait leur animosité, leur gang, le « taxage », etc.

Un enfant roi illustre-t-il un fort égoïsme, ou un fort ego ?

Un enfant est sorti de l'enfance, s'il sait attendre.

Un enfant qui pose une question juste a le droit de recevoir une réponse juste.

Nier ses erreurs et ses violences gratuites est-il propre aux enfants ?

Les jeunes assis avec des médicaments sont-ils chez eux sur un banc d'école si longtemps ?

Une crapule engendre une crapule et l'éduque comme elle, à moins d'un miracle…

Un enfant né de parents crapuleux les admire d'autant plus qu'ils sont d'excellentes crapules.

La viscosité dépeint bien les crapules.

Une crapule est une sale sangsue sur deux pattes.

Des parents acceptent de leurs animaux ce qu'ils interdisent à leurs enfants.

Pierre donne à ses enfants des responsabilités liées à leurs capacités de les assumer.

Si nous créons trop d'enfants rois, nous manquerons de royaumes.

Pour faire d'un enfant un monstre: combler tous ses caprices.

Que déjà, un jeune enfant fêté mange non seulement le glaçage du gâteau, mais aussi la pâte…

L'argent est un despote qu'il faut apprendre à détrôner jeune.

Jacques peine avec le dicton qui dit qu'*on ne peut avoir le beurre et l'argent du beurre.*

On se refuse d'aimer un enfant non désiré, ou on le fait adopter?

Pierre croit que Freud aurait dû parler de la phase Batman et Barbie chez l'enfant.

Dans un groupe, un enfant est un plus, non un adulte en moins.

La qualité des heures que les parents passent avec leurs enfants ne comble pas leur faible quantité.

Des enfants mal aimés n'ont pas trop de leur vie pour se libérer de leur révolte.

Surprotéger ou négliger un enfant est la façon d'en faire un nul.

Un enfant agit avant de penser, un adulte essaie de penser avant d'agir.

Qu'un enfant sache attirer l'attention est un signe d'intelligence?

Jacquot peut-il attirer l'attention sans envahir la place?

Les enfants, amoureux de leurs parents, prennent et vivent comment leur séparation?

Les enfants du divorce deviennent-ils d'habiles manipulateurs?

Les couples qui se séparent pour infidélité deviennent-ils des ennemis?

Où faut-il en être, pour accuser un papa ou une maman d'avoir enlevé son enfant?

La méditation et la contemplation sont des comportements d'adultes.

Une passion libère du quotidien, mais rend esclave…

Une passion qui devient une fin en soi se retourne contre celui qui en est victime.

Pierre déplorait des comportements chez ses parents qu'adulte, il répète.

Un cordonnier mal chaussé en a assez des chaussures, ou est un chef qui aime la poutine?

S'il faut un village pour élever un enfant, en faut-il un pour le sortir du monde du crime?

Que penser d'une sexualité qui s'actualise avec le pouvoir de se reproduire?

Les enfants admirent leurs parents; adolescents, ils voudraient s'en libérer...

On dit que les jeunes se définissent en s'opposant à leurs prédécesseurs...

Parents, si vos ados ont besoin de se mesurer, jouez-vous le jeu?

Les parents lèguent vertus et vices à leurs enfants.

Pierre impose une saine conduite à son enfant, pour qu'il l'adopte.

L'exemple est l'art de léguer son expérience aux jeunes qui ont besoin de refaire le puzzle.

Les aînés disent aux jeunes idéalistes que maintenir l'acquis leur demande déjà trop...

Les aînés répètent aux jeunes de s'en tirer comme eux, avec l'héritage reçu.

Trop s'investir avec ses enfants fait-il qu'on est vidé pour ses petits-enfants?

Comme l'enfant demande aux parents de se pencher, l'ado, de plier, l'adulte, de comprendre, qu'ils meurent courbés...

On s'attend à ce que les grands-parents gâtent leurs petits-enfants.

Un secret réputé trop pénible pour des enfants a la vie longue...

Qui a trop souvent raison devient un emmerdeur...?

Pierre méprise-t-il ses concitoyens, qu'il caricature verbalement?

La demande d'un statut particulier revient à dire que moi ou nous y avons droit...

Un dépressif surprotégé devient manipulateur, ou paresseux...?

Pierre pardonne plus à un «ti-cul» qui le sait et l'admet.

Pierre tolère les goujats, les tient loin et les considère comme tels.

Qui se conduit en goujat doit en accepter la réputation.

Entre hommes, régler un problème avec les poings est la façon brutale de procéder.

Pierre oublie aisément une offense de celui qu'il juge moins…

Pierre n'oublie pas un proche qui a raté l'occasion de l'aider.

L'envie fait dire que Pierre, réputé vertueux, a des fantasmes pervers.

Pompiers, policiers, soldats, si ça tourne mal, vous assumez?

Qui meurt est un fils, un frère, un conjoint, un père, un grand-père, un ami, etc.

Les faibles ne recourent-ils à la violence que s'ils y sont réduits?

La haine donne des raisons de vivre, mais ne laisse derrière elle que désolation et mort.

Quand les coupables sont morts, s'en prend-on à leur lignée?

Pierre en veut à ceux qui vivent richement avec les gains criminels faits aux dépens de ses ancêtres.

Hurler avec les loups revient-il à jouer franc-jeu?

Tendre l'autre joue à l'ennemi le remet en question.

Pardonner à un ennemi est se montrer supérieur…?

Ignorer l'ennemi est le craindre ou le mépriser.

Pierre aime braver de vrais ennemis, non éprouver de la pitié.

Un pacifiste tente de désarmer le belliqueux.

Jacques n'est ni sexiste, ni raciste, ni homophobe, si on se conduit à sa guise.

Jacques, quand il condamne l'intolérance de Pierre, n'est pas un modèle de tolérance.

Des petits tyrans, Pierre en a maté toute sa vie.

De petits dictateurs, il en pleut dans les familles et les écoles.

La guerre, l'autre l'a commencée, et son ennemi l'a légitimée.

En Europe, hier, un homme cocufié, insulté, humilié convoquait son rival en duel.

Dire à un « trou de cul » qu'il en est un beau spécimen n'a pas de prix.

Pierre a connu la paix le jour où il l'a signée avec ses parents.

Une belle-mère qui prend pour ses enfants devient une mégère… ?

Pierre parle d'amour, de famille et d'entraide comme si ces mots désignaient des priorités.

Pierre a-t-il besoin d'autant d'amour qu'il en donne ?

Des conjoints adultes et bien assortis qui veulent se réaliser et construire font des miracles.

En Occident, la deuxième moitié du XXᵉ siècle a remis Dieu et le couple en question.

Le syndrome du trou noir : l'absence de conjoint, d'enfants ou de petits-enfants…

Critiquer sans proposer mieux est une injure à l'intelligence.

Détruire sans reconstruire mieux est propre aux désespérés.

Les conjoints qui ont su s'harmoniser avec leurs enfants et petits-enfants ont réussi leur vie.

Un jour, Pierre a compris, a remercié ses parents et leur rend visite au cimetière.

c- Le bonheur et le malheur

Selon Pierre, ça irait plutôt mal dans le monde, selon Jacques, plutôt bien ; vont-ils croiser le fer ?

Pierre ne déplore rien, constate que nous causons des problèmes, et suggère des solutions s'il en voit.

L'optimiste, l'idéaliste croient que ça pourrait aller mieux ; le pessimiste, le réaliste ne voient ni pourquoi ni comment.

Si le pessimiste ôtait ses verres fumés et l'optimiste ses roses, se rejoindraient-ils?

Il y a le rire heureux et celui de l'inconscient.

Le «jovialisme»: j'ai un cancer, hi, hi!

Échange entre deux pessimistes:
> Jacques: Jean, si on créait une association de pessimistes…
> Jean: Ça ne marchera pas.

Se vouloir heureux est être déjà sur le chemin du bonheur.

Pierre fut heureux le jour où il a remercié ses parents de lui avoir donné la vie.

Les liens de Pierre avec les siens et ses proches et sa réputation expliquent son bonheur.

Vivre en harmonie avec les siens est la source du bonheur.

Des amis amoureux créent une famille indissoluble.

Le sage ne fait qu'un avec les siens et son environnement.

Savoir user des richesses de son siècle et de celles d'hier est une des clés du bonheur.

L'atteinte de jours heureux ou de buts rêvés ne doit pas atténuer la joie de leur conquête.

Le bonheur est dans le chemin parcouru pour l'atteindre, dit-on.

Pierre est au comble du bonheur quand il monte l'escalier derrière Marie…

L'hédoniste cultive et multiplie le plaisir lié à la satisfaction de ses besoins.

Pierre a des antennes qui captent ce qui ajoute à son bonheur.

Le plaisir est-il une drogue dont personne ne se rassasie?

Qui pourrait passer une vie en dépression?

Qui aime être sorti d'un assoupissement, d'une douce oisiveté?

Pierre, qualifié d'importun et conscient de l'être, se culpabilise doublement.

La conscience et le contrôle que Pierre a sur ce qu'il donne et reçoit expliquent sa joie de vivre.

Ça va bien, sauf si une perte d'emploi, un accident ou une maladie s'insère dans le parcours…

Les biens les plus précieux sont encore gratuits : le soleil, l'air, l'amour, sa langue, etc.

Le soleil donne la vitamine D et la BH, ou Bonne Humeur.

La bonne humeur illumine la vie, l'énervement l'éteint…

Une température maussade hausse la vente de billets de loterie ?

Dormir le jour est-il faire injure au soleil ?

Une bonne recette est comme un bon vin, on y revient sans cesse.

Il est pénible de n'avoir personne à qui raconter une bonne histoire ou avec qui partager un bon vin.

Jacques : Pierre, tu vis toujours seul ?
    Pierre : Je ne vis pas seul.
    Jacques : Depuis quand as-tu une compagne ?
    Pierre : J'ai un compagnon.
    Jacques : Je le connais ?
    Pierre : Trop bien. Il ne me quitte jamais.
    Jacques : Tu m'intrigues. Qui est-ce ?
    Pierre : Mon double.
    Jacques : Tu veux rire ?
    Pierre : Comme je ris de moi-même, j'ai toujours un spectateur.
    Jacques : Et tu te trouves drôle ?
    Pierre : Bien sûr ! De là à m'applaudir…

Un festin perd son attrait s'il devient quotidien.

Un pauvre n'oublie pas un plaisir luxueux qu'il s'est payé.

Avec le culte de l'extrême, seul un voyage à la Lune plaira à des citoyens blasés.

Un plaisir nocif pour soi ou les autres est un crime.

Pierre aime taquiner les siens et les voir réagir.

Pierre souhaite que le malheur et les colporteurs évitent sa maison.

Faire l'amour avec frénésie ou se gaver intensifie-t-il le plaisir?

Un an de bonheur suffit-il, pour illuminer une vie?

La connaissance de soi aide à détecter des affinités.

S'expliquer, c'est dire que les humains peuvent se comprendre.

S'expliquer est vouloir dissiper les malentendus et les incompréhensions.

Pierre aime échanger, dialoguer avec qui a vécu ce dont il parle.

S'expliquer, c'est clarifier ce qu'on a voulu dire, pensé ou perçu.

L'optimiste et le pessimiste associent et retiennent à leur façon les éléments du réel.

Pierre oublie le négatif s'il ne le traumatise pas.

Aimer la vie aide à passer les périodes difficiles.

Il se peut que si Jacques s'ennuie, il ennuie les autres.

Pierre dit laisser l'ennui aux incultes, à ceux dépourvus de talents ou de vie intérieure…

Si un jour Pierre s'ennuyait, il s'analyserait, et ça l'aiderait à comprendre les victimes de ce mal-être.

Pierre fut heureux et n'a «connu» qu'une femme.

Le bonheur est en soi et se nourrit de l'amour semé et récolté chez les autres.

L'humeur de Pierre oscille entre ce qu'il vit et ce que colportent les médias.

L'histoire recèle assez d'horreurs sans en ajouter tous les soirs.

L'optimisme, quand les illusions ont foutu le camp, est une affaire de volonté.

Pour stimuler leurs adeptes, les religions ont créé l'enfer, le bâton, et le paradis, la carotte.

Ne pas sublimer ses privations ni amasser de mérites pour le ciel et s'oublier pour autrui frustre-t-il?

Est-il sain ou sage de renoncer à un plaisir sans y avoir goûté?

Il peut y avoir plus de satisfaction à résister à un désir qu'à s'y adonner.

Être heureux est-il un état, ou le résultat d'une succession de présents agréables?

Pierre aime son travail; il gagne sa vie le cœur en fête.

Pierre, qui aime son travail, a-t-il moins de mérite à le faire?

De la liberté au travail ajoute au bonheur.

Un jeune ne veut pas régler le sort du monde, mais recevoir l'amour dont il a besoin.

Qui vit centenaire sans avoir séjourné à l'hôpital?

Pierre a eu un accident de voiture; non responsable, il l'a vite oublié.

Pierre, pour être optimiste, a besoin d'admirer ses semblables.

L'amateur aime et admire les oiseaux, l'ornithologue y ajoute la science.

L'ornithologue jouit-il plus que l'amateur d'entendre le chant des oiseaux?

Le bonheur loge-t-il mieux dans un quotidien paisible ou endiablé?

Un conjoint ne peut pas assumer la responsabilité de rendre son partenaire heureux.

Jacques a trompé sa femme, convaincu qu'avec Marie, ce serait plus ci, plus ça.

Ce qu'on ne sait ni ne connaît ne blesse ni ne manque.

Vivre dans une humble maison, bien entouré, non à Versailles sous Louis XIV, et n'envier personne…

Qui n'a pas envie de danser avec Amélie Poulain, dans le film de Jean-Pierre Jeunet?

Être heureux peut suffire pour se faire des ennemis.

Pierre, bien et heureux, est-il un bienheureux?

Les heures heureuses filent, et les malheureuses s'éternisent.

La joie de vivre est-elle contagieuse pour ceux qui la possèdent déjà?

Les bons mots ne sécurisent-ils que ceux déjà sûrs d'eux?

Au XIXe siècle, on parlait du paradis de la drogue comme d'un paradis artificiel.

Jacques se drogue pour jouir, ou pour fuir la réalité?

Un psychotique en état de crise vit toute l'anxiété et l'angoisse humaines.

La Rochefoucauld, qui dit qu'on n'est pas aussi heureux ou malheureux qu'on le pense, n'a pas vécu une dépression sévère.

Réinsérer un dépressif dans la société exige autant que réhabiliter un criminel.

Composer un hymne à la joie ne séduit aucun dépressif.

Pour un dépressif, le désespoir est là pour toujours.

Un convalescent est fier d'ajouter un pas à celui d'hier.

L'empathie n'est pas d'ajouter un autre malade.

Un clown ne peut faire rire un dépressif, qui retiendra qu'il a essayé.

Jacques rêve d'un palais et il n'a d'ambition que pour se payer un taudis.

Jacques rêve de biens inaccessibles, mais n'utilise pas les siens.

Le masochiste comme le dépressif rejettent les solutions offertes…

Qui «fait du boudin» le déguste le premier?

Jacques, adulte, aime encore bouder.

Un masochiste aime les bourbiers avec lesquels il entretient un amour douloureux.

Qui envie ce que possède son voisin est certes malheureux.

Jacques déteste Marie; il a compris et accepté que Pierre l'aime.

Se hâter, oui, de faire ce que l'on déteste.

Les Romains disaient: «*Festina lente!*», ou «Hâte-toi vite, bien et prudemment!»

Il faut prendre le temps de prendre son temps.

On dit que le prestige se perd plus vite qu'il se gagne.

Le prestige rehausse Pierre et écrase Jacques.

Régler un problème à droite n'empêche pas un autre de naître à gauche.

La maladie valorise la santé et le prix pour l'obtenir.

Le droit au malheur est exclu des droits de l'homme.

La pratique des vertus et la possession de nobles qualités sont la clé d'un bonheur durable.

Cherche-t-on le bonheur ailleurs quand il n'est pas chez soi?

Une ville de fêtards est-elle un paradis, ou un enfer?

Les capitales célèbres sont-elles des havres de bonheur?

Le bonheur est en soi contagieux et vit d'amabilités.

Pierre, bien dans sa peau, sa famille, son milieu et son époque, est comblé.

Que dire de la publicité qui encense l'auberge, le site enchanteur et la cuisine servie qui rendent heureux malgré soi?

La stabilité d'un couple qui défie les intempéries est un gage de bonheur durable.

La Fontaine résume la vie des Sisyphe: «Tant va la cruche à l'eau qu'à la fin elle se casse.»

Pierre, qui ne sème et ne propage que tristesse, est dépressif.

Le sourire est le miroir de l'«âme».

Un sourire, une taquinerie ou un compliment disent merci.

Être bien entouré et recevoir un juste salaire pour un travail que l'on aime ajoute au bonheur.

La force d'affronter sereinement la mort vient-elle d'en avoir accepté la fatalité?

Agir, construire ou créer par amour devient l'ange gardien du bonheur.

Les accros de l'alcool, des drogues, du jeu, ces parasites s'aiment-ils, sont-ils heureux?

Les mafiosi, violents, profiteurs, traqués, ces prédateurs s'aiment-ils, sont-ils heureux?

Une conscience libre génère un sommeil réparateur.

Les paupières closes, faut-il ajouter l'obscurité, pour dormir?

Pierre se surprend à se lever parfois du mauvais pied.

Voir le positif en tout, même s'il y en a peu!

Pierre, entre lui, les évènements et les autres, se distancie…

L'humeur est pour l'«âme» ce que le climat est à la nature.

Pierre vit des bonheurs qu'il savoure a posteriori.

Nicolas Boileau a écrit son *Art poétique* (1674) en vers, Pierre a écrit son *Art de vivre, d'aimer* en prose.

Bonheur: qui est heureux avec les siens en est comblé.

Optimisme: qui sait aimer et est bien aimé voit la vie en rose.

Si le bonheur nous habite et nous fuit, c'est qu'il est arbre, bourgeon, feuille, fleur et fruit.

Si rapidité rime avec spécialité, compétitivité, productivité, rentabilité et prospérité, lenteur rime avec amateur, joueur, créateur, bienfaiteur et bonheur.

C- Moi, la vie et la créativité

a- La vie

Si l'évolution a fait de nous des êtres raisonnables, nos parents, notre milieu et nos activités nous construisent.

Pierre s'agenouille devant sa mère, qui l'a porté, accouché, allaité et lui a appris à parler et à aimer.

Se vouloir mieux, c'est cueillir le positif que nous offre la vie.

Pierre souhaite que sa vie soit l'écho de ses attentes.

La vie est la valeur par excellence, et les autres s'y greffent.

La vie: un sentier avec montées, plateaux, descentes, ou un escalier?

La vie nous enseigne jour après jour l'art de la prendre.

Dans la vie, tout a une connotation morale, et ce qui l'aide est bon, lui nuit, mauvais.

Les animaux de boucherie ont droit au respect et d'être mis à mort sans souffrir.

Les chasseurs respectent-ils tous un code d'éthique?

Le chasseur et le trappeur, qui comparent leurs proics à des poulets, admettent qu'elles ne sont pas produites en série.

Combien de peuples se rassasient des produits de la seule culture du riz, du blé, du manioc, du maïs, etc.?

Sauf lors d'une dépression sévère, la vie s'affirme et éclipse la vision que le malade s'en fait.

La vie est rivée à l'amour, comme l'amour lui est rivé.

Vivre un amour, une amitié n'est pas vivre un poème…

Un crime contre la vie, l'amour, la justice et la liberté transcende le contexte, le temps et l'espace.

Grave/léger: malin, bénin; mort, jeu; fatal, vital; assaut, promesse.

Bref/long: intense, calme; force, durée; contingent, sûr; accident, projet.

Avec la vie, l'amour, la justice et la liberté, un comptable-négociateur n'est pas le bienvenu.

L'absolu ne découle pas de probabilités, par définition, relatives.

Si on en ajoute ou en enlève, on est en présence de relatif, et d'hiatus et de liaisons…

Le bon, le beau et le vrai ont saveur d'éternité.

Une passion muée en gagne-pain ou passe-temps est-elle éteinte?

L'attrait d'un jeu compétitif vient de l'art de le jouer.

Est-il geste plus humain que de donner vie à un enfant et de le rendre autonome?

Qui a eu une enfance heureuse veut se reproduire.

Avoir un enfant et l'éduquer est-il la meilleure façon de s'oublier?

L'avorteur tuerait un embryon ou un fœtus par compassion pour une étourderie d'un soir…

Les femmes se font-elles avorter par compassion pour le fœtus?

Combien de couples infertiles adopteraient ces enfants avortés?

Quand on légalise l'avortement, peut-on reprocher aux Chinois et aux Hindous de tuer des embryons féminins?

Un avortement à la suite d'un viol, oui, après une étourderie, dès le début et aux frais du couple.

En Occident, en 2012, qui ignore les contraceptifs, les anovulants et la pilule du lendemain?

Le sourire du bébé naît avec la vie, et est un merci aux parents.

La vie, implacable, enregistre tout, ne pardonne pas.

Hier, les mamans portaient une jupe; les enfants s'y accrochaient.

Un enfant bien né refuse l'idée que ses parents soient médiocres.

Les amoureux fiers de l'être sont beaux à voir.

Un rempart protège les amoureux complices.

Un conjoint est plus que le conjoint.

Pierre, livré à lui-même, se surprend, se découvre des talents…

Si Pierre est perfectible ou corruptible, tous le sont-ils?

L'enfance, la vieillesse et la maladie sont des pouponnières de manipulateurs.

Élever un enfant est lui montrer la vie si belle qu'il voie d'abord ses beaux côtés.

L'éducateur montre l'art de vivre en plus d'enseigner.

Un éducateur pousse autant qu'il tire.

Un éducateur ne fait pas de placements…

Un éducateur veut que le jeune éduqué le rattrape et le dépasse, sans se laisser ravaler ou dévorer.

Les frères Pierre, honnête, et Jacques, délinquant, remettent en question parents, psys et généticiens.

L'éducation et l'exemple de ses parents n'ont pas empêché Jacques de joindre un gang de rue.
Pierre: Tu sais, Jacques, tu as été plus difficile que facile…
Jacques: Je sais, maman en a eu les cheveux blancs…
Pierre: Tu es rendu à 40 ans.
Jacques: J'admets avoir été… Je ne fus pas facile.
Pierre: Avec de l'amour et de la patience, ton fils réalisera peut-être…
Jacques: J'espère que ce sera plus jeune que moi…

L'amour prodigué jeune à des ados fugueurs explique leur retour.

Les parents Pierre et Marie félicitent davantage qu'ils corrigent leurs enfants, sans acheter la paix.

L'impatience est-elle propre aux «spécialistes» qui remplissent des cruches?

La lassitude est-elle propre aux «génies» qui expliquent deux fois la même chose?

Un génial professeur: «Rien qu'à wouèr, on woué ben!»

Pierre, étudiant génial, s'enseigne à lui-même.

Pierre en vient à ne plus savoir ce qu'il pensait d'un sujet.

Pierre, bien né, aime et s'intéresse à tout.

L'étudiant que rien ou tout intéresse a besoin d'un orienteur.

Il n'est pas facile de vivre sans un brin d'illusion.

Les illusions sont des nuages qui doivent laisser place à la lucidité.

Pierre, jeune et sûr de lui, admire, méprise, ne craint rien, et rien ne le paralyse.

Avoir raison est relatif, n'est que monter une marche…

Pierre, jeune, affrontait les obstacles ; plus âgé, il les contourne.

Pierre préfère être un lâche vivant plutôt qu'un héros mort…

Les gens inaptes à s'occuper d'un enfant ne doivent pas en avoir.

Le ridicule ne tue ni un imbécile ni quelqu'un sans honneur.

Pierre n'a reçu coup plus dur de la vie que de naître handicapé.

La vie produit des itinérants qui auraient perdu toute fierté et dignité, croit-on.

Naître pauvre et le rester est mourir sa vie.

L'aîné adore le climatiseur les jours de canicule et le chauffage les jours froids.

Les handicaps, la maladie et la pauvreté ne renforcent-ils que les gens déjà forts ?

Le citoyen éprouvé par la vie et qui s'en sort peut devenir intraitable avec les perdants.

En Occident, on assure sa vie ; au Moyen-Orient, on la sacrifie.

Existe-t-il bien des causes qui méritent qu'on en meure ?

En France, en 1940, Pierre croit qu'il aurait fait savoir aux boches qu'ils étaient chez eux…

Pierre ne sait s'il résisterait longtemps à la torture avant de cracher le morceau.

Si la torture, jamais justifiée, n'arrache rien, il n'y aurait rien à arracher, ou on en veut trop.

L'ONU devrait éliminer et proscrire les bombes nucléaires.

Un proche bien aimé qui meurt est une perte pour la vie.

Gagner en longévité remet en question la qualité de ces années.

Jusqu'à 40 ans, Pierre ajoutait des années, après, il en soustrayait.

Ce qui s'apparente à de l'eugénisme exige prudence et prudence.

Si la vie est une comédie pour Jacques, Pierre refuse d'y jouer le rôle de comédien.

Balzac, génie de l'«âme» humaine, a intitulé son œuvre: *La Comédie humaine.*

Jacques est-il libre de faire de sa vie une farce, une comédie?

La vie a ses exigences, peu importe qui la parcourt.

Jacques s'oppose aux changements qui lui font perdre des acquis…

Le cerveau aussi a besoin de dormir…

La vie ne pardonne pas aux humains d'ignorer qu'ils naissent prédisposés à aimer.

La vie enseigne souvent tard que la pause-café s'impose…

Pierre, aîné, a la santé de son âge.

Pierre contrôle en partie sa vie, qui marche vers la mort.

Vivre, est-ce apprendre à faire des deuils avant celui de la vie?

Vivre, est-ce mourir un peu chaque jour jusqu'au dernier souffle?

À sa mort, Pierre ne pourra communiquer ce dernier vécu.

Passer de vie à trépas, est-ce passer du possible à l'impossible?

Pierre croit qu'avoir été heureux l'aidera à mourir serein.

La vie réserve des surprises, après une tentative de suicide…

Le plaisir est à la vie ce que la douleur est à la mort.

Qui est exempté des «coups de vieux» que prodigue la vie?

La culpabilité, justifiée ou non, peut causer ou accompagner une dépression, mener au suicide.

Révéler une obsession suicidaire n'est possible qu'à quelqu'un de confiance.

Qui comprend un dépressif qui planifie son rien du matin au soir et se couche épuisé?

Qui comprend un dépressif qui «pète les plombs»?

Un handicap ou une maladie peuvent-ils être honteux au point où l'on doit se cacher, les cacher?

Une victime, un incompris ou un bouc émissaire peuvent-ils ressentir une angoisse telle qu'ils en perdent la raison?

La dépression tue l'appétit et le sommeil, qui l'accentuent.

Si le moral réglait tout, aucun dépressif ne survivrait.

Victime d'une dépression sévère, le malheureux en sort ou se suicide.

La présence d'un proche, pour un dépressif, précède les psys et les pilules…

Ceux qui se suicident, même dépressifs, laissent-ils entendre aux leurs de ne pas avoir su les aimer?

Le psychiatre a lu ou entendu que l'obsession suicidaire de Pierre était un désir de retour à l'utérus…

Pour un dépressif sévère, le suicide est l'issue négative positive.

Faut-il se surprendre qu'une personne qui perd ce qui la caractérise, sa raison, veuille se suicider?

Si un fou ne change pas d'idée, il mettra fin à son calvaire si…

Un psychotique va de l'anxiété à l'angoisse qu'augmente la paranoïa.

L'angoisse s'installe si la peur de mourir ou de perdre un des siens, réelle ou non, est sentie comme fatale.

Les «connaisseurs», qui voient les malades mentaux ou ceux atteints d'Alzheimer en orbite, les savent-ils plus sur terre qu'eux?

La vie idéale se passe dans une famille unie, et finit près des siens.

Une vie suffit-elle, pour connaître et chérir son Roméo et sa Juliette?

Pierre, sorti du néant, y retournera, aura passé du non-être à la vie, puis au non-être.

Pierre, convaincu de l'amour et de l'attachement des siens, mourra triste et serein…

Si la vie devenait un enfer et la mort, fatale, Pierre déciderait en temps et lieu si…

Une personne à moitié morte n'est pas morte.

Pierre, dépressif, se masturbe pour s'assurer qu'il vit toujours…

Qui fait une dépression sévère aime répéter ce caprice…

Pourquoi a-t-on donné l'Ordre du Canada à Henry Morgentaler et refuse-t-on l'euthanasie?

Pierre, adulte et sain d'esprit, en santé ou non, qui veut en finir avec la vie, recevra-t-il de l'assistance médicale?

Qui veut se suicider doit opter pour un moyen violent, qui traumatise les siens; il a besoin de l'aide du médecin.

Le médecin qui exige d'un adulte libre et responsable de se suicider lui-même trahit-il son rôle?

Une fois sa souffrance calmée, Pierre mourrait dignement…?

Une cérémonie laïque, noble et personnalisée honorera-t-elle le défunt?

b- La créativité

La création, peu importe la forme, valorise qui s'y adonne.

Peu importe le bagage de chacun, il y a de l'inconnu à explorer et à exploiter pour tous.

Les humains, biologiquement poètes, ont créé le langage et les arts.

Les courants littéraires du XIXe siècle ont inspiré des penseurs et des créateurs de talent.

Le XIXe siècle a vu se succéder le romantisme, le réalisme, le symbolisme et le surréalisme.

Une musique touchante est-elle une lointaine berceuse?

Homère, César et le Christ expliquent notre civilisation.

Le poète a une approche globale, s'adresse à tout notre être.

Le scientifique découvre, décrit des faits précis, le poète approche, suggère des faits obscurs…

Un qualificatif, adjectif ou adverbe, est concret ou abstrait, objectif ou subjectif.

Les sens perçoivent le même réel que chacun interprète à sa façon.

Le poète, impressionné par le réel, en a une vision synthétique.

Le poète, amoureux du concret, du présent, a accès à l'universel, à l'intemporel ?

Le poète évoque, suggère d'imaginer, de bâtir la gamme.

Le poète suggère la beauté, l'aide à éclore et à s'épanouir.

Le poète, s'il est cru, grivois, l'est avec art…

Si Rimbaud, c'est beau, Verlaine, de la laine, Mallarmé, de l'acier, Valéry, c'est le paradis.

Plus le poète approfondit, moins il y a de lumière, et plus il éblouit.

Des scientifiques croient que les poètes vivent d'impressions…

Les poèmes réputés hermétiques de S. Mallarmé et de P. Valéry sont limpides pour qui s'y plonge.

L'univers de la poésie : environnement, lieu, ton, genre, thèmes, acteurs.

La tragédie : atmosphère ; au loin ; légère, fête ; lourde, tragédie ; vie, mort ; dieux, héros.

Le drame : climat ; au-dessus ; ensoleillé, plaisir ; nuageux, drame ; combat, souffrance ; travailleurs, citoyens.

La comédie : ambiance ; auprès ; agréable, échange ; chagrine, satire ; comédie, fantaisie ; intimes, familiers.

Le boulanger nourrit le corps, l'artiste l'« âme ».

Une image vaut mille mots, et un calembour qui déclenche un sourire n'a pas de prix.

Liaison : Pierre est-il trop peureux ou trop heureux ?

Le créateur renaît avec chacune de ses créations.

La nature, libre et esclave, agence et multiplie les formes et les couleurs selon sa «logique»...

L'artiste doute de la valeur des œuvres qu'il livre en pâture et craint l'accueil qu'elles recevront.

Pierre a-t-il hérité d'un pouvoir surhumain, avec l'intelligence et la sensibilité créatrices?

L'espoir, propulsé par la foi en l'immortalité de l'«âme», a inspiré combien de chefs-d'œuvres?

Pierre, en extase, oublie le temps et le vit intensément.

Demande-t-on à un artiste de ne pas créer?

L'union de cellules donne naissance à un fœtus, comme la fusion cœur-raison inspire une œuvre d'art.

Des correspondances vont d'un art ou d'une science à l'autre, et les mêmes clés y donnent accès.

Les artistes glorieux d'hier nous ont légué des œuvres vivantes qui nous font oublier l'art et le genre dont elles font partie.

Merci aux musiciens qui actualisent les chefs-d'œuvre d'hier!

Doit-on adapter les œuvres des glorieux à notre politiquement correct?

Les artistes géniaux, glorieux ne recèlent pas d'imposteurs parmi eux.

La vie privée des glorieux leur appartient, sauf s'ils l'ont étalée.

L'intensité et la qualité du plaisir inhérent à créer ou contempler du beau vont-ils avec les œuvres?

L'«âme» doit s'élever, pour goûter les grandes œuvres.

Mozart est célèbre pour son œuvre, ou pour sa vie?

Un chef-d'œuvre n'est ni purement classique ni purement baroque.

Un succès technologique est une création fonctionnelle.

Les applaudissements pour un proche ou un génie naissent de la même zone du cerveau...

La beauté d'un monument fait-elle oublier son coût?

S'il y a sublime plaisir à côtoyer la grande culture d'hier, il reste à en faire l'ami de tous!

Broute-t-on de l'herbe, quand tout près fleurit du trèfle?

Rendre la culture accessible à tous est la responsabilité des parents, de l'école et des élus.

Un écrivain qui associe les mots selon la tradition de les associer va au facile, ou respecte ses lecteurs?

Les contemporains rêvent de nouveautés, et une infime élite a accès aux chefs-d'œuvre d'hier.

Le nouveau, en brisant la routine, part gagnant, et qu'il plaise ou rebute, il fait parler...

Un chercheur ou un créateur est réputé génial s'il révolutionne la science ou les arts.

Un génie prend et redonne ce qu'il a pris et appris de la vie.

Bach (1685-1750), Mozart (1756-1791) et Beethoven (1770-1827) furent les Eschyle, Sophocle et Euripide allemands.

Qui voit *Le cuirassé Potemkine* (1925) et *Ivan le Terrible* (1942-1946) d'Eisenstein saisit l'essence du septième art.

Un chef-d'œuvre laisse entendre une création géniale.

Si la somme et les éléments d'une œuvre d'art sont achevés, nous serions en présence d'un chef-d'œuvre...?

La notoriété d'une œuvre d'art établit et garantit son excellence.

Les chefs-d'œuvre dont on hérite aident à apprécier les créations nouvelles.

Les œuvres d'artistes géniaux, jamais banales, ne sont pas toutes des chefs-d'œuvre.

L'artiste reproduit, transforme, idéalise ou colore le réel sélectionné.

D'une création, dit-on et voit-on d'abord ses traits et ses qualités?

Le dilettante, l'esthète et l'artiste engagé exploitent à leur façon le beau.

S'attaquer au classicisme a donné le baroque, qui fut grandiose.

Si les mêmes dollars paient un « navet » ou *Le Petit Prince*, leur lecture ne génère pas le même profit.

Il est prétentieux de croire, après lecture, avoir compris *Madame Bovary*, de Flaubert, qui lui a pris dix ans de travail.

Un critique veut-il avoir le dernier mot, même avec les évangiles…?

Un critique cerne le ou les auteurs inconnus d'une œuvre.

Un virtuose ne recourt-il pas au jeu spontané d'un bon musicien, pour trouver la note juste?

Un sommelier décode au goût le *pedigree* d'un vin.

Les contemporains d'un génie acceptent qu'il s'en vante?

La fréquentation des artistes d'hier aide ceux d'aujourd'hui à trouver leur style.

En art, s'oppose-t-on, ou s'additionne-t-on aux prédécesseurs?

Devant le beau, tous sont touchés; l'artiste a le don de le recréer.

L'artiste, marqué par le beau ou le laid, ne l'oublie pas.

Les bourgeois jalousent ce folklore convivial et coloré, issu du peuple laborieux.

L'esclavage de Don Quichotte pour sa dulcinée est l'essence du romanesque.

Entendre les Rolling Stones après une cantate de Bach, c'est vivre un saut à l'élastique.

La première responsabilité de Pierre est de se créer, de devenir un adulte de bonne volonté.

Deux artistes en amour peuvent se tromper avec leur œuvre…

Un jeune qui s'interroge, observe ou admire a déjà un pied en science, en philosophie ou en art.

Anne Frank raconte dans son journal le prix payé pour avoir fait partie de l'ethnie juive.

On naît artiste, et le métier ou la profession choisit ses adeptes?

Quand il ne pousse pas de vedettes, on en fabrique.

Quand on ne peut fabriquer de vedettes, on en importe.

L'hérédité et le travail sur soi donnent les do, l'éducation, les ré, mi, fa et l'environnement, les sol, la, si.

L'opéra, cet aristocrate, a harmonisé la musique et le théâtre.

Les chanteurs d'opéra s'imposent une discipline d'athlètes olympiques.

Un virtuose, qui s'exécute seul, épate ; en équipe, il rivalise.

Un chanteur d'opéra ne donne pas la réplique, il prend la parole.

Les chanteurs d'opéra, qui sont leur propre instrument, pratiquent un art où ils gagnent à être virtuoses.

À l'opéra, la musique précède le livret, crée le climat émotif et ponctue l'action.

Les chanteurs d'opéra atteignent des sommets qui en font les princes de la musique.

À l'opéra, comme ces sopranos, ténors, basses, etc., ces voix humaines, sont polies et aimables à entendre !

Les chanteurs d'opéra n'interprètent-ils pas de façon sublime les grands sentiments ?

Pierre : Marie, tu as pleuré ?
   Marie : Oui, cette soprano m'a bouleversée.
   Pierre : Elle m'a plu. Une belle voix, une grande maîtrise…
   Marie : Tu l'as écoutée, j'ai vibré avec elle.
   Pierre : Marie, c'était un jeu, un spectacle…

Une toile, une sculpture sont belles, une chanson, un poème sont bons, un article, un discours sont vrais.

L'univers de la création hante-t-il autant les pédagogues que celui de la connaissance ?

En art et en sciences, on parle de thèmes et de sujets nobles, comme de cépages en œnologie.

Un beau malentendu cache un beau canevas de comédie.

Les sciences s'enseignent scientifiquement, les arts artistiquement.

Les disciplines scientifiques ou artistiques suggèrent leur propre pédagogie.

Les créateurs, comme la nature, cachent la « tuyauterie ».

La poésie que dégage la vie est l'oxygène de l'« âme ».

Pierre admire les prouesses des professionnels, et encourage les tentatives des amateurs.

Un brouillon peut-il trop l'être ?

Il appartient aux jeunes créateurs de prendre leurs croquis pour des chefs-d'œuvre.

Jacques se veut à ce point artiste qu'il prend ses « cacas » pour des œuvres d'art.

S'il y a des artistes qui travaillent fort, il y a aussi des ascenseurs…

Pierre compose de beaux paragraphes ; il lui faut ajouter le talent, pour en faire un roman.

Le pédagogue de dire : « Écris une, deux, dix pièces de théâtre, on verra si tu sais en écrire une. »

L'artiste met son être dans son œuvre et l'artisan, sa compétence.

Écrire, publier, est-ce ajouter des décibels à une cacophonie déjà insupportable ?

Pierre hésite à hiérarchiser ou cataloguer les artistes, mais…

Au théâtre et en musique, le respect de l'œuvre et la justesse de l'émotion caractérisent le jeu.

Pierre sait qu'il deviendra un bon musicien, non un compositeur.

Un bon interprète sert une grande œuvre ou l'améliore, si elle en a besoin.

Un musicien talentueux fait chanter son instrument.

La musique de chambre comble qui en fait ses délices.

Des créateurs ont ajouté à leurs œuvres musique de chambre, contes et nouvelles qui nous ravissent.

Un trio, un quatuor, un quintette, etc. de musiciens qui s'écoutent, s'accordent et s'harmonisent nous élèvent.

La musique est rythme, mouvement, thèmes, respiration et pouls, élan et retenue, affirmation et négation.

La musique et ses modes majeur et mineur sont joie et tristesse.

La musique harmonise nos sentiments, et la réflexion nous apaise.

Allons comprendre qu'un nul en musique aime cet art…

Pierrot : Grand-papa, quelle différence entre une fanfare et un
   orchestre ?
   Grand-papa : Une fanfare joue en marchant, un orchestre joue assis.
   Pierrot : Ça change quoi ?
   Grand-papa : C'est une question de cuivres…

La musique berce et nourrit celui qui s'y abandonne.

Pour escalader l'escalier des arts et du savoir, il est bon de regarder vers
   le haut.

Un ado conquis par *Madame Bovary*, de Flaubert, *Le rouge et le noir*,
   de Stendhal, ou *Germinal*, de Zola, est transformé.

Eh oui, Pierre, ado, a pris grand plaisir à lire *Les lettres de Madame de
   Sévigné*.

Nos aînés ont été séduits par les romans *Les Trois Mousquetaires*, de
   Dumas, et *Les Misérables*, de Hugo.

Pierre refuse que des passe-temps meublent ses loisirs.

Pierre vainc l'obstacle et se dépasse avec la contrainte.

Le compromis rentable et honteux va avec la moralité de chacun.

Ne fréquenter que les artistes dont on admire la vie en réduirait le
   nombre.

Paul Valéry, poète, philosophe et mathématicien, nous a légué une
   œuvre digne de son génie !

Des écrivains de l'Antiquité, on connaît les meilleures œuvres et peu
   de leur « hommerie ».

Aristophane voyait Socrate comme un rêveur, et Platon en a fait son
   porte-parole dans ses *Dialogues*.

La politesse est mère du bon goût, l'art du savoir-vivre.

Les imprésarios sont-ils des parasites nécessaires ?

Des artistes et athlètes célèbres aiment la « piasse »… ; autant que l'art
   et le sport… ?

Un artiste ou un athlète peuvent user ou abuser davantage des nourritures terrestres, s'ils sont riches et célèbres.

Mille *fans* bien «hameçonnés» feraient vivre un artiste...

Les millionnaires et milliardaires du disque déplorent-ils, eux aussi, le piratage?

Picasso a vendu des toiles qu'il aurait dû détruire.

Pierre se paierait du luxe avec un Picasso qui ne lui dit rien...

L'artiste tend la main ou compte sur un mécène, comme Virgile et Molière l'ont fait.

Paganini, comme bien d'autres musiciens, jouait ses oeuvres devant des salles vides.

Bach quêtait des évêques, Mozart des contrats, et Beethoven fut populaire.

Jacques a adopté le «noble» idéal étatsunien de devenir millionnaire...

En 2010, la mise en scène de la tétralogie de Wagner par Robert Lepage, au Metropolitain Opera, a coûté 15 millions; les billets...?

Les cinéastes étatsuniens en mettent plein la vue; les européens, plein le cœur et l'esprit.

Les mannequins sculptés comme des éphèbes incarnent-ils l'idéal féminin?

Sous un grand artiste se cachent un séducteur et un maître.

On crée du beau ou des profits avec des crapules notoires?

Une création plaît si elle respecte la morale...

Confondre sentiment et sentimentalisme est confondre drame et mélodrame.

Oui pour les «drames» au théâtre ou au cinéma dans le but de les éviter, non de s'en nourrir.

Admirer le beau fait-il oublier les laideurs du monde?

La beauté ne génère-t-elle pas sa moralité?

La beauté et la qualité sont intimement liées.

Le beau, le bon et le vrai transcendent les créateurs qui en vivent.

Les poèmes d'un Baudelaire, Verlaine ou Rimbaud transcendent les critères moraux…

Mozart admettait mener une vie pitoyable, et qualifiait sa musique de divine.

L'œuvre de Tchaïkovski, contrairement à celle de Gide, transcende son homosexualité.

Les œuvres d'art, dont la forme est parfaite, si le fond est discutable, ont droit de cité.

Des artistes qui ont mené une vie scandaleuse ont créé des œuvres empreintes de pureté.

S'ajoutent aux poètes maudits Serge Gainsbourg, Alain Bashung, Plume Latraverse, Stefie Shock…

De l'Antiquité, on connaît celui qui a mis le feu à un temple grec et on ignore son architecte.

Plus une crapule est crapule, plus le film qu'on en tire est rentable?

Faire d'un enfant un bâtisseur, un ami des humains, est-ce ajouter une symphonie au répertoire?

Pierre est-il éteignoir ou allumeur, fossoyeur ou créateur, plus décevant que stimulant?

Bienvenue au critique qui ne se croit pas plus inspiré que son gagne-pain.

Pierre, amateur d'art, aime tous les chefs-d'œuvre…

Un beau paysage est toujours beau.

L'amour du beau fait qu'on relit, revoit, réentend ou réinterprète une œuvre célèbre.

Un artiste génial, amoureux, peut créer des chefs-d'œuvre…

Les œuvres des musées ont besoin d'être dépoussiérées.

Le musée et le dépotoir séparent les antiquités des vieilleries.

Avec les siècles, les chefs-d'œuvre perdent des plumes, que leur réputation remplace.

La beauté prêtée à la nature est-elle autre chose que de l'anthropomorphisme?

Seuls les artistes géniaux survivent-ils à la surexposition?

Les grands artistes, qu'on fréquente et fréquente, sont de grands éducateurs de l'«âme».

Les grands artistes nous font passer des émotions instinctives, des élans du cœur, à l'extase.

Les artistes géniaux épuisent le possible et nous font accéder à l'inaccessible.

Les créateurs géniaux nous séduisent pour mieux nous enrichir.

Les grands écrivains, en plus de plaire, instruisent.

Homère, en 750 av. J.-C., aux dires d'un helléniste, est plus actuel que le journal d'hier.

Faire d'un Harry Potter un neuf trous, est-ce exploiter la veine?

Les suites de films ou romans à succès sont de la prostitution?

Le cinéma parlant et en couleur avait-il à se juxtaposer au cinéma muet en noir et blanc, ou à l'éliminer?

Charlie Chaplin fut-il plus génial dans ses films parlants?

Le cinéma est né muet et est un art quand l'image parle plus fort que les acteurs.

La musique donne selon sa culture, ses besoins et son état d'«âme».

Au violon, il ne manque que les mots, et encore…

Le violon prête sa voix aux musiciens qui n'en ont pas.

Le piano plaît seul, et il enchante avec un orchestre.

Les «chansonniers-poètes» nous font voyager, et les «chansonniers-philosophes» nous font réfléchir…

Il est des chansonniers qui chuchotent, parlent, pleurent ou philosophent…

L'expression «auteur-compositeur-interprète» caractérise un poète qui chante.

Comme les Orientaux pour un Occidental, les romans d'amour se ressemblent tous, pour un profane.

Ce qui ressemble à une valse, une autre, à une autre symphonie, aucune.

Qui n'entend pas les fausses notes ne se lance pas dans la composition d'une symphonie.

Une chanson qui ne s'interprète pas de façon instrumentale seulement est-elle une chanson ?

Le slam, un genre de rap, renoue avec les trouvères et troubadours.

Une chanson est d'abord une mélodie accrocheuse.

En français, le mot porte la chanson ; en anglais, la musique.

Quand un accord a la première place ou joue le rôle de mélodie...

Souvent, un créateur de talent ignoré et étranger à la mode est reconnu après sa mort.

Les artistes qui survivent à leur siècle sont talentueux, géniaux...

Est-ce humilité ou sagesse que d'accepter d'être reconnu comme artiste après sa mort ?

Un artiste avec des responsabilités familiales qui veut vivre de la vente de ses œuvres doit plaire, sinon...

Si un artiste peut parfaire une œuvre entreprise, il a l'esprit libre.

Un grand artiste, ignoré de son vivant, a vécu la misère.

Un artiste talentueux crée avant de nourrir *fans* et médias...

La richesse, compagne de la célébrité, bonifie ou pourrit...

La célébrité, vécue sans vanité ni ostentation, stimule...

Un artiste de génie n'est pas banal, même s'il crée un navet.

Un mécène ou un critique réputé peut sortir un artiste talentueux de l'anonymat.

Des gènes d'artiste, un cadeau qui hypothèque une vie...

Les génies, les grand artistes, les héritiers les aiment.

En Occident comme en Orient, les génies sont une denrée rare.

Un artiste béni a un mécène, un ange gardien et un cuisinier.

À les côtoyer, les grands musiciens deviennent des amis.

Bach, Mozart, Beethoven, etc., ont mis en musique leur amour de la vie.

Le chef d'orchestre insuffle son souffle le soir du concert, le reste vient des répétitions.

Les musiciens touchent Pierre, qui n'entend pas de fausses notes, telles les mains d'un masseur…

Il faut être au diapason, pour apprécier un artiste de talent.

Un comédien rit et pleure sur commande.

Merci, ballerines, de tant travailler pour plaire et d'atteindre tant de gracieuseté.

Pense-t-on, dans les arts et les médias, autant aux gens heureux qu'aux malheureux?

La télé, la boîte à grimaces, encense-t-elle ses hôtes?

Pierre croit que les arts ou la science peuvent meubler les loisirs de tous les citoyens.

Un ouvrier ou un technicien peuvent visiter une galerie d'art ou assister à un concert.

Une œuvre d'art, comme la vie, germe, croît, éclot.

L'inspiration est intuitive et émane du lien entre l'artiste et la vie.

Empêcher un poème d'éclore ou de s'épanouir est un crime…

Les enfants privés d'amour sont des poètes assassinés.

Sélectionner l'excellence, dans le répertoire culturel national ou mondial, n'est en rien censurer.

L'espoir et la poésie sont l'oxygène de l'«âme».

Combien d'artistes ont su harmoniser art et famille?

De grandes souffrances rapprochent ou isolent, intègrent ou excluent, apaisent ou révoltent.

Un artiste, un grand, est généreux avec son talent qu'il laisse libre et n'épuise pas.

Que de vers et de poèmes divins la poésie a inspirés sur elle-même!

La poésie quotidienne est le cadeau qu'offre une orchidée, un sourire ou une chanson.

Georges Duhamel raconte qu'une fermière-poète répondit à un économiste qu'elle faisait des confitures pour l'odeur.

La poésie, issue de la fusion cœur-raison, suggère et émeut, répond ou rassure.

Les phares Sophocle (495-406 av. J.-C.) et Beethoven (1770-1827) éblouissent leurs adeptes.

La plénitude du silence, l'extase devant la beauté, les joies de l'amour chantent la vie.

Une fugue de Bach, un roman de Balzac, une toile de Renoir, un film de Bergman, sont-ils démodés?

La grande poésie, la sublime, nous séduit, nous enveloppe, nous envahit et nous associe au souffle de son créateur.

Si on enseigne les arts, celui de vivre s'apprend et les intègre.

Il faut croire que l'homme a voulu vivre en société, puisque la société existe,
mais aussi, depuis qu'elle existe, l'homme emploie une bonne part
de son énergie et de son astuce à lutter contre elle[3].

GEORGE SIMENON

II – Propos et réflexions d'un sociologue du dimanche

Si en toute personne sommeille un psychologue, il y sommeille aussi un sociologue. Tous, nous nous faisons une idée de la nation québécoise, de la citoyenneté canadienne, de cette province et de ce pays que nous connaissons plus ou moins bien.

Le Canada, comme le Québec, peu peuplé, est une terre d'accueil pour les immigrants. Aux deux peuples fondateurs se sont ajoutés des citoyens venant d'un peu partout dans le monde. Au Canada, les langues françaises et anglaises sont officielles, et seul le français est officiel au Québec.

Le Québec est un microcosme du Canada. Composé de francophones dits de souche, il contient une minorité importante d'anglophones implantés surtout à Montréal après la conquête britannique de 1759. Cette communauté s'est agrandie avec l'arrivée des loyalistes étatsuniens à la suite de l'indépendance de ce pays, en 1785. Montréal abrite aussi de nombreuses communautés d'origines ethniques différentes. Avant la loi 101, votée en 1977, leurs membres fréquentaient majoritairement et légalement l'école anglaise. Un Montréal multiethnique et, pour le reste, un Québec relativement homogène, composé de descendants de ces braves et courageux immigrants venus de France avant la conquête anglaise, au temps de la Nouvelle-France.

Est-ce que les minorités ethniques se sentent chez elles, à Montréal? Acceptent-elles facilement le fait que les Québécois aient un passé culturel propre, une histoire à eux? Ce sont là des questions auxquelles nous

---

3 Florence Montreynaud et Jeanne Matignon, *Dictionnaire de citations du monde entier,* p. 153.

aurons à réfléchir et à travailler. Dans un avenir plus ou moins rapproché, avec la dénatalité qui dure et l'arrivée de nouveaux immigrants, les minorités ethniques deviendront peut-être majoritaires. Cette distinction entre Québécois dits de souche et ces derniers disparaîtra-t-elle ? Il faut espérer que nous continuerons de défendre notre langue et le difficile équilibre social et économique entre le capitalisme et le socialisme. Bon nombre d'immigrants ont quitté leur pays pour des raisons politiques ou économiques. Il faut croire que pour eux, la paix sociale et le niveau de vie ont une grande importance. Tant que le Québec fera partie du Canada, ils devront choisir d'abord le Canada comme future patrie, et éventuellement vivre au Québec, province où l'on parle français.

Même si on parle du concert des nations, une société n'est pas un orchestre. Chacun a son instrument et est libre de ne pas jouer à l'unisson. Avec le pluralisme actuel, avec des citoyens d'origines diversifiées, les frictions sont inévitables. Il faut accorder à chacun la place à laquelle il a droit et la possibilité de bien jouer de son instrument. Aucune société démocratique n'a le droit de niveler la pensée, d'anéantir toute forme d'opposition. Elle a le devoir d'encourager les citoyens à continuer de contribuer à son épanouissement avec ce qu'ils ont de personnel à apporter, dans la liberté.

Sur les plans psychologique, intellectuel et social, les dictateurs n'ont rien trouvé de mieux à faire contre leurs opposants que de les incarcérer, les torturer ou les interner dans des soi-disant « hôpitaux psychiatriques » avant de les faire disparaître. La psychologie sociale n'a pas progressé avec ces comportements brutaux inqualifiables. Des dizaines et dizaines de millions d'humains y ont été sacrifiés et y sacrifient encore leur vie.

Vivre en société, c'est apprendre à n'occuper que sa place, ne prendre que sa part de soleil et à régler les frictions et les conflits inévitables avec le moins de douleur possible. Il faut savoir que notre principale richesse provient de ceux avec qui nous vivons notre quotidien. Pierre est fier de ses concitoyens, qui, un jour, ont cessé de pleurer sur leur sort de colonisés, ont retroussé leurs manches et ont collectivement posé les gestes pour s'en sortir.

Le fait que beaucoup de conflits entre des individus ou des groupes débouchent sur la place publique et servent de pâture à des médias en mal de popularité qui abusent du sensationnalisme sert-il l'intérêt de nos démocraties et celui des personnes ou des groupes qui s'affrontent ? On peut affirmer que ce quatrième pouvoir est devenu un monstre impossible à dompter et qu'il doit, par nature, résister à tout contrôle trop sévère, qui serait plus néfaste.

Seuls une profonde connaissance de l'être humain et un grand respect de ce qu'il est doivent inspirer les décisions des *leaders* politiques. Ne le considérer que comme un consommateur conduirait l'humanité à sa perte, à plus ou moins brève échéance. Un billet de cent dollars n'a pas grande saveur. Il ne fait que transmettre les microbes accumulés en passant d'une main à une autre, même si on lui reconnaît une valeur d'échange qui change.

La pensée judéo-gréco-romano-chrétienne explique notre civilisation. Nous en sommes les héritiers en Occident. Elle n'est pas « la pensée »… Elle nous a tous influencés et définis. Il faut en reconnaître les limites. Les religions, rivales, ont failli, chacune prétendant être dépositaire de la vérité, et n'ont jamais réussi à se donner la main pour vivre leur premier et principal objectif, qui est de relier les humains dans l'amour et la paix. En donnant le nom de Père à Dieu et de Saint-Père au pape, les humains sont-ils devenus pour autant des frères ? En Europe, en 1939, les Allemands et leurs ennemis offraient des messes au même Dieu pour gagner la guerre.

Pour le croyant, la mort ouvre sur une survie ou une réincarnation, pour l'athée, ces croyances sont des fabulations, et pour l'agnostique, ce sont des suppositions. Pour les uns, le temps passé sur terre introduit et oriente ce que sera cette vie éternelle ; pour les autres, la mort y met un terme définitif, comme pour les animaux. Elle fut belle ou laide, réussie ou ratée. Selon que nous naissons sous bonne ou mauvaise étoile, de bons parents, dotés d'une heureuse hérédité, dans un honnête milieu, héritiers de nobles traditions et institutions, nous apprivoiserons ou non le bonheur. Nos prédécesseurs ont le devoir de préparer le terrain, de voir la vie comme un bien précieux qui mérite d'être pris au sérieux, et tous ont droit de la rêver belle et réussie.

Pouvoir exploiter ses talents, pratiquer un métier que l'on aime, être accepté par ses pairs, dénicher l'âme sœur avec qui l'on vivra, avoir des enfants, y connaître la joie d'être grands-parents, ce ne sont pas là des choses secondaires ou relatives. Elles font la différence entre être et ne pas être, vivre et ne pas vivre, avoir ou non vécu. Ce sont des besoins importants, capitaux, et le fait qu'ils ne soient pas satisfaits explique la réussite ou l'échec de notre aventure humaine. Entre voir passer le bonheur, le saisir et le goûter, en être rassasié et désaltéré, au lieu de rester sur sa faim et sa soif, il y a un abîme.

Comme un malade, un malheureux ou un paria rejeté et méprisé retrouve le sourire d'un être en santé, s'il est intégré et respecté; toute personne a droit de recevoir, à sa naissance, ce dont elle aura besoin pour vivre une vie de citoyen à part entière. Les prédécesseurs ont le devoir de fournir à tous ce minimum.

Qui choisit ses parents, son lieu de naissance, son sexe, son nom, sa religion, son agnosticisme ou son athéisme? Il appartient au jeune citoyen, avec les années, d'accepter ce qu'il doit accepter, d'apprendre à tirer le maximum des cadeaux reçus et des possibilités de son milieu. Légalement autonome, il aura la responsabilité de se créer électeur, travailleur et parent. Libre, selon ses valeurs, il créera avec sa conjointe une famille qu'ils voudront idéale.

Ce chapitre porte sur des considérations sociales, suivies d'un regard sur le fait religieux et culturel, et de réflexions sur les principales institutions politiques, économiques et judiciaires. Il se termine avec un mot sur l'environnement, complétant le premier, centré sur l'individu. Comme l'être humain vit en groupe, il en résulte un partage, une spécialisation des tâches, et il s'y crée des coutumes ou des traditions qu'on institutionnalise.

A- La société, le religieux et le culturel

a- La société

Un enfant abandonné en pleine nature, tels Romulus, Remus et Moïse, survit dans les légendes.

Le besoin de l'autre, de vivre en communauté est inné.

À sa naissance, un enfant porte tour à tour le masque tragique, les pleurs, ou comique, le sourire.

L'atmosphère, le climat ou l'ambiance sociale nous imprègne et nous influence en bien ou en mal.

George St-Pierre est célèbre grâce aux médias sociaux.

Pierre est le fils de, vient de tel village ou de telle ville et de tel pays, et est un citoyen du monde.

Un humain, peu importe son âge, est et reste le fils d'un homme et d'une femme.

Les citoyens héritent de dons et des tares correspondantes, qui se correspondent.

Se reproduire intègre Pierre et Marie dans la chaîne du temps.

L'adulte de bonne volonté transcende toute catégorisation de citoyens, toute classe sociale.

Les nôtres, nos proches et nos connaissances, pour des inconnus, sont ce que nous en disons…

La meilleure lettre de recommandation ne vient-elle pas de quelqu'un qui ne nous connaît pas ?

Société : gouverner, prévoir ; commercer, séduire ; progresser, s'imposer ; s'enrichir, gagner ; dominer, planifier.

Logique sociale : comme un problème se règle si c'est plus rentable de le régler, amplifions-le !

Combien d'adultes se conduisent, s'aiment et se gouvernent comme des enfants ?

Combien de citoyens doivent leur pain d'abord à leur communauté ?

Le coût des concessions faites à l'«hommerie» et la «femmerie» est incalculable.

Le progrès social implique libertinage et décadence…?

Les décideurs verront-ils, un jour, leurs subalternes comme des adultes ?

Les dirigeants, par «hommerie» et «femmerie», se ferment les yeux et se bouchent les oreilles…

En théorie, Pierre suit un conseil et obéit à un ordre…?

Le manque d'autorité des élus cause du désordre, le chaos.

Pourquoi des problèmes soi-disant insolubles ne se règlent-ils pas ?

Une société règle-t-elle les problèmes sociaux qu'elle veut régler ?

On dit la pollution incontrôlable et la prostitution insoluble…

Nos administrateurs et nos célébrités auraient besoin de cothurnes.

On rehausse les dignitaires écrasés sous les responsabilités.

Les titres rehaussent les dignitaires : majesté, princesse, excellence, vénérable, docteur, maître, etc.

On auréole un dignitaire qui est à la hauteur.

La tradition perpétue l'acquis culturel.

Les mots, on les choisit, s'en empreint, les utilise pour se révéler, créer, partager avec nos frères.

La tradition survit à l'aide des institutions.

On ravive une saine tradition ; on l'abandonne rarement…

Un précédent qui corrode une saine institution est inadmissible.

Il y a le bon sens de chacun et de chaque peuple.

Questionner l'homme de la rue n'a rien d'un sondage.

Chaque humain a sa vision du monde.

Un peuple heureux fait des merveilles, des miracles…

L'intérêt motive les relations diplomatiques et les lobbyistes…

Jacques, menacé de congédiement, dévoile ses motivations…

Ne plane-t-il pas, dans l'inconscient collectif des peuples, un rêve de pureté, d'un éden perdu?

La nostalgie, fille d'une enfance fleurie, la poétise.

Une société peut-elle progresser si elle peine à maintenir l'acquis?

On ne met pas la charrue devant les bœufs, et le charrettier ne surcharge pas la charrette.

Que tous désirent la cité idéale est une illusion.

Qui ne sait se libérer d'un quotidien pénible ou d'un travail abrutissant se consume.

Pour Pierre, boucher un trou n'est pas le remplir.

Une société égalitariste voit les différences comme des privilèges.

Un privilège est-il une entorse à la démocratie?

En démocratie, le vote majoritaire dicte-t-il le bon sens?

Les humains vivent en communauté pour s'entraider et se protéger contre les coups du sort.

En démocratie, les citoyens vertueux donnent le ton…?

Une démocratie meurt d'un excès de liberté libéré contre elle.

Donner trop de corde ou trop démocratiser joue contre les citoyens.

La liberté de critiquer les valeurs ou l'agir de ses concitoyens est vivre la démocratie.

Un démocrate s'explique ou négocie au lieu de menacer ou de ruer.

Quand une démocratie se démocratise, les inégalités régressent.

Si, en démocratie, les prisons débordent, qu'en est-il sous dictature?

Pierre vit la démocratie en surestimant ses frères.

Jacques qui souffre d'«oculo-anus» voit de la «merde» partout.

Jacques veut ce qui dure pour l'autre monde.

Il n'y a aucun coupable, et tous alimentent le feu.

Il est plus facile d'accorder des généralistes que des spécialistes…

Le citoyen demande-t-il aux réformateurs de ralentir et aux conservateurs d'accélérer?

La diplomatie sied aux dignitaires, le charisme, aux politiciens et la vérité, à l'homme de la rue.

La diplomatie est l'art de flatter de façon raffinée.

Un verre de trop libère de ce qu'il faut dire.

La poutine sied mieux au «mâche-patates» que les mots.

Il n'est pas sage de manger avant d'aller à un banquet.

Des politiciens qui prétendent avoir la situation en main sont-ils des rêveurs?

Le poids sur le vote et l'économie décide du sort d'un problème.

L'urgence d'une loi vient de l'injustice à corriger ou de la réforme à implanter.

Les droits de Pierre priment ceux de sa communauté s'il ne lui nuit pas ou ne la met pas en péril.

Pierre maudit Big Brother s'il brime sa liberté ou viole sa vie privée.

Accorder légalement la priorité à l'individu sur le groupe élimine les boucs émissaires.

Les Juifs de la diaspora, en gardant leur identité, sont voyants et servent de boucs émissaires.

Un bouc émissaire, victime de la meute, silencieux, s'isole…

Qui dénonce les abus d'un des siens ou de ses supérieurs est-il ostracisé…?

M. Spielberg, un film qui expliquerait les motifs des Européens qui ont collaboré à la Shoah…

Le nostalgique critique plus durement ses frères que ses ancêtres.

Pierre est insulté si on ne le réduit qu'à un rôle de consommateur.

Jacques accepte le changement s'il ne perturbe pas ses acquis.

Le riche ou le bourgeois craignent les réformes, appréhendent les révolutions.

On n'accuse pas de jeunes idéalistes de rêver en couleur…

Les valeurs des jeunes adultes leur restent pour la vie.

Dans une société laïque et capitaliste, parler du règne de l'amour fait-il «cucul»?

Les adultes doutent du talent des vedettes des jeunes.

Les grands-parents donnent à leurs petits-enfants ce qu'ils aiment.

Grand-papa: Ça va mon p'tit bébé?
   Mariette: J'suis pas un p'tit bébé!
   Grand-papa: T'es un grand bébé?
   Mariette: Oui!

De l'escalier, Mariette, voyant que papi était levé, dit à mamie: «J'ai assez peur que papi me fasse peur!»

Ce qui fait peur fascine les enfants et les grands enfants.

Grand-papa: Pierrot, tu es si tannant!
   Pierrot: C'est toi le tannant!
   Grand-papa: Que vais-je faire avec toi?
   Pierrot: Me laisser faire!

Pierre a compris plus tard, quand il fut l'objet d'un placement.

Pierre peut-il vibrer au diapason d'un jeune, d'un vieux ou de l'autre sexe?

L'exemple, au lieu de la dispute, est le comportement idéal.

Ce qui unit les humains serait positif, et ce qui les éloigne négatif…

Pierre a besoin de se sentir solidaire de ses concitoyens.

S'intégrer est-il adopter le slogan: «Tout le monde le fait, fais-le donc!»?

Qui ne préfère pas applaudir devant à rugir derrière?

Les citoyens ne voient encore que la lapidation pour qui abuse d'un mineur.

Les enfants agressés ont-ils l'aide pour s'en sortir et mener une vie équilibrée?

Se peut-il qu'un enfant violé ou battu avalise ces sévices au lieu de se révolter?

Le contexte délimite les séquelles des sévices sexuels sur un enfant.

Qui abuse des enfants doit s'attendre au courroux des parents.

Suivre ou profiler des ex-criminels est propre aux États policiers?

Entre deux tourtereaux qui se jurent amour et fidélité pour la vie, faut-il un notaire?

Les faux assistés sociaux ont la conviction d'avoir le droit de vivre en parasites.

Un citoyen fier et honnête préfère mendier à voler et gagner son pain à le quêter.

Les clans mafieux, tels des prédateurs, délimitent et défendent à mort leurs territoires.

Si un tueur en série s'attaque à des prostitués, ou que des mafiosi s'entretuent, la police perd-elle son zèle?

Qui veut d'une société où la richesse de l'un vient de la pauvreté de l'autre?

Le citoyen pauvre, qui en a pris son parti, a la hantise d'être regardé avec mépris...

Qui refuserait d'aider un handicapé ou un travailleur remercié à un âge avancé?

Le travailleur qui encourage la recherche, s'il apprend le revenu des chercheurs, refroidit.

Organismes, associations, mouvements, fondations, etc., sans but lucratif, ne pressez pas trop le citron!

Un vulgarisateur scientifique dilue-t-il la science?

Hier, le vulgarisateur scientifique était regardé par ses pairs comme un faux frère.

En ville, un voisin connu reste un démon possible.

Au village, des bons diables et quelques démons; en ville, des démons et quelques bons diables.

Les villes améliorent-elles le sort des habitants des villages annexés?

Les grandes villes ont toujours abrité de la pauvreté, de l'insécurité et de la décadence.

Seule une reconnaissance objective des faits permet le règlement de conflits sociaux.

Se désintéresser des faits imposés par les médias est bénéfique…

Pour des journalistes, dénicher la primeur des primeurs est un gage de promotion.

Par «hommerie» et «femmerie», on crucifie encore des christs.

La complicité se crée entre des individus pour s'entraider, s'opposer, dominer ou abuser.

Un adversaire invincible peut devenir un complice…

Une société développée distingue entre une personne majeure, mineure, handicapée, malade, en santé.

Les jeunes jaugent mal le vécu de leurs prédécesseurs, et recourent aux extrêmes.

Qui conteste seul est-il pour autant dans l'erreur?

Livrer librement sa pensée suffit pour être exclu du troupeau…

Un marginal est-il un anarchiste, un asocial, un criminel ou un libre-penseur?

Un marginal ou un célibataire sont seuls pour équilibrer leur humeur ou maintenir leur rythme de croisière.

Il faut au marginal une cuirasse rigide, sinon…

Une société matérialiste voit les humains comme tels.

Il y a les théories farfelues de complots, et les collusions impérialistes, financières et mafieuses *full* voraces…

Les causes des maux de Jacques sont en lui, et il sème les blâmes.

Pierre et Marie, incroyants, comprennent Jean et Jeanne, qui se croient habités par Dieu?

Les croyants bénissent les incroyants livrés à leur sort…?

Tolérer l'intolérable, justifier l'injustifiable et pardonner l'impardonnable les cautionne.

Instaurer militairement la paix quand la guerre fait rage, est-ce acceptable?

Toute époque est une charnière, cruciale, difficile pour qui la vit…

La société idéale forme des adultes de bonne volonté influents.

La société idéale se fonde sur des parents, des professeurs, des artistes
et des politiciens qui visent l'excellence.

La nouvelle génération progresse si elle voit objectivement celle qui
précède : un pas, un saut, une chute, un recul…

Selon les lapalissades des bien-pensants, il vaut mieux :
être jeune et instruit que vieux et ignorant,
être beau et bien doté que laid et sans talent,
être fort et gagnant que faible et perdant,
être connu et entouré qu'inconnu et seul,
être riche et en santé que pauvre et malade,
sauf que ces dons ou ces succès ne deviennent des biens que s'ils
créent davantage d'amour.

b- Le religieux

Un Dieu parfait a-t-il besoin d'être adoré ?

Les prophètes juifs, poètes, sont les pères des théologiens.

Sans des humains pour y croire, aucun Dieu n'existe.

La mythologie grecque n'a pas créé de dieu des finances.

S'abandonner à une Église, un Bouddha ou un Confucius est-il
obligatoire, pour réussir sa vie ?

Croire en un Dieu fait-il de Jean quelqu'un de plus vertueux que
Pierre ?

Homère a posé les assises d'Athènes, les évangiles de l'Occident.

Les croyants ont leurs saints, et les libres-penseurs aussi.

Si le Christ, à 33 ans, avait la sagesse et le pouvoir que lui prêtent les
évangélistes, il était divin…

Le Christ fut-il un bouc émissaire, un révolutionnaire pacifique, le
contraire d'un Mahomet ?

Lier l'amour à la vie sera-t-il toujours révolutionnaire?

Que tout soit permis si Dieu n'existe pas est de la foutaise.

Pierre n'a pas besoin de passer par un dogme, pour aimer Marie.

Un Dieu-Père affligé, qui aurait sacrifié son fils, mi-dieu mi-homme, à des pharisiens, comme bouc émissaire…

Si Dieu est un concept, Pierre est une réalité.

La théologie, une «science» basée sur des «révélations»…?

Les prophètes juifs et Mahomet ont reçu leurs révélations du créateur de l'univers…

À la suite des prophètes juifs et d'un Paul de Tarse, que penser de ces convertis que Dieu lui-même interpelle?

Si un Pierre et une Marie détiennent la vérité, que fera-t-on de leurs révélations?

Croire en un Dieu ou en plusieurs n'est pas inné, mais l'une des réponses à notre ignorance.

Croire en un Dieu, cause première, et croire en Jésus-Christ, son fils mi-dieu, mi-homme, sont deux questions distinctes.

Le génie des évangélistes fut d'harmoniser les dires des prophètes juifs et les faits et légendes sur le Christ.

Si le doute s'installe, la croyance en Dieu décroît comme celle des enfants au père Noël.

Un agnostique vole, vit, n'attend pas la branche pour se poser.

Lavé du péché originel grâce au baptême, le chrétien aspire à la sanctification.

Les saints se sanctifient en domptant leur «hommerie» et «femmerie».

Un grand vicieux converti devient-il un grand vertueux?

Pierre, incroyant, use bien de ses talents au lieu de se sacrifier.

Pierre a été appelé au sacerdoce, ou s'est-il appelé?

Si la Bible est le livre du chrétien, il peut en lire d'autres, dont un de Darwin…

Lire ou relire les évangiles au lieu des gloses des exégètes?

Les religions, qui exigent un premier moteur, cherchent un protecteur ou un créateur?

L'athée croit-il que la matière est éternelle?

La foi unifierait cœur et raison et donnerait un sens à la vie…

Croire en Dieu a-t-il atténué l'«hommerie» et la «femmerie»?

Croire en un Dieu-Père, un anthropomorphisme, sécuriserait…

Une prière confiante à Dieu aide une «âme» croyante…

Pour le croyant, un dieu qui s'est révélé ou non explique l'origine de l'univers et la sienne.

Pour les monothéistes, Dieu est l'alpha et l'oméga, la cause et la finalité.

Sans l'aide d'un dieu, est-il utopique de croire qu'on établisse le règne de l'amour?

Les apôtres, comme des chanteurs d'opéra, prêchaient en araméen, et les gentils les comprenaient…

Pierre croit que les humains préféreraient que la vertu règne.

Thomas d'Aquin (1225-1274) disait qu'il faut un minimum d'aisance matérielle, pour pratiquer la vertu.

Pour Bouddha et Confucius, les vraies victoires sont sur soi.

Le Christ, en incarnant l'amour, a discrédité les semeurs de haine.

Un ami du Christ voit des amis en François et Claire d'Assise.

Pourquoi tous ces dieux, religions, sectes, et non une ORU (Organisation des religions unies)?

Le Dieu des chrétiens pencherait-il d'abord de leur côté?

Les Occidentaux, qui ont tenté de christianiser le monde, ont le taux d'incroyants le plus élevé.

En science, une certitude fait l'unanimité, alors que prier le bon Dieu sème la discorde.

Thomas aurait touché aux preuves de la résurrection du Christ…

L'Église, avant la Révolution française, pactisait avec le pouvoir.

Au temps du colonialisme, les missionnaires baptisaient les colonisés.

La laïcité de l'État, au service de tous, est une conquête de la Révolution française.

Les valeurs religieuses ont besoin de l'appui des élus, pour régner.

Ses frères occupés, François d'Assise parla d'amour aux poissons.

Les saintes femmes des évangiles expriment la fidélité.

Les lois de la nature imposent-elles leur dictature aux lois morales?

Satan, au désert, aurait offert au Christ le monde sur lequel il régnait, s'il l'avait adoré…

Un chef religieux recevrait son pouvoir d'un Dieu en qui tous ne croient pas.

Les religions, promettant un bonheur éternel, sont euphorisantes.

Les religions sont-elles l'opium des peuples, ou leur placebo?

Une tradition ou un rituel religieux sont mystérieux si on ignore leur origine.

Basée sur la Bible, l'Église de Rome a érigé un empire d'environ un milliard de fidèles.

La pédophilie de religieux est typique d'«hommeries» et de «femmeries» exploités pour détruire une saine institution.

L'Inquisition a institutionnalisé la torture, comme l'exercent dictatures et démocraties actuelles…

Ce siècle verra-t-il un front commun des religions défendre l'amour et la paix?

Les religions ont-elles uni ou désuni les humains?

Des missionnaires ont diffusé leur foi dans le monde entier.

La religion fait partie de la culture, qui change avec les continents.

Les chrétiens s'aiment-ils mieux que les autres croyants?

Dieu exauce qui le prie bien. Or, le Notre Père est de lui. Donc…

Notre Père, qui êtes aux cieux…, ne nous laissez pas succomber à la tentation du facile, du rapide…

Le Christ, fils de Dieu, avait besoin d'une conception, de miracles et d'une mort dignes de lui.

Les miracles du Christ contredisent les lois de la nature créées par son père.

Pour un incroyant, l'amour fait des miracles…

Le monde entier traquait le mal né et mal aimé Luka Rocco Magnotta, et le dictateur Pinochet est mort de vieillesse, libre…

Les messies sont nocifs s'ils ne renvoient pas leurs adeptes à eux-mêmes.

Une parabole propose une idée ou une valeur que nul raisonnement n'atteint.

Étirer une comparaison, une parabole ou une allégorie les dilue, diminue leur portée.

Les évangélistes auraient concentré en Jésus la sagesse des peuples antiques.

Selon Jean de la Croix, la sainteté est dans le détachement.

Renoncer aux nourritures terrestres pour s'unir à Dieu est-il le renier?

Les évangélistes ont désexualisé le Christ, la Vierge et les apôtres.

Les théologiens prétendent que Jésus est né miraculeusement comme il fut conçu.

Le culte de la virginité vient-il de la chaste prêtresse romaine Vesta, qui entretenait le feu sacré?

Paul prétendait que la chasteté était un plus pour servir Dieu…

Pierre: Sœur Marie, si vous aviez 20 ans, vous prononceriez encore les mêmes vœux?
Sœur Marie: Oui, mais je goûterais avant à ce à quoi je renonce…

On dit qu'Augustin déplorait être né entre les orifices qui soulageaient sa maman.

Un janséniste confesse-t-il ses éjaculations nocturnes?

Le Christ aurait mis le grappin sur les chrétiens, ou ceux-ci l'ont-ils mis sur lui?

Les évangélistes présentent un Christ révolutionnaire, et le christianisme en a fait son idole…

Le royaume de Dieu n'étant pas sur terre, l'Église catholique a tenté de l'y établir.

Le Christ, qui a incarné la perfection, a suscité combien d'émules sanctifiés par l'Église?

Le bon larron, par hasard, fut crucifié à la droite du Christ.

Le Christ, en démasquant les pharisiens, avait signé son arrêt de mort.

Marie, mère du Christ, brava ceux qui le mirent à mort.

Le Christ remettait-il en question non seulement les pharisiens, mais aussi le peuple juif?

Le Christ, fils du Saint-Esprit, ignorait l'évolutionnisme...

Le Christ a joué un rôle de bouc émissaire.

Un bouc émissaire est-il la victime sur qui les humains s'affranchissent de leur désespoir?

Plus on dit à Jean qu'il est un autre Christ, plus il s'en trouve indigne ou s'aime...

Pierre est fier que le Christ ait chassé les vendeurs du temple à coups de fouet.

Avec «Mon royaume n'est pas de ce monde», le Christ vidait déjà les églises...

Jean-Paul II n'a pas dit aux Polonais de donner à Dieu ce qui est à Dieu et au Kremlin ce qui est au Kremlin...

Les saints aiment le Christ et leurs frères, et les artistes, leur art et leur public.

Les saints prennent plaisir, sans ostentation, à être généreux.

Les saints le sont devenus en poussant l'altruisme à un degré héroïque.

L'adage *Œil pour œil, dent pour dent* est humain, et le pardon de l'impardonnable surhumain.

Si un prophète prédit du négatif, est-il déçu, s'il ne se réalise pas?

Dieu se louangeait dans les *Psaumes* de David qu'il inspirait...

Un David incroyant composera-t-il des psaumes qui loueront les réussites et les prouesses des humains?

Seule l'admiration pour la création d'un Dieu parfait aurait droit de cité?

Par une nuit étoilée, l'astronome admire le ciel.

Paul, converti au christianisme par Dieu, rapporte-t-il, serait-il un précurseur du mondialisme?

La vie du Christ ne fait pas aujourd'hui un milliard de saints.

Les émotions plus que la raison expliquent une conversion.

Les artistes géniaux posent avec acuité la question de l'immortalité de l'«âme».

Les artistes entrouvrent-ils la porte du beau et du sublime sur une survie qui en serait inondée?

La foi du charbonnier est-elle plus intuitive et émotionnelle que celle de l'intellectuel?

Né de parents croyants, la foi de Pierre suivrait la tradition et serait une forme de fidélité.

Croire, est-ce refuser d'avoir raté sa vie, et l'avoir réussie, qu'elle se continue?

En tout disciple, fidèle, *fan*, groupie… gît un enfant qui s'abandonne.

Le gourou a-t-il autant besoin de disciples qu'ils ont besoin de lui?

Qui s'abandonne à une secte, à un gourou?

En Occident, un incroyant a un cœur, une raison et une «âme» de chrétien.

Un incroyant voit la Bible et le Coran comme des œuvres profanes.

Beaucoup de Juifs, en réaction à la Shoah, sont devenus athées.

Croire que le créateur de l'univers a inspiré les auteurs des livres sacrés est d'une prétention…

Gide, selon qui on ne fait pas de bonne littérature avec de bons sentiments, popularisa les siens.

Si, pour Karl Marx, la religion est l'opium du peuple, le serait-elle aussi d'une élite?

Pour un incroyant, les mots «réalité» et «spirituel» sont inconciliables.

En Occident, Dieu est un concept qui a marqué la vie et la culture de l'incroyant.

Pour un incroyant, la vie et les humains sont accidentels.

Une croyance vraisemblable peut être vraie.

La théologie fait-elle du vrai avec du vraisemblable?

Conclure au miracle, est-ce précéder les scientifiques qui expliqueront ces faits demain?

Comment expliquer les apparitions à telles personnes, telles époques, tels lieux?

Les visions et les apparitions seraient des hallucinations...?

Les saints sont des messieurs très sérieux.

Un saint aurait dit qu'un saint triste est un triste saint.

Pierre souhaiterait que le pape béatifie un de ses fidèles pour son sens de l'humour.

Un monde d'incroyants ne donnerait ni de Michel-Ange, ni de Bach...

Qui croit que des intégristes soient des fils de la lumière?

Les musulmans, avec le djihad, veulent-ils repartir leur ascension du Moyen Âge?

En Occident, les colonies musulmanes, qui se surmultiplient, deviendront-elles majoritaires?

En Occident, il naît un ou deux Pierre ou Marie pour huit Mohamed ou Fatima...

Les musulmans sont convaincus qu'eux seuls ont le pas.

Des musulmanes sacrifient leurs enfants kamikazes et se réfugient dans leur foi.

Les martyrs musulmans se martyrisent avec le martyre d'innocents...

S'il faut haïr pour perpétrer un attentat terroriste!

En 2011, des musulmans veulent de la liberté, du travail, des droits…

Les martyrs chrétiens, immolés, encourageaient leurs frères à
témoigner de leur foi.

Les Occidentaux, riches et bien armés, croient leur civilisation
supérieure à celle des Orientaux.

La civilisation qui a produit la misère haïtienne ne comprenait rien
aux évangiles…

La valeur d'une civilisation se mesure-t-elle aux bombes qu'elle a et
aux autos qu'ont ses citoyens?

Mahomet, en légalisant la polygamie, devenait un intouchable…

S'il est interdit de représenter ou caricaturer Mahomet, serait-ce en
raison de sa vulnérabilité?

La guerre, raréfiant les hommes, est cause de polygamie?

Selon l'islam, un émir qui tombe amoureux d'un autre harem peut-il
faire un échange?

Le voile musulman n'a aucun rapport avec le sexisme…?

Voiler les femmes est criminel comme il le serait de voiler des fleurs…

L'islam voile les femmes, tenues responsables des pulsions sexuelles
des hommes.

Seuls les musulmans auraient réglé le problème de la prostitution…

Comme le Coran permet d'avoir quatre femmes, la prostitution
devient un luxe…

Le Coran présente-t-il Mahomet comme un conquérant?

Qui reprocherait aux musulmans de lutter contre ce qui avilit les
humains?

Les temples religieux, à l'image des arbres, incitent les humains à lever
les yeux.

Au Moyen Âge, un croyant devait être fier de collaborer à la
construction d'une cathédrale.

Nier la réincarnation et mourir convaincu d'avoir raté sa vie peut être pénible.

Pierre est-il décédé noir, blanc, ou gris, un client pour le purgatoire?

L'orgasme et l'extase expliquent le rêve d'un sublime éternel.

Les violents pleurs des enfants et des femmes qui accouchent supplient les leurs ou Dieu?

Pierre renonce à retourner à son psychisme d'enfant, pour accéder au royaume de Dieu.

Les fils de la lumière parlent d'amour, et les fils des ténèbres, de haine.

Si les fils des ténèbres dominent, c'est que pour eux, la fin justifie les moyens.

Les femmes, si elles n'étaient pas femmes, pourraient devenir des prêtres ou des imams...

Que comprendre des bases, des valeurs et des adeptes de l'Église de scientologie?

La civilisation occidentale est fille de David, de Périclès, d'Auguste et des évangélistes.

La foi des médiévaux explique leurs chefs-d'œuvre architecturaux.

En Occident, la vie a germé autour de l'Église et le savoir, d'Athènes et de Rome.

L'abbé Pierre a réincarné un Christ humain, parmi nous.

Le christianisme, à la suite de Moïse, n'a pas cédé le dernier mot à l'argent.

Les *leaders* chrétiens ont-ils dénaturé le message du Christ avec l'avoir et le pouvoir?

Aucune religion n'a accumulé autant d'apôtres héroïques que le christianisme.

Sur des sujets brûlants, le pape se prononce avec clarté, suite et courage, malgré les critiques.

Est-ce la science ou les interventions divines qui expliquent le progrès?

Le pape Jean-Paul II a-t-il écouté son patriotisme, pour combattre le communisme?

Pékin est-il agacé par la scission du Tibet, ou par sa religion ?

Si une décision importante est prise pour le bien de l'humanité, les catholiques y voient l'œuvre de l'Esprit saint.

Le Saint-Esprit a-t-il inspiré le pape et les cardinaux à se déclarer infaillibles, s'ils parlent en son nom ?

Le Saint-Esprit aurait-il inspiré les créateurs du dogme de la Trinité à créer ce dogme ?

Pierre : La Trinité, c'est un mystère ?
   Le catéchète : Oui ! Tu dois croire ce dogme.
   Pierre : C'est cela la foi ?

Conserver des dogmes d'avant-hier est-il traîner un lourd poids ?

Croire que l'univers et la vie sont plus qu'éléments liés au hasard est croire en Dieu.

Le bon larron aurait hérité de la foi du fils de Dieu…

Reconnaît-on l'apport civilisateur des religions ?

Les commandements de Dieu contenaient la sagesse des Juifs à l'époque de Moïse.

Si ce n'était de la senteur maudite, Job, sur son tas de fumier, remercierait Dieu de l'avoir ruiné.

Des révélations dites divines créent les dogmes.

Si les papes avaient écouté les hérétiques et non le Saint-Esprit, ils seraient avec nous.

En imaginant un paradis, les religions ignoraient que les fidèles le voudraient sur terre.

Des chrétiens ont toujours critiqué et contesté des dogmes.

Le libre choix de son conjoint est une conquête du christianisme.

Dans l'eucharistie, le communiant et le Christ deviendraient un.

Le chant grégorien et la musique sacrée favorisent la contemplation.

La méditation nourrit l'action, ou est de l'égocentrisme.

Le mysticisme serait l'union à Dieu dans la contemplation.

Pierre, après une vie passée à essayer d'aimer, aurait compris quelques paraboles des évangiles.

Pierre, en amour, a foi en Marie, s'abandonne à elle.

Le Christ a dit pardonner à Marie-Madeleine, qui a beaucoup aimé…

Un chrétien est une personne qui admet être atteinte d'«hommerie» ou de «femmerie»…

Le Christ a séduit les Benoît de Nursie (480-547), Dominique (1170-1221), François d'Assise (1182-1226), Ignace de Loyola (1491-1556).

L'Église a intégré avec bonheur l'ordre des Bénédictins, des Dominicains, des Franciscains et des Jésuites.

Imposer l'argent, la guerre et le mensonge est démocratique; l'amour, la paix et la vérité, de la dictature…

Si on dit *Aide-toi et le ciel t'aidera*, les pays riches sont le ciel et l'enfer des pays pauvres.

Le Christ demandera éternellement au Sanhédrin, à Hérode Antipas et à Ponce Pilate: «Qu'ai-je fait de mal?»

Le Christ serait mort par compassion, pour racheter l'humanité pécheresse et souffrante…

Quand une religion n'est que rites et préceptes, elle s'est déshumanisée, est devenue du pharisaïsme.

Perdre ou garder la foi en Dieu dépend de nos convictions.

Si un Dieu éternel a créé l'univers et la vie, pourquoi y avoir inséré le vieillissement et la mort?

En Occident, un agnostique ou un athée l'est chrétiennement.

c- Le culturel

L'acquis culturel se transmet par tradition.

Les institutions maintiennent et transmettent l'acquis culturel.

L'acquis culturel peut se buter à l'instinct.

Il y a acquis culturel et acquis culturel.

Pierre se sent solidaire du client qui enlève un cheveu de sa bouche dans un restaurant.

Pierre beurre-t-il son épi de maïs avec un couteau, ou le glisse-t-il sur la livre de beurre?

Qui ne réagit pas, si Pierre coupe son omelette avec le dos de la lame de son couteau?

Les évangiles disent de s'aider, non de s'exploiter.

Avec la mondialisation, l'avenir est aux peuples qui sauront adopter le rythme idéal entre la course et la marche.

En Occident, des écoles de pensée opposées ont donné le pluralisme actuel.

Le discours: affirmer, agir; contredire, réagir; se questionner, vouloir; amender, s'unir; se taire, approuver.

La connaissance: écouter, apprendre; penser, cheminer; savoir, avancer; nier, douter; croire, espérer.

Pierre, qui ne voit rien de nouveau sous le soleil, priorise ce qui se transmet.

Jacques, pour qui tout est différent, ne voit que ce qui est à la mode.

Un artiste dans le vent crée-t-il du démodé à la mode?

Un esclave de la mode l'est-il de la publicité?

Un étranger vit avec les préjugés qui ont cours sur son peuple.

Le nouveau, le changement ou les mutations ne sont en soi ni des valeurs ni des progrès.

Les humains, forts de leur savoir et de leur ignorance, ont façonné la planète et l'humanité.

Changer pour changer est bon pour les riches…

Mettre et remettre la table sans manger est de l'infantilisme.

Pour régler un problème, se demander d'abord qui l'a : moi ou toi, nous ou eux ?

Un livre, la Bible, définit la culture occidentale.

Un païen, selon sa culture, crée les dieux qu'il juge bons : Amour, Justice, Liberté, Vérité, Beauté, etc.

L'intégrisme fleurit chez les catholiques et les musulmans.

Le fondamentalisme et l'intégrisme sont générateurs d'inquisiteurs, des dictateurs, de conflits…

Les siècles, vus avec du recul, n'ont pas tous le même éclat.

Les peuples, en proie à une concurrence féroce, semblent durs et calculateurs.

Les sirènes : les religions, les vedettes, les prostituées… ; les naufragés : les démunis, les *fans*, les affamés…

Les vampires : les exploiteurs, les spéculateurs, les imposteurs, etc. ; les parasites : les profiteurs, les opportunistes, les paresseux, etc.

Les penseurs occidentaux, leur rationalisme épuisé, ont perdu la foi en leur civilisation.

Les médias accordent au nouveau toute la place.

Avec la mondialisation, les Orientaux ralentiront-ils les Occidentaux ?

Un xénophobe qui voyage se demande comment on peut être Persan.

Un piètre ethnologue aime citer un peuple primitif qui remet en question les mœurs d'un peuple civilisé.

Le xénophobe craint l'étranger, l'empêche d'être lui-même.

Un éducateur loue l'excellence, avant de dénigrer l'abject.

Homère (VIIIᵉ siècle av. J.-C. ?) rapporte dans l'*Iliade* et l'*Odyssée* les gestes de ses aïeux.

Au IVᵉ siècle av. J.-C., la tragédie grecque éduquait les citoyens, et la comédie dénonçait la bêtise.

Au XVIIe siècle, les tragédiens Corneille et Racine éduquaient les nobles, et Molière les écorchait.

Pierre: Jacques, tu savais que de nobles familles…
   Jacques: Je t'écoute.
   Pierre: D'après des historiens bien documentés…
   Jacques: Vas-y!
   Pierre: N'avaient de noble que le nom.
   Jacques: Je m'en serais douté.

Les *stars* éclipsent les vedettes, qui éclipsent nos héros quotidiens.

Éduquer, ce n'est pas montrer les humains pires ou tels qu'ils sont, mais tels qu'ils devraient être.

Le sacrement du pardon ou la confession:
   Jacquot: Mon père, j'ai commis des péchés qui m'ont plu…
   Le curé: Mon fils, tes péchés, je les écoute.
   Jacquot: Des péchés, ça rend triste?
   Le curé: On doit les regretter, en éprouver des remords.
   Jacquot: Je n'ai donc pas commis de péchés.
   Le curé: Tu n'as fait de tort à personne?
   Jacquot: Non, nous étions heureux!

En Occident, les médias et les vedettes sabotent-ils le travail des éducateurs?

Lady Gaga, une nouvelle version de Boy George, serait la *star* la plus influente au monde pour qui?

Le beau qui fraye avec l'opulence est laid.

Jeunes et adultes auraient-ils besoin d'idoles de leur génération, de leur siècle?

Si les médias parlaient plus des glorieux d'hier, les adopterait-on?

Des décisions infamantes se sont prises et se prennent dans des palais superbes.

L'argent et la célébrité ont le don de corrompre nombre de ceux qui en ont trop…

La démesure: la richesse, l'endettement, la pollution, l'armement, les crimes, les drogues, les loisirs…

Les grandes vedettes qui multiplient les concerts d'adieu sont monnaie courante.

Le passé n'apprend rien ; il sécurise les successeurs qui commettent les mêmes erreurs.

Dans la Rome de César, on disait : « Si tu veux la paix, prépare la guerre. »

Une réaction instinctive relègue aux oubliettes l'acquis culturel.

L'acceptation ou le rejet de notre animalité explique notre vision de l'hygiène.

Le niveau de vie explique celui de l'hygiène.

Les biens issus du monde interlope sont corrosifs.

Pierre admire les humains qui s'illustrent humainement.

Nommer quelqu'un, un animal ou un objet est le faire sien.

Les mots, comme les calories, sont pleins ou vides…

Un jardinier assaisonne son action, un forgeron dompte sa force, un ouvrier martèle ses volontés, etc.

Le curieux n'en finit pas de se questionner et d'apprendre.

Un progrès scientifique n'est pas forcément un progrès culturel.

Des progrès en médecine se retournent contre nous.

Les virus et les bactéries prouveraient qu'ils sont plus forts que les Pasteur et Fleming.

Les multinationales privilégient les médicaments, dont nous sommes dépendants la vie durant…

On accélère la croissance des animaux à l'aide d'antibiotiques, qui nous transmettent leurs bactéries résistantes…

Hier, imiter le Christ, des explorateurs et des chercheurs célèbres hantait des jeunes.

Peu de gens vivent leurs croyances ou leurs convictions.

Un affranchi qui regrette son ancien statut a perdu son besoin inné de liberté.

Pierre, qui n'accepte ni ne tolère l'inacceptable et l'intolérable, déclare-t-il la guerre?

Comme un Don Quichotte, Pierre attaque le mensonge et l'hypocrisie.

Oui à la caricature de l'« hommerie » et de la « femmerie », non à celle de saines traditions.

Pierre aime les francs-tireurs qui tirent franc.

Qui veut séduire, convaincre ou enrôler se fait poète, philosophe ou politicien.

Le journaliste, le vendeur ne jouent jamais les entremetteurs?

Et ces journalistes qui polluent leur gagne-pain de scandales…

Les médias pensent aux cotes d'écoute et au tirage, puis au bien des citoyens…

Les journalistes pensent à leur bien, puis à celui des citoyens…

Un fait rapporté est crédible si le ou les témoins le sont.

Pour un Israélien tué, combien de Palestiniens morts?

La reconstitution d'un évènement est du théâtre.

Les médias, disant se plier à la demande, servent du sensationnel, du sulfureux et du croustillant.

La haine, comme l'exception et la règle, a-t-elle le don de piquer la curiosité, de capter l'intérêt?

Les *scoops* qu'on tire de crimes isolés, commis par des gens malades ou violentés, aident-qui?

Des écrivains et des journalistes entretiennent leurs lecteurs, mortels, dans le morbide.

Oublions la clientèle, la popularité et les retombées économiques; il revient aux médias de filmer le crottin ou le moineau qui se régale.

Le citoyen journaliste filme l'exceptionnel, le croustillant, ou les faits…?

L'exploitation du morbide est propre aux vermines.

Satisfaire des citoyens instruits et cultivés est exigeant.

Satisfaire des citoyens qui ignorent pourquoi ils veulent ce qu'ils veulent est impossible.

Socrate, avec la maïeutique, aidait ses disciples à accoucher de leur savoir.

Aristophane, dans sa comédie *Les Nuées*, a ridiculisé Socrate…

Denys de Syracuse vendit Platon comme esclave; un Athénien de passage le reconnut, l'acheta et le ramena à Athènes.

Pierre essaie de réduire un sujet complexe à l'essentiel.

Prière d'enlever ses sabots, pour aborder un sujet complexe.

Les arts nous interpellent et nous humanisent depuis des temps immémoriaux.

Fréquenter les classiques est une noble façon d'apprendre.

La fable *Le chêne et le roseau*, de La Fontaine, et le récit de *David et Goliath*, de la Bible, sont gentils…

Notre civilisation, qui oublie Homère, est pressée et distraite.

Le philosophe, au lieu de s'ennuyer, scruterait cet état d'«âme».

Une œuvre d'art joue son rôle si elle nous rend meilleurs.

Si l'on extirpait des arts tout ce qui tourne autour de l'amour, que resterait-il?

Lolita, de Nabokov, et *L'Amant de lady Chatterley*, de Lawrence, louent-ils la pédophilie et l'adultère?

Une œuvre qui fait l'éloge de l'amour peut-elle être immorale?

Un Don Juan est-il une créature de comédie ou d'opéra?

Une fille de joie est libre d'assouvir un aîné ou un handicapé…

Les œuvres du Marquis de Sade seraient l'envers de l'angélisme…

L'élite doit-elle payer la culture qu'elle consomme?

Combien d'intellectuels se croient visionnaires?

Pierre ne voit tragique ou comique que ce qui l'est.

Hier, la tragédie montrait des héros, la comédie caricaturait les travers humains.

Les médias sociaux créent maintenant les héros.

S'ils ne présentent que des crétins, drames et comédies modernes démoralisent le spectateur.

Un procès, comme un drame, montre les humains tels qu'ils sont.

Les créateurs de héros stimulent, les créateurs de *losers* déçoivent.

Incantations, rythmes fous et drogues créent états seconds, envoûtements et hallucinations.

Le théâtre épique de Bertolt Brecht, avec la distanciation, tuait toute hypnose.

Pierre est conscient que s'il n'aime pas le homard, ce n'en est pas moins un délice.

L'opéra est le dessert des snobs et la poésie, l'affaire de madame...?

Combien de peuples se nourrissent de riz, de blé, de manioc, de maïs..., comme aliment essentiel?

Aujourd'hui, le tiers de la nourriture produite ne va à personne, et au Canada, on en jette 40%.

Un Occidental qui s'alimente bien ne mange-t-il pas moins?

François Mauriac disait de la société de consommation que dans son temps, ils étaient consommés.

Nutritionnistes, sur combien d'aliments consommés couramment donnez-vous l'heure juste?

Nutritionnistes, n'oubliez pas vos laboratoires!

Un mets gastronomique suit le chemin de la «poutine».

Pierre apprécie que les saveurs secondaires du vin restent secondaires.

Pierre récidive avec le vin du sommelier, ou avec celui qu'il a aimé?

Un merlot n'est pas un cabernet-sauvignon.

Le générique d'un navet est aussi long que celui d'un chef-d'œuvre.

Pierre assiste à des films coûteux ratés pour étudier l'art de s'y prendre pour créer ces navets.

Ce film vide n'a pas eu d'écho chez Pierre.

La violence primait dans ce film sur la Révolution française.

La télévision montre les individus tels qu'ils sont, ou les auréole?

Les États-Uniens en mettent plein la vue, les Européens, plein le cœur et l'esprit.

Le *star-system* étatsunien dévore ses monstres sacrés.

Qui est surpris du déclin de l'empire étatsunien, avec ses idoles?

La mesure est le prix à payer pour ajouter la durée...

Le groupie, le *fan*, le disciple ou le fidèle s'agenouille, idolâtre le « maître ».

Les artistes et les athlètes qui livrent le meilleur d'eux-mêmes nous interpellent.

Pierre n'a vu aucun bel esprit, présenté comme tel à la télévision, qui n'esquissait pas un sourire.

Si un animateur hideux de *talk-show* ne passe pas la rampe, qu'en est-il d'un amoral ou d'un immoral?

La télévision et le cinéma relativisent la médiocrité en montrant autant de *losers* que de gagnants.

À trop relativiser, l'or devient un vil métal.

Tout ne se vend pas en vrac, des bibles à la livre, et des fœtus pour leurs cellules souches...

Les Fleurs du mal, de Baudelaire, et la Bible coûtent le prix d'un piètre roman populaire...

Les vieilleries des monstres sacrés ont remplacé à fort prix les reliques des saints d'hier.

Les braconniers, qui monnayent les animaux sauvages protégés, se déshonorent.

Entouré d'adultes qui décrochent, Jacques est à l'aise de décrocher.

Les arts recherchent l'expressivité; les médias et la publicité, l'impact.

En Occident, les médias tuent la liberté en dictant quoi faire, penser et aimer.

Peut-on bien informer, quand seul le sulfureux a la cote?

Le tapage médiatique a le seul avantage de rompre le silence qui sert les criminels.

La médecine du corps évolue à pas de géant, celle de l'«âme», à pas de tortue.

Les découvertes se greffent sur d'anciennes ou en sont des ramifications.

Faire des découvertes et les exploiter à bon escient sont des réalités bien différentes.

Les scientifiques se trompent scientifiquement.

Un scientifique écervelé reste un écervelé.

Pierre risque moins de se tromper dans sa spécialité.

Pierre en a ras-le-bol des experts sans expertise.

Il y a l'expert, l'expert des experts et le groupe d'experts…

L'expert qui vit de son titre et de son poste craint-il les concurrents…?

Pierre discute les consignes coûteuses des spécialistes et s'en porte bien.

Un intellectuel, au service du vrai, éclaire.

Les psys appliquent-ils leurs découvertes à leurs patients au lieu de les publier?

La tradition s'oppose aux apôtres d'un nouvel art de vivre.

En sciences humaines, la tradition balaie les théories révolutionnaires.

Hier, des penseurs ont déduit de fausses prémisses des conclusions qui causèrent de graves chaos.

Un néologisme note une approche différente, plus précise, ou une découverte…

Dans un troupeau de moutons blancs, un noir capte les regards.

Des accommodements raisonnables, Pierre en signe chaque jour avec les siens.

Dans nos démocraties, les «grandes gueules» éclipsent-elles les élus?

Médire de Pierre pour le discréditer est malhonnête.

Qu'une personne connue admette une erreur que tous ont constatée n'est pas se confesser.

Même s'il recherche la visibilité, Pierre est outré d'être filmé partout où il va.

Pierre doute que des verres opaques donnent du génie aux *stars*.

Dire que des vedettes incultes vivent de culture…

Le cerveau enregistre et code ce dont on a besoin pour survivre.

Un jugement de valeur est un fait, si ceux impliqués l'endossent.

Préjugé: vue erronée sur des gens, des produits.

Pierre, digne d'éloges, sait concilier une raison et un cœur qui tirent en sens contraire.

Pierre, heureux, oublie que policiers et soldats veillent pour lui.

Toute loi, tout règlement limitent ou balisent la liberté.

Le «tolérantisme» masque le laisser-faire, une soi-disant libéralité.

À surexposer la violence et la pornographie, les banalise-t-on?

Qu'apportent et à qui profitent la violence et la pornographie?

La violence et la pornographie germeraient en terrain propice.

Élimine-t-on l'ignoble en le surexposant?

Jacques se gave de sous-produits culturels et il prétend qu'ils n'ont aucun effet sur lui.

Les artistes d'hier nous lèguent leurs œuvres; certaines deviendront des classiques.

La valeur d'un bien culturel se mesure-t-elle à l'effort exigé pour l'apprécier?

Un ascète répond à son idéal et à ses autres besoins.

B- Les institutions

a- Politiques

Depuis la chute de l'ex-URSS, le capitalisme et le socialisme coexistent.

Le goulag et la Sibérie, qui éliminaient les prisonniers politiques, ont retardé la chute du communisme.

Le capitalisme et le socialisme caractérisent la philosophie politique des pays où ils sont implantés.

Nombre de pays ont adopté un système capitaliste mixte, ou plus ou moins socialisant.

Le capitalisme domine dans les pays riches, et le socialisme dans les pays pauvres.

La Chine, bicéphale, est politiquement communiste et économiquement capitaliste.

Si on ne fait pas de bonne littérature avec de bons sentiments, en serait-il ainsi avec la politique et l'économie?

L'exercice du pouvoir va avec son acquisition…

Platon propose, dans *La République*, que les sages ou les philosophes détiennent le pouvoir.

Les pays dotés d'un sénat poursuivent l'idéal de Platon?

Dans les pays qui ont des régimes bicaméraux, les sénateurs n'ont que peu ou pas de pouvoir.

Le Sénat, bâillonné par «hommerie» et «femmerie», ne joue pas son rôle et devient un poids financier.

Les comités d'éthique, qui défendent le bien collectif et individuel, trahissent les deux…?

Un responsable ou un comité d'éthique ne sont pas déchirés entre deux maîtres, s'ils optent pour le client d'abord.

Un gouvernement légitime s'en remet à un médiateur?

Des élus intègres disent aux citoyens ce qu'ils doivent savoir.

En régime capitaliste, le comptable a le dernier mot.

En Occident, les *leaders* politiques penchent du côté des investisseurs
ou du côté de leur communauté?

En pays capitaliste, si acheter est un geste politique, qui du client ou
du votant a le dernier mot?

Les prix montent, la consommation baisse, ils remontent...

Il y a les citoyens qui votent et suivent leurs élus, et les autres...

Des politiciens pensent à leur mandat, puis à eux; d'autres à eux, puis
à leur mandat.

Dans nos démocraties, les citoyens riches et instruits accaparent le
pouvoir.

Les détenteurs du pouvoir, pour le garder, font croire à la classe
moyenne qu'elle le détient.

En société «démocratico-capitaliste», il se crée des coalitions de
citoyens riches plus égaux...

Pierre: Jacques, comme politicien, un «spécialiste» écrirait tes
discours?
Jacques: S'il est plus doué que moi, pourquoi pas?
Pierre: Tu ressentirais ce que tu dirais?
Jacques: Comme j'ai des dons d'acteur...

Sans de continuelles réformes, les institutions cèdent à l'usure.

Un gouvernement élu avec le recours à la démagogie est illégitime.

Avoir été manipulé dans un but louable, qui le déplore?

Tant que les humains seront des humains, il faudra légiférer.

Un gouvernement vote-t-il des lois contre l'ordre établi?

Gouverner, c'est aider les citoyens à s'accorder.

Législations et réglementations accommodent les citoyens autant que
faire se peut.

On évite les abus «légaux» en les prévoyant...

Prévoir, c'est analyser les forces en présence et scruter les complots ou collusions possibles.

En Occident, on a perdu le contrôle des médias et de l'économie…

Un politicien finit-il par haïr, fuir les journalistes?

La pensée judéo-chrétienne explique les droits de l'homme.

Dans un État laïque, la Constitution et les chartes intègrent les valeurs religieuses de base.

Les chartes des droits et libertés, qui cèdent trop de droits aux individus et aux minorités, trahissent la démocratie…

En Occident, on prétend que l'âge mental moyen d'un peuple est celui d'un enfant.

Tout pouvoir, pour s'imposer, sévit contre les cas d'«hommeries» et de «femmeries» patents.

Si le charisme séduit, l'intelligence, l'équilibre et la prestance d'un *leader* rassurent.

Les politiciens se doivent de considérer les citoyens comme des adultes et de leur dire la vérité.

Plus les citoyens sont gâtés et se croient «évolués», plus ils exigent de leurs élus…

Après un mandat, un jeune politicien, qu'il soit éteint ou casé, ressemble à celui qu'il a remplacé…

En démocratie, le politicien qui est réélu serait excellent…?

Un premier ministre, selon la conjoncture, revêt-il des plumes de colombe ou de faucon?

Jacques blâme les politiciens qui ne mettent pas leurs culottes, et il se déculotte avec la première venue.

Le pouvoir gagné avec l'appui de citoyens éclairés et de projets stimulants est bien ancré.

L'électeur, qui a dernier mot, est-il bien informé?

Les aînés retiennent de leur passé le meilleur…?

En démocratie, une équipe de volontaires peut ranimer une majorité qui a perdu la foi en ses politiciens.

En politique, il n'y a pas de centres centristes, mais des centres droits ou gauches.

Le votant « se branche » ou non, inscrit son vote à droite ou à gauche, ou l'annule.

Un gouvernement intègre ses citoyens à leur pays et au monde.

Pierre a vu plus de nobles institutions détournées de leur but que de créations machiavéliques.

Constitutions, chartes, législations ou codes d'éthique libres d'application sont nuls.

Dans un État de droit, les lois régissent les rapports entre les citoyens.

Un projet collectif aide à regarder dans la même direction.

Toute société a besoin de *leaders* et en produit.

Les politiciens ne doivent-ils pas servir leurs électeurs avant leur parti ou leur idéologie?

Le politicien se tient-il devant, derrière ses électeurs ou là où ils en ont besoin?

Le charisme qui appuie la compétence, du dessert.

Un peuple enfant a besoin de *leaders* charismatiques…

Gouverner, c'est concilier des intérêts contraires sans se contredire.

Gouverner, c'est récupérer les brebis perdues sans négliger le troupeau.

Les citoyens sont appelés à aider ceux qui sont incapables de suivre la majorité.

Dans nos démocraties, l'opposition s'oppose ou disparaît.

Critiquer en bien ou en mal l'agir des élus sans médisances ni calomnies est un devoir du citoyen.

L'opposition doit défendre le bien commun, avant de vendre son programme.

Dans l'opposition, réformes et amendements fusaient, au pouvoir, ils ont fondu.

L'opposition s'imagine qu'elle discrédite une décision ou une loi en les disant idéologiques…

Après une joute verbale acerbe au Parlement, les «ennemis» prennent une bière ensemble.

Au Parlement, le modérateur exige une pause, si on a le verbe haut ou grivois.

Seules de saines institutions enrayent des comportements antidémocratiques.

Une manifestation publique a besoin d'un «allumeur», qui a besoin d'une allumette…

Pour un anarchiste, tout est prétexte à manifester.

Le feu prend si l'injustice vécue est grave et que le climat s'y prête.

Il y a contestation quand un gouvernement nie le vouloir des citoyens.

Le parti au pouvoir voit les manifestants comme des ennemis?

Un ennemi veut éliminer l'opposant, un adversaire négocier.

Un ennemi ne négocie pas: il gagne, ou il perd…

Des humains votent et appliquent les lois et les réformes…

Un révolutionnaire déclare la guerre au pouvoir établi.

Un révolutionnaire accepte-t-il le fait que des prédécesseurs ont vécu avant lui?

Un anarchiste admet-il que Pierre et Jacques ne puissent s'asseoir en même temps sur la même chaise?

Une démocratie va bien quand des candidats qui excellent déjà briguent les suffrages.

En démocratie, maintenir le taux de chômage bas est bon, pour garder le pouvoir.

En démocratie, il importe d'informer les électeurs des enjeux et de promouvoir un vote éclairé.

N'attendre d'un régime démocratique que ce qu'il peut donner.

Nos institutions exigent d'avoir de bons soldats.

Un parti politique, pour rallier une majorité de citoyens, les respecte et leur fait confiance.

Toute forme ou apparence de machiavélisme est à proscrire.

Pourquoi les ministres des Finances ou les maires qui proclament que les coffres sont à sec ne sont pas pris au sérieux?

La majorité, dans une fédération, rêve d'assimiler la ou les minorités.

Qui a profité et condamné les injustices faites à une minorité les admet et les répare?

Un président des États-Unis qui ne ferait pas de concessions aux spéculateurs aurait besoin de nombreux gardes du corps.

Que penser d'un gouvernement qui donnerait le dernier mot à un médiateur ou un arbitre?

On attend d'un politicien de la disponibilité et de la droiture.

Un politicien questionne-t-il plus ses électeurs qu'il essaie de les convaincre?

En démocratie, la volonté des chefs et celle de leurs membres doivent s'arrimer?

Un parti qui prend goût au pouvoir veut le garder...

Un conseiller ou un avocat aide qui le paie pour gagner.

Les politiciens, obsédés par le scrutin suivant, font preuve de sagesse?

Les perdants dans les sondages ne se retirent pas.

Les élus d'un parti de droite priorisent le bien individuel, ceux de gauche, le bien collectif.

Un chef qui veut le pouvoir mise sur son charisme et son *leadership* avant le programme de son parti.

Les politiciens carriéristes veulent le pouvoir, ceux qui veulent servir s'épuisent.

Les politiciens ont posé le diagnostic, proposent des solutions, ou sondent les électeurs?

Un politicien qui se retire souhaite bonne chance à son successeur.

Jusqu'où les dirigeants peuvent-ils vouloir plus que leurs partisans?

La règle d'or, avec les deniers publics, est de les gérer comme s'ils étaient nôtres.

La tolérance zéro s'impose, avec l'abus des deniers publics.

Pierre respecte les dignitaires qui gèrent leurs allocations de dépenses avec sobriété.

La réputation d'un politicien franchit des frontières, si elle est propulsée par un scandale…

Que dire des politiciens qui se vendent à des intérêts privés?

Le bon patronage vient de moi; le mauvais, de lui.

Les politiciens ne sont pas des saints: ils aiment récolter sur terre.

La «bureaucratite» est à la gauche ce que la «privatite» est à la droite.

Qui dit social-démocratie dit armée de fonctionnaires et lourde bureaucratie.

Une lourde bureaucratie est coûteuse et paralyse les services.

Une minorité qui dicte sa volonté à une majorité peut créer de graves injustices.

Les besoins des Amérindiens ne sont-ils pas plus culturels que monétaires?

Les immigrants nous joignent pour se bâtir un avenir, les Amérindiens ont vu le leur mourir.

Des minorités ethniques se regroupent et reprochent à la majorité de les exclure.

Une minorité groupée lutte plus pour se maintenir que pour s'intégrer.

Un accommodement raisonnable n'est pas de l'«à plat ventrisme».

Le bon peuple s'indigne devant l'inacceptable, l'intolérable, le scandale et l'injustice.

Le bon citoyen, comme le bon peuple, est tolérant, le contraire de la meute ou de la foule qui lynche ou lapide.

Gouverner est prévenir les réactions fatalistes négatives des citoyens.

La conscience morale des citoyens s'écroule ou s'estompe quand tout devient relatif.

Jacques, loyal avec les siens, fraude l'impôt sur le revenu.

Pour des citoyens, réussir à ne pas payer d'impôt est un art.

On dit qu'un riche qui brigue les suffrages aurait moins de besoins à combler...

On légifère avec de bons diables comme avec des mécréants?

Il est inacceptable d'entendre un discours, quand la situation exige de l'action.

Bienvenue à un chef qui a une grosse tête et qui règle des problèmes gros comme sa tête.

Pierre se méfie des politiciens qui connaissent son bien mieux que lui.

Les défenseurs du statu quo, en démocratie, en tirent profit.

Le «y fait chaud, ça pue et on est ben» est le crédo des blasés.

Si les citoyens modérés tolèrent l'intolérable, ils ouvrent la porte à l'extrémisme.

Les extrémistes obligent les dirigeants à se dévoiler.

Les partis d'extrême gauche ou d'extrême droite sont-ils des sectes?

Les partisans de toutes les causes sont des agitateurs ou des anarchistes.

Dénoncer les injustices et les abus de pouvoir ne suffit pas, pour les éliminer.

Un excès de compassion pour les *losers* en fait des victimes sublimes.

Avec les deniers publics, il est préférable de soutenir les gagnants que d'aider les *losers*.

Pierre croit que la carotte ou le bâton ont peu de pouvoir avec des *losers*.

Les deniers investis pour garder les citoyens dans le droit chemin sont rentables.

Des idéologues rêveurs voient les handicapés comme n'en étant pas.

Les profiteurs et les exploiteurs ont le pouvoir de se multiplier...

En Occident, les élus ont socialisé les dettes des banques privées et refilé la facture aux contribuables.

Les honnêtes contribuables paient les factures des irresponsables et des criminels.

Qui ose affronter un tyran qui se donne droit de vie et de mort sur ses concitoyens?

Qui ose s'opposer à un dictateur appuyé par une garde et une armée serviles?

Un dictateur est un polisson qui se prend au sérieux.

La gauche ou la droite est courageuse ou lâche.

Le pouvoir dit oui ou blanc, l'opposition dit non ou noir.

Un citoyen «branché» à gauche serait plutôt émotif; à droite, plutôt rationnel.

Un parti politique «branché» à gauche ou à droite écarte ou se prive de lois nécessaires?

La gauche, si elle s'attendrit, devient colombe, et la droite, si elle s'endurcit, faucon.

La gauche déplore ne pouvoir donner plus, et la droite, ne pouvoir contrôler plus.

Les hurlements d'une meute syndicale et journalistique de gauche contre toute décision jugée à droite sont «bébêtes».

Qui défend le patronat et le secteur privé en social-démocratie est taxé de nazisme...

Dans un conflit, celui qui se dit neutre est vu comme appuyant la thèse adverse.

Quelqu'un indirectement impliqué dans un conflit et qui s'en lave les mains joue au Ponce Pilate.

L'État ne peut aider plus un artiste populaire dans le besoin qu'un simple citoyen.

Un programme de parti politique doit contenir plus qu'une façon d'éteindre les feux...

Big Brother, aidé des policiers et des spécialistes, doit-il suivre les citoyens soi-disant dangereux?

Un Big Brother empiète sur la vie privée et la liberté des citoyens.

Un déséquilibré, un tueur en série ou un terroriste peuvent créer une psychose collective.

Un fait qui soulève l'indignation générale est-il ignominieux, ou la goutte de trop ?

Pierre vote pour un parti sans lui aliéner sa liberté.

Une révolution perturbe, le statu quo tue, et une saine évolution régénère.

En démocratie, voter des mesures d'exception nécessaires est de la bonne gouvernance.

Une exception confirme l'existence d'une règle, se négocie et doit être justifiée.

Les démocraties sont-elles allergiques aux réformes qui perturbent le climat social ?

Peu importe le pays, les enlèvements et le terrorisme, c'est de la « merde »…

Israël, une soi-disant démocratie contre des voyous…

Un révolutionnaire doit savoir qu'en saine démocratie, on essaie d'accélérer l'évolution.

En saine démocratie, utiliser la violence pour promouvoir une cause ne se justifie pas.

En saine démocratie, les élus peuvent terroriser les terroristes.

Sous la tyrannie ou une caricature de démocratie, les révolutionnaires sont des patriotes.

Dans un militant peut se terrer un fanatique, et dans un croyant un intégriste.

Un tortionnaire ou un terroriste est-il un patriote ou un martyr, pour ses concitoyens ?

Le rôle de bourreau ou de tortionnaire se transmet-il de père en fils ?

Un gouvernement qui pousse une opposition juste à la clandestinité se conduit-il en terroriste ?

Le politiquement correct ne reprend-il que le «qu'est-ce que les voisins vont dire» d'hier?

Le politiquement correct, sacrifiant l'être au paraître, n'est que fourberie.

Le politiquement correct vient-il d'une coalition d'éteignoirs, ou de bien-pensants?

Un ministre esclave du politiquement correct prend ses responsabilités en robot.

Le politiquement correct prône la «piasse», l'électoralisme et les cotes d'écoute.

Le politiquement correct tue la liberté d'expression, prône la langue de bois.

Le citoyen adopte-t-il le politiquement correct des politiciens ou des journalistes?

Le politiquement correct reflète le «super-ego» des bourgeois.

Le politiquement correct étouffe toute critique adulte au service de la vérité.

La dictature du politiquement correct se vêt des chartes des droits de l'homme.

Le politiquement correct voit le diplomate qui grimace comme s'il souriait.

On permet l'avortement d'une main, et on abolit la peine de mort de l'autre...

Comment aider l'Inde et la Chine à ne pas éliminer d'embryons féminins?

Seule une haine profonde explique la destruction du World Trade Center.

Les Chinois diront demain: «À notre tour de dominer!».

Soljenitsyne, enfermé 8 ans et exilé, a survécu à Staline, et Mandela, enfermé 27 ans, a vaincu l'apartheid.

Gandhi et Mandela, fermes et tenaces, ont gagné leur combat en versant peu de sang.

En 2011, des rebelles arabes, appuyés par l'Occident, ont décidé d'en finir avec la tyrannie et la pauvreté.

Israël, après plus de 50 ans de visibilité dans le monde, cédera-t-il sa place?

Si l'État d'Israël se vote le droit de coloniser le territoire palestinien, est-ce du terrorisme légal?

En Israël, Shimon Peres fut une colombe qui le resta, éclipsée par des faucons.

Pour Shimon Peres, la tolérance séduit les majorités, et l'intolérance les minorités…

Juifs et Palestiniens se disputent le même territoire depuis la naissance d'Israël.

Le mot «concession» perd toute signification en hébreu, quand il est question de territoire…

Les juifs, avec leurs colonies en territoires palestiniens, n'ont-ils retenu de l'*Iliade* que le cheval de Troie?

Pierre, sans appuyer les Israéliens ou les Palestiniens, voit lesquels dominent.

Les «gras dur» penchent pour les Israéliens, les «raides maigres» pour les Palestiniens, et les autres vont avec le vent.

La mort d'un Israélien serait plus grave que celle d'un Palestinien…

Une mère israélienne qui perd son fils souffrirait plus qu'une mère palestinienne…

Les Québécois ont rejeté leur religion, comme les Soviétiques leur idéologie.

Personne ne dira que Jean Paul II n'a pas dénoncé les abus du communisme.

Si les humains sont rendus à sept milliards, tout est prévu à l'ONU, pour 2020?

L'ONU peut-elle orchestrer le bien de l'humanité sans l'appui de tous les pays?

Un incroyant n'attend pas d'aide de plus haut que l'ONU.

Les pays producteurs et vendeurs d'armes ont un droit de véto au Conseil de sécurité de l'ONU.

Nos descendants pardonneront-ils à l'ONU d'avoir trahi son mandat?

La charte qui a créé et défini l'ONU coule de source des évangiles.

L'ONU aura-t-elle un jour un droit d'ingérence dans des pays prouvés «voyous»?

À l'ONU, les pays tirent tous de leur côté avant de tirer dans la même direction.

Que fait l'ONU pour enrayer la multiplication des attentats terroristes?

L'ONU tolère que des enfants meurent de faim et que des peuples s'entretuent…

Les Églises et les ONG sont nécessaires si l'ONU néglige les pays qu'ils aident.

Que mettre au-dessus de l'ONU sinon les dieux Paix, Amour, Justice, etc.?

Qui, sinon L'ONU, mettra les «pétroleux» à leur place?

Le jour où l'ONU rendra les humains meilleurs, elle jouera son rôle.

À l'ONU de contrôler la dictature du capital, du travail, du progrès, de la corruption, des médias, etc.

Les pays de l'ONU se sont-ils voté une résolution qui protège leur identité culturelle?

Des liens avec de nobles valeurs se nouent dans des communautés qui en privilégient.

Les commandements de Dieu sont-ils à l'origine de la Charte des droits de l'homme?

Un chef politique peut avoir un impact énorme et exige un vote libre et éclairé.

Un dictateur règne-t-il avec l'appui de citoyens influents?

Un dictateur craint les complots, en imagine et en déjoue…?

Un candidat au Sénat, dans l'État de New York, doit disposer de 70 millions de dollars.

La lumière naît-elle du choc des idées et la paix, d'un chef qui unit?

D'un consensus de politiciens esclaves ne sort que tergiversations et demi-mesures.

Un ministre intègre ne cède pas aux pressions des lobbyistes voraces...

L'adage *vox populi, vox Dei* est juste avec des citoyens bien informés.

Un empire survivrait plus longtemps s'il donnait autant qu'il retire aux peuples qu'il domine.

L'Empire étatsunien se sert, puis sert les autres, et enfin l'humanité, si...

Barack Obama veut restaurer et redorer le blason de l'Empire étatsunien.

Barack Obama, discoureur habile, ne vise pas à instaurer un monde plus juste et égalitaire.

Un peuple qui élit un gouvernement qui veut dominer les autres le veut aussi.

Un bon moyen de provoquer une guerre est d'élire un Hitler à la tête de son pays.

On ne justifie et n'explique rien en disant que dans la peau d'Hitler, Pierre aurait commis les mêmes crimes.

La destruction du World Trade Center visait le capitalisme qu'imposent les États-Uniens.

Des réformes suivront-elles la folie néolibérale des Reagan, Thatcher, Mulroney, etc.?

Les frais de la justice vont avec le taux de criminalité.

Que dire de ces démocraties qui appuient des dictateurs corrompus pour assurer leur stabilité économique...?

Un dictateur se sert, sert sa clique et asservit les siens.

Pierre, ministre, muni de lois désuètes, fait des miracles; Jacques, muni de lois idéales, ne fait rien.

Les démocrates athéniens savaient que les problèmes remis aux calendes grecques ne se règlent pas...?

Le capitalisme a la fougue d'un cheval sauvage que l'on doit brider.

En démocratie capitaliste-socialiste: syndiqués dispendieux, transfert des capitaux, chômage… Remède: liberté de marché, croissance?

Le socialisme a le cœur d'un Vincent de Paul.

En démocratie socialiste-capitaliste: citoyens égaux, services gratuits, coûts, déficits, faillites… Remède: injection de capitaux?

b- Économiques

Le capitalisme, animal et instinctif, a vaincu le communisme, qui est acquis ou culturel.

L'«à-plat-ventrisme» des politiciens, face aux financiers, explique les injustices et la pollution dans le monde…

Les humains, en se livrant aux financiers, savaient-ils ce qu'ils faisaient?

Les économistes et les financiers s'octroient un rôle de religieux sans faire le vœu de pauvreté.

L'avenir des Occidentaux trop endettés, qui se vendent aux Chinois et aux Arabes, s'annonce sombre.

Les citoyens, qui n'en ont jamais assez, sont les fidèles de l'Église du profit…

Le citoyen honnête croit que l'abuseur réalisera son geste et arrêtera de lui-même…

La valeur d'un évènement culturel se mesure-t-elle à ses retombées économiques?

En Europe, des technocrates ont franchi le Rubicon, évincé les élus, pour régler leurs problèmes financiers.

Dans l'Occident en crise, des ploutocraties aidées de technocrates gouvernent, avec l'appui des banquiers…

Le monde peut être autre que ce qu'il est, et rien n'oblige à adorer le veau d'or.

L'argent est une invention de Satan, tant il séduit.

Pierre et Marie méprisent l'argent, mais Pierre doute de la sincérité de Marie...

Jacques et Fidèle, un p'tit commerçant de chaussures, échangent des propos.

Jacques: Fidèle, te soucies-tu de tes clients?

Fidèle: Toujours!

Jacques: Je t'envoie un client, et tu lui fais un meilleur prix que tu me fais...

Fidèle: Je peux donner ma marchandise si je veux...

Jacques: Aux nouveaux les meilleurs prix!

Fidèle: Je pense à demain.

Jacques: Comme les gros commerçants?

Fidèle: Ai-je le choix?

Jacques: Et moi, je pense à aujourd'hui!

Fidèle: Je t'ai déjà fait la même faveur...

Jacques: Et si je vais ailleurs?

Fidèle: Tu encourageras un gros commerçant.

Jacques: Celui qui me fera le meilleur prix.

Fidèle: Tu cesseras de soutenir un de tes compatriotes pour quelques dollars?

Jacques: La mondialisation, Fidèle!

Fidèle: Est-ce la mort de la solidarité?

Jacques: La morale de l'offre et de la demande, Fidèle!

Fidèle: Et des gros commerçants qui te feront une publicité sur mesure pour te fidéliser?

L'argent, associé aux plaisirs qu'il procure et au bonheur qu'il promet, séduit.

Toute société a avantage à prioriser l'autarcie.

Un patriote encourage le producteur local concurrentiel...

Peut-on dresser des citoyens avec des dollars comme des animaux avec des sucreries?

Battre le fer quand est chaud est-il abuser de la situation...?

Collusion et lobbyisme éclipsent-ils pétitions et manifestations?

La déréglementation favorise les multinationales.

Le capitalisme crée des inégalités dont vit le socialisme.

Un capitaliste se révolte, s'il n'a pas sa part de gâteau.

Les multinationales, mues par le profit, sont le fer de lance de la mondialisation des marchés.

Les industries du tabac et du pétrole paient leurs faramineuses amendes sans faillir…?

Les récessions condamnent la déréglementation, la spéculation et l'endettement aveugles…

Aux États-Unis, démocrates et républicains s'affrontent économiquement, ou politiquement?

Wall Street finance les démocrates et les républicains qui se disputent le pouvoir.

En régime capitaliste, l'argent décide si quelqu'un est quelqu'un, ou est un consommateur.

L'ouvrier a le travail au noir, le commerçant et le professionnel, l'oubli de facturer…

Des pays européens où l'on s'entraide avant de facturer sont acculés à la faillite…

L'offre et la demande: Pierre, dans le besoin, a renchéri sur les prix abusifs de Jacques, qui a sauté sur l'occasion.

Dans un échange, un capitaliste doit l'emporter, pour dormir.

L'«hommerie» et la «femmerie» sont au mieux dans l'actualité économique.

Le citoyen déteste être considéré comme un numéro, un consommateur de plus.

Que dire des vendeurs qui poussent la familiarité jusqu'à s'adresser à Pierre par son prénom…

Les chats: les gouvernements, les tribunaux, les banques, les entreprises, etc.; les souris: les citoyens.

Les araignées: les commerçants, les professionnels, les médias, les criminels, etc.; les insectes: les consommateurs…

Est-ce un hasard si le mot «intérêt» désigne le profit tiré d'un prêt et motive l'agir des individus?

Dans nos démocraties capitalistes, peu importe les principes, avec le quotidien arrivent les «piasses».

La publicité subliminale, subtilement distillée, sournoise, déjoue l'esprit critique des citoyens.

La publicité, chantre du capitalisme, omniprésente, impolie, agressive et peu intelligente, est détestable.

En Occident, les commentateurs ne dévoilent pas la situation économique mondiale réelle.

L'économie, science molle pour une dure réalité, s'apprend plus sur le terrain qu'à l'école.

Qui sait d'où vient l'argent et connaît la précarité du système économique mondial?

Si l'OPEP abuse avec le prix du pétrole, combien de pays se faufilent derrière elle?

Depuis le siècle dernier, les peuples élus sont ceux qui vivent au-dessus d'une nappe de pétrole.

S'il faut un minimum d'aisance pour pratiquer la vertu, un excès flirte avec le vice.

Naît-on capitaliste et devient-on socialiste?

En Occident, les syndiqués capitalistes veulent-ils le pourcentage de profit des patrons?

Lénine et Staline ignoraient que tout socialiser tuerait la productivité…

Le communisme tablait-il sur l'altruisme ou l'angélisme de ses citoyens?

Pierre, qui ose, risque, veut plus, aurait droit à plus selon lui, mais…

En ex-URSS, les prolétaires avaient le minimum, étaient contrôlés, mais instruits, cultivés et soignés.

Le capitalisme a vaincu le communisme en investissant plus dans l'automobile que dans la culture.

En ex-URSS, le Kremlin investissait massivement dans l'armement, alors que les prolétaires se disputaient un pain.

En ex-URSS, les artistes et les journalistes ne jouissaient d'aucune liberté d'expression.

En pays capitaliste, le capital règne ; en pays socialiste, le travail.

Contrairement au travail, qui épuise et ennoblit, le capital ne sue pas.

Les sueurs des pauvres paient les éventails des riches.

Incroyable de voir l'argent investi pour vendre vedettes et produits pour s'enrichir !

En pays capitaliste, récompenser ceux qui s'investissent plus stimule la productivité.

En pays socialiste, atteindre le plein emploi diminue la productivité.

Avec la concurrence, atteindre l'équilibre entre le capitalisme et le socialisme est-il utopique ?

M. Capitaliste et Mme Socialiste s'uniront-ils et feront-ils des enfants « égotruistes » ?

Nos descendants se contenteront-ils d'être correctement logés, nourris et vêtus ?

L'argent ne corrompt pas les citoyens intègres, et encore…

Est-ce fini, les offres d'emploi et les appels d'offres bidon ?

Avec Castro, les Cubains ont survécu à 50 ans de pauvreté dans la fierté ou l'esclavage ?

Avec la chute du communisme, Castro et son peuple sont-ils devenus des David contre Goliath ?

Les Cubains pardonneront-ils à Castro les 50 ans de disette vécus ?

Castro, pendant 50 ans, a joué la tragédie du bon dictateur…

Que les États-Unis étouffent encore Cuba après la chute du communisme ne s'explique pas.

Le marketing : concevoir la publicité et le produit qui rendront la clientèle captive.

Les citoyens de São Paulo ont éliminé la pollution visuelle publicitaire sans causer de faillites…

Les gouvernements règlent en priorité les problèmes coûteux.

Vive la course à l'argent, pour entretenir le chaos mondial!

Puissance et richesse flirtent avec exploitation, faiblesse et pauvreté envieuses avec magouilles.

Une formation polyvalente ou pointue libère de la dictature du capital et de l'emploi.

Un travailleur débrouillard et inventif ignore le chômage.

Créer de l'emploi, c'est bien; la mafia aussi en crée…

L'argent et le pouvoir ont le don de corrompre, et ils l'exercent.

Une honnête concurrence assure des prix raisonnables…

Un intermédiaire est-il seul à évaluer les coûts de ses interférences?

Le marché veut que producteurs et commerçants fassent du profit, maintiennent les prix, sauf si une faillite est possible…

Les consommateurs connaissaient-ils la marchandise détruite pour maintenir les prix?

Le troc fut déjà roi; aujourd'hui, l'argent est le pétrole et le pétrole est l'argent.

Un cadeau trop coûteux, un placement trop modeste, une gifle…?

À qui lui dit: «toué, le riche», répond-il: «toué, le pauvre»?

Du blé et du riz pour vivre, du pétrole pour s'enrichir et polluer.

Avec le troc, les citoyens évaluaient justement leurs échanges…?

Système monétaire: Pierre donne un dollar à Jacques, et il fera le tour du monde si…

Tant que joue la musique, l'argent-dette circule et permet aux détenteurs d'en vivre si un système bancaire en répond.

L'argent-dette est basé sur le dossier de crédit de l'emprunteur qui le garantit.

Les prêts des banques étatsuniennes rapaces à des citoyens insolvables ont démarré la récession de 2008.

Un arbitre s'impose dans les échanges entre un chat et une souris, moins entre deux chats ou deux souris.

Le nombre et les caractères des clauses dans les contrats reflètent leur transparence.

Au Québec, des lois, un ombudsman, l'aide juridique et la Cour des petites créances aident le consommateur.

En régime capitaliste, la collusion de concurrents est courante.

Le capitalisme crée des inégalités de l'ordre de la pure bêtise.

Un États-Unien n'est pas l'auteur de l'énoncé «L'argent est le nerf de la guerre».

Où en serait le terrorisme sans l'arrogance et l'impérialisme des pays riches?

Le capitalisme, né de la loi de la jungle, menace de la reproduire.

Du choc des idées naît le jour, du choc des États la nuit.

Sortir gagnant dans tous ses échanges est-il fomenter la guerre?

Que le plus fort l'emporte est la façon d'entretenir la guerre.

Le spéculateur veut en «siphonner» toujours plus.

Un spéculateur n'est-il qu'un vampire?

Les puissants doivent-ils tirer moins sur la corde, ou en céder plus?

Le mulot niche dans un lieu inaccessible, ou le mastodonte met son pied ailleurs?

Des médecins indiens opèrent des malades du monde entier à des prix défiant toute concurrence.

L'Inde démocratise les prix et les services des riches Occidentaux?

Jacques croit qu'il n'est pas endetté quand son gouvernement l'est.

Jacques, endetté, se console en se disant qu'il y a pire que lui.

Pour Jacques, les dettes de sa communauté ne sont pas les siennes.

Un endettement qui étouffe le citoyen crée des esclaves, une fausse prospérité.

Un lien amoureux relie les proches; un lien culturel et d'affaires, les citoyens.

Le technicien actuel qui refile une facture préfère utiliser la poste.

En pays capitaliste, les lobbyistes, telles des taupes, dirigent à l'insu des citoyens.

Les profiteurs du capitalisme sont d'une exemplaire solidarité.

Jacques, monté en grade, a appris vite à recevoir l'ascenseur et à le retourner.

Les membres des conseils d'administration d'entreprises frauduleuses s'en tirent les mains blanches.

Les élus des conseils d'administration sont les sénateurs de l'entreprise privée.

Le capitaliste a l'obsession de grossir son capital.

Est-il toujours justifié qu'un travailleur intermédiaire gagne plus qu'un de la base?

La marge de profit va avec le coût de la main-d'œuvre.

Un mot de Warren Buffett ou de Bill Gates a un poids de combien de milliards?

Warren Buffet, «l'oracle d'Omaha», a bâti sa fortune dans le but de conseiller un jour Barack Obama?

Pierre a une voiture pour aller d'un lieu à un autre.

Les capitalistes veillent à la formation des futurs consommateurs.

Qui achète un produit dont il n'a jamais entendu parler?

La publicité veut séduire et convaincre le consommateur qu'il sera plus heureux s'il achète tel produit.

Un bon produit a une garantie qu'il n'utilise pas.

Qui achète ces gadgets miraculeux lancés avec force publicités?

Il y a la concurrence sauvage et la civilisée…

L'impact des jeunes sur l'économie occidentale est incalculable.

Le capitaliste prend tous les moyens pour fidéliser sa clientèle.

Le capitaliste vise le profit, et ajoute la qualité si elle est rentable.

La qualité et la durée d'un produit se monnayent.

Le capitaliste programme la durée d'un produit.

L'obésité des consommateurs étatsuniens illustre leur opulence.

Si au Québec abondent les «ventes de garage», dans les pays pauvres, on ratisse les dépotoirs.

Trouve-t-on de l'or, dans un dépotoir de bidonville?

Dans les dépotoirs d'appareils électroniques, on extirpe de l'or au prix de sa santé.

En Occident, un taux chômage à 10% est alarmant, dans les pays pauvres, il est à 50% et plus…

L'économie étatsunienne valse, quand les conseillers financiers, les vendeurs et les avocats mènent le bal.

Les États-Uniens sont en deuil, quand la corruption gangrène leurs institutions financières…

En Afrique du Sud, au mondial de soccer, que de sièges vides!

Avec les miettes qui tombent de la table, qui devient obèse?

Les pays capitalistes prétendaient enrichir les pays pauvres avec leurs surplus…

En régime capitaliste, le travailleur pense à lui avant le bien commun…

L'argent disponible dans nos pays est garanti par les emprunts-dettes des citoyens.

L'argent-dette dans les pays pauvres vaut ce que valent leurs biens et leur P.I.B.

Des affamés de profits veulent satisfaire tous les caprices des consommateurs.

L'inflation: à l'épicerie, le moyen format est le petit d'hier, et le grand de demain.

Au magasin, Pierre attend, et le produit désiré vient en solde.

Quand un produit courant est en solde, Pierre en entrepose.

Pour exploiter le système capitaliste, il faut avoir du temps.

Naît-on vendeur, ou vaut-il mieux apprendre l'art de servir le client sans s'imposer?

Un incompétent, vendeur de boîtes, est un profiteur…

L'art du marketing est celui d'amener le poisson dans son assiette.

La publicité: convaincre le consommateur que posséder plus de biens rend plus heureux.

L'insistance devient du harcèlement, si la volonté de vendre est excessive.

Si un vendeur d'aspirateurs dit qu'ils font des sandwichs, il ne faut pas le croire.

Au Québec, un as du marketing vend un réfrigérateur à un Inuit.

Pierre s'éloigne des vendeurs-enjôleurs qui lorgnent trop son porte-monnaie…

Un consommateur qui ne magasine pas ou ne négocie pas paie le prix fort.

Rares sont les commerçants qui n'arrachent pas le maximum d'un consommateur naïf.

Que Walmart vende des produits équitables, est-ce le comble de l'insolence?

Shell a inscrit sur ses pompes à essence: «Aidez-nous à changer le monde»…

Qui a pensé que le FMI (Fonds monétaire international) achèterait un jour la pauvreté?

Les spéculateurs achètent la pauvreté pour s'enrichir…

Les spéculateurs aiment les épidémies, les catastrophes, les maladies, les mines: en un mot, le rentable…

De la viande pour les riches, et si les pauvres manquent de céréales, les spéculateurs sont là!

Aux riches les végétaux, les animaux nourris de céréales.

Les pauvres, en pays riches, vivent en moyenne 10 ans de moins que leurs concitoyens.

Le stress lié à la pauvreté diminue l'espérance de vie.

Le stress dévore les pauvres, inquiets pour leur dîner.

Il y a le droit aux soins de santé, à l'éducation, au logement, à un juste salaire etc., mais à la bouffe…?

Les pays pauvres s'endettent, les intérêts et les déficits grimpent de plus en plus, et la faillite menace…

En Occident, l'offre excédant la demande, la publicité est envahissante…

Les médicaments brevetés ont des effets scientifiquement prouvés et connus, alors que les produits naturels le sont empiriquement…

La grosse vitrine et petite marchandise est plus fréquente que l'inverse.

La publicité de bouche à oreille est la meilleure, mais elle ne franchit pas les océans.

Pierre se sent agressé par ces produits et ces vedettes propulsées par les médias.

Publier son numéro de téléphone est-il ouvrir la porte à tous les vendeurs?

Seuls des riches peuvent acheter des biens mûrs pour la poubelle tôt après l'achat…

Les meilleures aubaines sont celles auxquelles on résiste.

Pierre n'achète pas de billets de loterie, il veut en rendre d'autres heureux.

Qui, pour une publicité, peut demander à quelqu'un de se comporter en pitre?

Les spécialistes sont payés à l'unité, aux mots et aux gestes posés.

Des spécialistes payés à l'acte ne les étirent jamais…?

La haute bourgeoisie a toujours su user et abuser de sa richesse.

Enrichir artistes et athlètes qui vivent comme des hurluberlus…?

Gaspille-t-on de l'argent, quand la majorité des humains mendient?

Les capitaux, tels des cerfs-volants sans corde, «volent» à l'abri des impôts, et les élus assistent au «vol»…

L'argent volé par les abuseurs capitalistes vole vite dans les paradis fiscaux.

La pègre blanchit l'argent sale dans les paradis fiscaux.

Les capitaux ne «suent» pas, ils obsèdent les spéculateurs.

Les paradis fiscaux profitent aux riches, aux millionnaires et au crime organisé.

Des vautours s'enrichissent dans les paradis fiscaux...

Les paradis fiscaux haussent les taxes des citoyens de la classe moyenne.

On dénonce le travail au noir, peu les évasions fiscales.

La santé financière mondiale passe par l'abolition des paradis fiscaux.

Les contribuables savent pourquoi les gouvernements ont cessé d'exiger la transparence des paradis fiscaux?

Où la Suisse, Monaco, le Luxembourg, etc., prennent-ils leur argent pour être si beaux, si...?

L'économie souterraine détruit l'équilibre financier d'un pays.

Le riche qui a le cœur grand comme sa fortune est bien vu.

Si le travail de mille pauvres enrichit un industriel, son capital peut créer mille emplois.

En tout chef d'entreprise se révèle un ambitieux capitaliste avant un créateur d'emplois...

Le profit a-t-il inspiré le travail à la chaîne, qui exige un effort léger et répétitif?

L'argent séduit Pierre, qui y associe le pouvoir et le plaisir.

Pierre, travailleur autonome, ignorait que ses clients étaient autant de patrons.

En régime capitaliste, l'occasion fait le larron, ou l'argent séduit le citoyen qui en rêve.

Le papier d'emballage, pesé avec le filet mignon, coûte cher la livre.

Un fonctionnaire mal payé tend la main; bien payé, il veut conserver son emploi.

En démocratie capitaliste, Pierre monnaye ce qu'il apporte de spécifique.

En régime capitaliste, Pierre est-il tenu de créer son emploi ou de séduire un employeur ?

Un travailleur libre, seul ou avec d'autres, s'exploite en créant ou en se greffant à une firme qui produit un bien utile.

Les États et les religions doivent rappeler leurs devoirs à leurs citoyens et à leurs fidèles.

Jacques se demande ce qu'il fera si l'argent n'entre pas plutôt que ce qu'il fera s'il entre.

Les Occidentaux devraient-ils parler du «deux tiers monde»…?

Les peuples colonisés s'en sortiront s'ils se libèrent de leur psychisme de colonisés.

De son séjour à Haïti, Pierre a retenu qu'il vaut mieux consommer qu'être consommé.

L'éducation permettra d'enrayer la pauvreté, si…

Émouvoir les citoyens avec la pauvreté est facile, l'éradiquer…

Le citoyen aisé et cultivé n'a pas à mépriser le pauvre et l'inculte, mais à l'aider.

Sans alternative, peut-on refuser aux enfants des pays pauvres de travailler ?

De peuples ou de personnes pauvres, peut-on exiger de fortes redevances ?

Les pays pauvres causent des pandémies qui les dépassent.

Il est sage d'éviter que les «piasses» n'interviennent trop entre des proches.

S'il y a le pollueur et l'utilisateur payeur, ne devrait-il pas y avoir le marginal payeur ?

Si un jour les Occidentaux ne privilégient que les services, qu'échangeront-ils ?

La sous-traitance en pays pauvres crée du chômage chez soi.

La Chine obtient, copie et exploite notre technologie.

Demain, la Chine monnayera-t-elle les dettes de l'Occident ?

Un vrai capitaliste exploite une récession ou une faillite.

Où sont ceux qui traitaient d'alarmistes les dénonciateurs des abus du capitalisme?

Des affamés de profits rivalisent d'effronterie avec des drogués en état de manque.

Que coûteront aux contribuables les abus financiers à l'origine de la récession de 2008?

Les responsables de la crise financière mondiale de 2008 en paieront-ils le prix?

Les pays du G8 ont gentiment dénoncé les abus financiers immoraux des capitalistes voraces.

Aucun coupable, tout fut légal, une récession secoue le monde, et les déficits des pays grimpent...

Que PDG et cadres d'une entreprise reçoivent de généreux «bonis» avant une faillite...

Que propriétaires et cadres liquident leurs parts à bon prix avant la déconfiture...

La justice ou l'égalité se mondialiseront si la volonté de les établir part des riches vers les pauvres.

La morale issue de la loi de l'offre et de la demande est celle de la publicité et du profit.

Si la concurrence joue son rôle, le consommateur en profite.

Plus les concurrents sont proches et familiers, plus les collusions comme la consanguinité font des ravages.

Si la demande baisse, le vendeur s'agenouille.

L'ONU accepte un monde où la pauvreté des uns explique la richesse des autres...

L'ONU accepte un monde où deux citoyens dorment et cinq sont anxieux...

Un monde injuste signifie-t-il que les pauvres le seraient davantage dans un monde égalitaire?

Les capitalistes imposent une loi de la jungle où les gros dévorent les petits sans aider leur espèce.

Un niveau de vie plus bas et plus égal pour tous donnerait-il un monde plus heureux?

Jusqu'où et jusqu'à quand une réglementation sévère protégerait-elle contre des spéculateurs véreux?

Lula, président du Brésil, a exposé à l'OMC les attentes des pays pauvres qui attendent...

Les subventions à l'agriculture des pays riches sont catastrophiques pour les pays pauvres...

Que fait-on des rapaces qui enregistrent et exploitent le savoir des agriculteurs des pays pauvres?

Qui exige de gros intérêts de ses placements ignore-t-il que les pauvres les paieront?

Les Africains, pour qui temps ne rime pas avec argent, sont-ils condamnés à la pauvreté?

Dans un monde qui court, on balaie le pays qui marche.

Vus d'ici, les Africaines triment et les hommes guerroient.

Les industriels cherchent le profit; les humanistes, le bien de tous.

La volonté du G8 de maintenir son *leadership* économique va avec le profit qu'il en tire.

Le G8 veut replâtrer un système économique basé sur les dettes au lieu de l'acquis ou l'épargne.

La rapacité des banques explique qu'elles aient accepté de mauvaises créances...

En 2007, la CDPQ (Caisse de dépôt et placement du Québec) a perdu 40 milliards, dont 13 en papiers commerciaux.

Les «experts» de la CDPQ, qui ont géré une perte de 40 milliards, ont reçu 4 millions en prime...

En 2008, les financiers de Wall Street auraient dû lire la fable de La Fontaine *Perrette et le pot au lait*...

Tant que les financiers s'emballeront, ignoreront les leçons du passé, ils gonfleront des bulles de plus en plus grosses.

Le slogan de demain : « Plus vous dépensez, plus vous épargnez ! »

Les politiciens du G8 qui ont instauré le néo-libéralisme n'ont eu aucune compassion pour les mal gâtés par la vie.

Les excès du libéralisme tuent l'économie, les spéculateurs jubilent, et tous perdent.

L'idéal étatsunien est qu'un citoyen, parti de rien, s'enrichisse dans un monde économique déréglementé.

Quand les riches dilapident ou cachent leur avoir dans les paradis fiscaux, la pauvreté s'accroît.

L'imputabilité, l'immunité comme la sécurité d'emploi se méritent.

Qu'attendent les États-Uniens pour ériger un panthéon en l'honneur de leurs saints milliardaires ?

Quand politiciens et financiers clament que les vigies sont des alarmistes, les catastrophes se multiplient.

Les aînés Warren Buffett, son conseiller et sa secrétaire gèrent un empire financier colossal.

Les milliardaires et les multinationales pensent au profit, avant de penser au bien des leurs et de l'humanité.

Obsession capitaliste : ça rapportera combien ?

L'ONU a-t-elle été détournée de ses fins ?

L'économie occidentale et sa locomotive étatsunienne, enlisées dans les dettes, décroissent.

En période de récession, est-on dans un cycle de surplus et de profits, ou de déficits et de réductions ?

Quand un empire se maintient grâce aux mercenaires, le déclin est amorcé.

Y a-t-il un consommateur de la classe moyenne qui n'en a pas ras le bol des abuseurs et des profiteurs du prix du pétrole ?

La tyrannie des financiers et des spéculateurs à la bourse démontre que le capitalisme calque la loi de la jungle.

La droite donne et prend, la gauche prend et donne.

En 2012, combien de pays occidentaux sont en récession ou le seront?

Le XXIe siècle introduit-il un siècle de récession, ou de croissance?

Avons-nous exporté notre savoir et nos emplois aux pays émergents par générosité?

Innover pour croître, faire des échanges justes et équitables, est-ce utopique?

Les banques et le système économique mondial vivent d'intérêts…

Des citoyens solidaires se rendent des services, répondent à leurs besoins, sans exiger de faire des profits.

Si nous éliminons le travail au noir, combien de villages, de villes et de pays acculons-nous à la faillite?

Nos grands-mères disaient que s'il y en a pour deux, il y en a pour trois, si on ajoute un peu d'eau à la soupe.

Harper, avec la réforme de l'assurance emploi, payée par les travailleurs, ne fera-t-il qu'un énorme gâchis?

Imposera-t-on l'austérité aux citoyens, ou opteront-ils pour la simplicité volontaire?

Les pays socialistes s'en tireraient-ils mieux si une autre crise financière et économique éclatait?

Des *leaders* ont toujours voulu contrôler l'évolution de leur société.

L'establishment qui se développe élimine ceux qui tirent en sens contraire…

Depuis la création de l'ONU, les membres du Conseil de sécurité ont-ils choisi leurs intérêts, ou ceux de l'humanité?

Maladie auto-immune:
Le système capitaliste croît avec la consommation et décroît avec l'endettement…

Le système capitaliste veut gagner temps et argent, et en exige pour y parvenir…

Des «réformettes» ont suivi la récession de 2007-2008…

Les États-Uniens croient-ils encore en leur rêve?

c- Judiciaires

Un crime est une impolitesse, un manque de civisme plus ou moins grave.

En France, on prouve son innocence ; au Canada, la justice prouve qu'on est coupable.

Sans le libre arbitre, les humains sont des êtres irresponsables...

Si on ne peut établir la culpabilité des membres de la pègre, leur demande-t-on de prouver leur innocence ?

Un pays pauvre peut-il bien traiter ses criminels ?

Le pouvoir législatif élabore des lois, et le pouvoir exécutif veille à leur application.

Les lois précisent les droits et les devoirs des citoyens.

Juger un criminel consiste à lire ses intentions.

Constater qu'un bandit est un bandit constitue un fait.

Un juge ne juge que quand il condamne ou absout un accusé.

Un juge lumineux vaut-il mieux que 12 jurés éteints... ?

Les policiers, le juge, les avocats de la couronne et de la défense et le jury décident du sort du criminel.

Un juge a raison de condamner un coupable, et la maman de pleurer.

Le citoyen distingue-t-il entre l'esprit et la lettre d'un principe ou d'une loi ?

Obéit-on à l'esprit et à la lettre d'un principe ou d'une loi ?

Jacques n'obéit qu'à la lettre d'un principe ou d'une loi.

On légifère pour assurer la justice, ou pour prévenir le crime ?

Un comportement ou un geste sont plus moins moraux ou légaux.

Entre le moral et l'immoral, le bien et le mal, le neutre ?

Le légal, comme une porte, est ouvert ou fermé, acquitte ou condamne.

Une porte entrouverte est ouverte : un chat peut y entrer.

Un citoyen qui commet un larcin n'est pas un ange.

Le jugement dernier répartira les tièdes en chauds et en froids.

Voter des lois et des règlements pour prévenir le crime fait qu'on oublie l'idéal pour l'admissible.

Pierre et Jacques marchent-ils avec le bâton et la carotte ?

Pierre, en respectant la loi, est récompensé s'il n'est pas puni ?

Privé de carotte, le fautif est puni en double ?

La peur du châtiment est propre à un enfant battu.

Le juste n'agit et ne réagit-il pas par conviction ?

S'il y a punitions et récompenses, s'équilibrent-elles ?

Réhabilite-t-on le criminel sans d'abord lui servir sa propre médecine ?

L'adage *Œil pour œil, dent pour dent* peut convertir un novice, non un criminel endurci.

Les clans criminels s'entredévorent ou s'entretuent sans opter pour le droit chemin.

Les citoyens, qui paient pour les criminels, exigent en retour qu'ils expient leurs crimes.

Combien de criminels se jugent innocents, s'ils ne sont pas pris ?

Un moraliste voudrait que les béatitudes précèdent lois, règlements et sanctions.

Les politiciens votent-ils des lois qui défendent le bien commun, ou réagissent-ils aux faits divers des manchettes ?

Les humains ne légiféreraient pas s'ils étaient des anges.

Pierre ferait une confiance aveugle aux humains, s'ils étaient des anges.

Sans criminels, la justice distribuerait à chacun son dû.

Un juge innocente ou condamne, ne pardonne pas.

La gravité d'un crime, commis par inconscience ou par ignorance, change-t-elle ?

Un crime « social » est-il un geste antidémocratique ?

Les exploiteurs de la bonté instinctive des autres sont doublement criminels.

Les humains sont tous des innocents pacifiques, et ils se dévorent ou s'entretuent dans la cabane.

Sur le plan moral, les humains sont des mulâtres…

La canaille profite du vide ou de zones grises juridiques…

Les humains, des moutons gris guidés par des blancs ou des noirs.

Tous coupables, on se déculpabilise avec des boucs émissaires.

Avant de créer une brigade policière, pourquoi ne pas visionner le film français *Les Ripoux*?

Le péché mignon d'un fonctionnaire : travailler au noir, ou payer sans facture.

Le capitalisme sauvage ou une caricature de démocratie livre une société aux crapules…

Corriger les mœurs avec mollesse fait des fautifs des mous…

La justice défend des valeurs, ou rétablit l'équilibre ?

Deux ennemis s'affrontent en nous : le bien et le mal.

La loi condamne l'illégal ; la morale, le vice.

L'éthique ou la morale transcende le droit et l'économisme.

La loi est dans le texte, la morale dans le cœur.

L'apparence de conflit d'intérêts ne le prouve pas, et en semer le doute est déjà criminel… ?

Pourrait-on en appeler de la décision d'un médiateur ?

Aller en appel implique que l'on va devant plus sage…

Des principes expliquent la conduite de Pierre, et des lois, celle du citoyen.

Pierre suit l'esprit et la lettre de ses principes et de la loi.

L'intégriste et le légaliste interprètent littéralement la morale ou la loi…

La morale, basée sur l'amour, émet des préceptes; la loi, basée sur l'équité, des règlements.

Du jugement et de l'information génèrent une opinion fondée.

Le journaliste condamne, d'une part, ou absout vite, d'autre part, bourreaux et victimes.

Le reporteur s'en tient-il aux faits, ou les colore-t-il?

Qui détient toutes les cartes pour juger d'un fait divers négatif dans les médias?

Le proverbe *L'occasion fait le larron* insinue-t-il que tous succombent si se présente une occasion?

Que l'on dise à tort et à travers qu'il n'y a pas de fumée sans feu ouvre la porte à l'injustice.

Avec les rumeurs, il y a de la fumée sans feu.

Si la justice punit les criminels, la vindicte populaire, soulevée par les médias, est justifiée?

Le «ce que vous direz sera retenu contre vous» des policiers se vit chaque jour, avec son entourage.

En démocratie, une réglementation hérite-t-elle de l'autorité de la loi qui la justifie?

Une loi a une portée générale et donne naissance à des règlements.

Peut-on contrôler une réglementation du piratage de la musique sur Internet?

Le législateur exige-t-il plus que le minimum acceptable pour obtenir le nécessaire?

Avant un jugement, déterminer qui de l'œuf ou de la poule précède est essentiel.

Dans un conflit, l'important est-il de riposter qu'on a riposté…?

Il faut de tout pour faire un monde, sauf des dictateurs, des criminels, des…

La démocratie athénienne a produit un Périclès et un Alcibiade; la République romaine, un Cicéron et un Catilina…

La Grèce antique a produit un Socrate, un Sophocle et sa tragique Antigone, et des lâches…

Une magouille juridico-économico-politique se règle si un ou des héros se sacrifient, et encore…

Est immoral ce qui nuit à l'autre ou au bien commun.

L'immoralité n'a pas sa place, pas plus en politique qu'en finances.

L'immoralité vient de l'abus, légal ou non, de l'autre.

Il est criminel de détourner une institution, une loi ou un règlement de leurs fins.

Si les codes d'éthique sanctionnaient les cas d'«hommeries» et de «femmeries» selon leur gravité…

Hier, le fautif violait la morale, une loi ou une charte, aujourd'hui, la loi de l'offre et de la demande.

Les chartes des droits et libertés ont omis de faire de l'irresponsabilité le péché des péchés.

Un code d'éthique doit protéger d'abord la clientèle.

Pierre a un réseau de personnes qui l'aident et qu'il aide «au noir»…

Rien ne légalise une injustice, même si elle s'explique.

Transformer des vaincus en esclaves était, est et sera toujours ignoble.

Le mal ne valorise en rien le bien, qui l'est en soi.

La sentence d'un juge pèse, évalue un geste criminel.

Qui peut décréter qu'un criminel n'est plus un humain?

Que gagne un conflit entre des proches à être étalé sur la place publique?

Est-il juste de punir le criminel pris et de laisser libre le rusé qui a su se planquer?

Trop se mêler de ses affaires aide-t-il les escrocs?

Un criminel en liberté en demeure moralement un.

Ne condamne-t-on pas un criminel par contumace?

On attrape un délinquant avec un hameçon, et une crapule avec un filet.

Une crapule, perçue comme honnête, en abuse toujours.

Les mafiosi contrôlent une démocratie s'ils s'allient aux élus.

Ne donner de l'aide à qui en demande que si l'on est sûr qu'il est dans le besoin.

Au législateur de prévoir les Vincent Lacroix, à Pierre de se méfier des Earl Jones.

Un policier rusé, telle une araignée, sait où tendre sa toile.

Où ajouter des griffes à la justice, quand des avocats offrent de poursuivre pour la moindre erreur ?

Lorsqu'un juge compétent se prononce, l'homme de la rue ferait-il mieux ?

Un juge audacieux et de son siècle se réfugie-t-il dans la jurisprudence ?

La jurisprudence est par essence conservatrice.

Un juge courageux consulte la jurisprudence d'un œil.

Une courroie de transmission a le mérite d'un robot.

La sentence d'un juge doit être juste aujourd'hui.

Pierre accepte des zones grises juridiques si les conséquences sont minimes.

Condamne-t-on quelqu'un qui vole une Bible ?

Une amende punit selon la fortune du fautif.

Un citoyen honnête trouve-t-il les sentences pour les crimes économiques assez sévères ?

Quand voler les épargnes de travailleurs entraînera-t-il de vraies sentences ?

La Cour suprême, en légalisant l'échangisme, voulait-elle encourager la natalité ?

Les personnes généreuses ont le droit de récidiver, pas seulement les criminels…

Un juge relit l'Évangile avec un vandale, un pyromane ou un «délinquant narcissique»…

Retrouve-t-on sa maison violée et pillée sans en maudire le coupable?

Un geste criminel commis par infantilisme ou étourderie a-t-il la même gravité?

Les «tireurs fous» ne sont pas des tueurs à gages.

Un «fou» est juridiquement irresponsable...

Quels préjudices moraux répare-t-on avec des dollars?

Pour instaurer le règne de la justice, les moyens sont choisis et appliqués par des humains.

Les politiciens doivent l'emporter sur les économistes, pour maintenir la justice sociale.

Un sage PDG et un bon adjoint font des miracles.

Qui avait prévu le coût excessif des fonds de pension?

Pour exploiter un scandale privé, en nourrir des affamés, il s'agit d'en faire une manchette.

La lenteur abusive des tribunaux internationaux est du terrorisme légal.

L'argument de la légitime défense est lourd dans la balance de la justice.

Au Canada, être innocenté d'un meurtre pour cause de folie passagère est comme l'être aux États-Unis pour légitime défense...

Seuls les riches ont les moyens d'aller en appel en Cour suprême, entend-on.

Quand la justice fait face à de gros noms, elle perd du poids.

Libérer un coupable pour vice de procédure n'aide que la précision juridique.

Un avocat qui gagne tous ses procès illustre l'«hommerie» et la «femmerie».

Les avocats intègres ou fourbes refilent la patate chaude au camp adverse.

Un procès est-il un spectacle où l'on joue au jeu de la vérité?

Un procès criminel a trop de répercutions pour y assister comme à un spectacle.

Un avocat qui tente d'innocenter un coupable joue la comédie…?

Le meilleur avocat est-il le virtuose, le boxeur, ou le comédien qui fait innocenter son client?

Un juge est-il le sphinx impassible et objectif sous l'autorité de qui jaillit la vérité?

L'unanimité du jury, après un duel d'experts, rend sa décision meilleure que celle d'un juge?

Les dernières consignes d'un juge guident ou commandent les jurés?

La sentence émise doit correspondre au préjudice causé.

La décision de première instance d'un jury est sans appel, sauf si on l'a induit en erreur.

La valeur d'un juge lui vient de son art d'appliquer la lettre de la loi en bon pharisien, ou d'en respecter l'esprit?

Si un procès se corse, la lettre de la loi devient capitale.

Entre absoudre un vol légalisé ou innocenter un coupable, où est la différence?

Un jugement qui tarde et condamne le coupable est un plus.

La pression populaire expliquerait la condamnation d'innocents.

Qui peut affirmer qu'un criminel est guéri ou récidivera?

Réhabilite-t-on les mafiosi en leur disant qu'ils ont fait de la peine à Jésus?

Les mafiosi respectent la loi de l'omerta; la mort les attend s'ils l'enfreignent…

Un criminel déclaré dangereux qui en éprouve de la gloire est-il réhabilitable?

Permettre à un criminel de se justifier dans les médias, c'est pactiser avec le diable.

Les coupables de crimes contre l'humanité ou de génocides s'en tirent bien.

Les pires crapules partagent le fruit de leurs vols avec leurs proches.

La prostitution : un service, un métier, un esclavage ?

La prostitution avilit le client et celui qui se prostitue.

Acceptée ou non, l'exploitation reste de l'exploitation.

Une association ou un syndicat de prostitués est-il pensable ?

Les petits voleurs violentent leurs victimes, les plus aisés subtilisent leur identité.

Le roi Salomon est-il célèbre comme juge, ou comme psychologue ?

Le roi Salomon (vers 970-931 av. J.-C.) a découvert la mère du bébé sans analyser leur ADN.

Ponce Pilate se voyait en dehors de la mêlée, le dilettante se voit au-dessus.

Les crimes auxquels on accole le mot « abuseur » ou « agresseur » sont qualifiés d'ignobles.

Un pédophile est réputé plus monstrueux que le pire des mafiosi.

Les criminels « zigouillent », en prison, les agresseurs sexuels.

Incarcérer les criminels sexuels est plus aisé que les réhabiliter...

Les pédophiles ne peuvent se satisfaire au détriment de jeunes vulnérables.

Pour les criminels jugés irrécupérables, laisse-t-on une fenêtre entrouverte pour la ou les exceptions ?

Si une pilule est le garde-fou des dépressifs, une autre serait-elle la solution des pédophiles ?

Chercheurs, généticiens, si vous trouviez le moyen d'agir sur les causes d'une libido anormale.

La peine de mort existe pour les agresseurs sexuels qui, maudits par les leurs, doivent s'exiler ou se suicider.

Agressions et viols, suivis de lapidations, chuteront, si l'on y voit malades et victimes.

Le viol d'une personne ou d'une charte est le crime de l'heure.

Les sentences pour un crime de groupe sont-elles aussi lourdes que celles pour l'individu, selon ses torts?

Pour les crimes collectifs, cerner et sanctionner les torts de chacun devrait être la norme.

Un crime commis à plusieurs atténue la responsabilité de chacun?

Les Canadiens John Gomery, Louise Arbour et Richard Pound ont rehaussé la cote de nos institutions.

Juridiquement, l'aveu et la réparation des crimes contre l'humanité tardent et tardent…

Accusé d'outrage au tribunal, le «polisson» peut-il accuser le «bien éduqué» de l'outrager?

Dans un procès devant juge et jury qui ont les mêmes «préjugés», l'accusé peut-il «brasser ces légaux titrés»?

Est-il prévu qu'un criminel, devant jury, dont les mobiles sont complexes, s'exprime librement, le temps voulu?

Socrate attaquait l'injustice, et l'Aréopage le condamna à mort prétextant qu'il détruisait les dieux auprès des jeunes.

Un 11e commandement de Dieu dirait de voler légalement ses frères?

La collusion inhérente à l'activité économique est domptable avec plus de perspicacité des élus.

Une société est décadente si l'immoralité règne, et si les criminels agissent impunément et au grand jour.

Se battre contre les crapules mafieuses ou légales est toujours une question de principe.

Claude Wagner, ministre de la Justice (1965-1966), éradiqua la pègre sans lois ni brigades spéciales.

Les petites crapules construisent leur casier judiciaire, les grosses, il faut les aider, et la main-d'œuvre coûte cher.

Pourquoi la «machine» qui crée les casiers judiciaires hésite-t-elle autant à créer ceux des financiers véreux?

La justice exige des preuves en béton par crainte de commettre des erreurs, ou pour s'ouvrir des portes…

Enquêtes policières, commissions d'enquêtes, faut-il effrayer les crapules, sinon…?

Avec les primes au rendement, des experts risquent-ils les deniers publics, pour gonfler leur salaire…?

Si la corruption est un virus, elle peut devenir une pandémie.

Les citoyens se font justice, en l'absence des tribunaux.

Une révolution ou une guerre civile partent de loin…

En saine démocratie, si une manifestation tourne à l'émeute, les policiers défendent leur vie, leur emploi, la paix sociale.

Une révolution ou une guerre civile s'éteignent, faute de combattants.

Demande-t-on aux rebelles arabes de pardonner à leurs tyrans et aux meurtriers de leurs frères?

Tolérance zéro: la justice peut-elle déceler et sanctionner tout détournement des deniers publics?

Le *playboy* étatsunien Hugh Hefner a fait fortune avec la revue «féministe» *Playboy*…

Hugh Hefner, vedette étatsunienne, vit avec sa énième jeune épouse et deux nymphes.

Avant Louise Arbour à la tête du tribunal international, les Milosevic terminaient leur jour dans une villa.

Le tribunal international prend 10 ans à juger un tyran, et des Roumains ont jugé et exécuté le couple Ceauçescu en 30 minutes.

Les Roumains, qui ont assassiné les Ceausescu, nous ont épargné de dérisoires et coûteux procès.

Les rebelles, en tuant Kadhafi à sa façon, ont permis aux Libyens d'exorciser leur rancœur.

C- L'environnement

Avec la pollution, Pierre et Marie se sentent comme Adam et Ève après le péché originel.

Pour Pierre, le négatif imposé à notre terre nourricière s'accumulerait de façon exponentielle…

Le moteur à vapeur et à essence explique la richesse de l'Occident.

La roue a donné l'automobile, et le réchauffement climatique.

Le pétrole a révolutionné l'économie mondiale, comme les richesses du Nouveau Monde.

De 1945 à 2012, 67 ans d'industrialisation et de règne du pétrole ont souillé notre planète.

L'exploitation des gaz de schiste rapportera à qui, à long terme, et sans graves dégâts?

Qui ne fut pas ahuri de savoir que le sous-sol de la vallée du Saint-Laurent a été vendu pour rien?

En 2012, les États-Uniens rivalisent avec les Japonais et les Chinois pour produire l'automobile électrique.

Un fait comme la pollution est un fait, s'il est admis.

Pour enrayer un problème écologique, en cause-t-on un pire?

Les défenseurs «extrêmes» de l'environnement sont-ils des intégristes verts?

Pierre, pollueur par nature, a le droit de vivre.

Qui accepte de voir des vandales détruire son milieu?

Un pays oblige-t-il les industries et les commerces à utiliser des matériaux faciles et peu coûteux à recycler?

Les humains pollueurs survivront s'ils recyclent leurs produits.

En environnement, citoyens et gouvernements s'attendent.

Le danger connu, on a multiplié les centrales nucléaires.

Que savons-nous des armes bactériologiques?

Des pêcheurs ont exterminé la morue de l'Atlantique, et d'autres espèces ont suivi…

Sauvera-t-on les emplois et l'environnement avec l'aquaculture?

Nos descendants nous reprocheront-ils d'avoir «chosifié» ou produit en série les animaux domestiques?

Les animaux sauvages protégés condamnent les braconniers.

La rentabilité d'un barrage éclipse la poésie d'une chute.

Au Québec, détourner la rivière Rupert est un crime contre la nature.

Tant que l'environnement passera après l'économiquement légal, l'humanité sera vouée à sa perte.

L'électricité est-elle un bien aussi essentiel que l'air et l'eau?

La pollution diminuera si on élimine nos faux besoins.

Sans se gaver ni vivre la simplicité volontaire, il y a un milieu?

La pollution de l'air cessera quand le smog tuera.

L'information sur l'environnement atteint des convertis?

On dit alarmistes les vigies qui dénoncent la pollution généralisée…

Une vigie n'a rien d'un négativiste, qui est l'alarmiste…

Des industries et des produits payants, mais nocifs pour la santé et l'environnement furent créés de bonne foi…?

Des «savants» nient la nocivité flagrante de produits toxiques.

L'agriculture biologique rivalise-t-elle avec Monsanto…?

Est-ce l'activité humaine ou le soleil qui a causé le réchauffement climatique?

Si l'activité humaine pollue et vide les océans, ne peut-elle pas perturber aussi le climat?

Les satellites et la conquête spatiale ont pollué l'espace…

L'ONU protège-t-elle le climat, l'atmosphère, les océans, les animaux migrateurs, etc.?

Les scientifiques qui étudient la nature ne peuvent la défendre contre les pilleurs et les braconniers.

L'ONU s'imposera-t-elle avant que la planète soit invivable?

Les scientifiques qui étudient la planète sont-ils ses gardiens…?

La nature se violente avec ses volcans, ouragans, sécheresses, incendies de forêts, épidémies d'insectes, etc.

La violence n'est que destructrice, ou évolutivement régénératrice?

Pierre, conscient du milliard d'humains qui n'ont que du riz, se questionne au supermarché…

S'il n'est pas plus rentable financièrement de polluer moins, la planète continuera de péricliter.

Demain, comment verra-t-on le pétrole, qui explique notre richesse?

On endosse les catastrophes causées par ignorance…?

Les fléaux affectent davantage les pays pauvres.

Qui fait confiance aux financiers qui lorgnent l'Arctique?

Les pétrolières ont-elles maximisé les précautions avec leurs pipelines et leurs plateformes en mer?

Que BP, le «Bien-aimé Pollueur», paie les frais de l'explosion de la plateforme Deepwater Horizon.

François d'Assise est un vieil ami de la nature et ferait un bon patron des braves de Greenpeace.

Les religions animistes respectent la vie et la nature.

Des citoyens responsables lèguent aux leurs une table garnie, des finances et un milieu en santé.

Le réchauffement du climat et la pollution ralentiront, si nous sommes courageux et moins voraces.

Les citoyens réalisent ce qu'ils déposent au dépotoir?

Quand je donne de la nourriture à un pauvre, on m'appelle un saint.
Quand je demande pourquoi ils sont pauvres, on m'appelle un communiste[4].

DON HELDER CAMARA

III – Propos et réflexions d'un politologue du dimanche

Nous avons le privilège de vivre dans un pays démocratique. Nous choisissons notre représentant ou le parti qui incarne le mieux nos aspirations. Nous jouissons d'une liberté d'expression enviable, si elle n'est pas synonyme d'insulter nos concitoyens, de les accuser sans preuve ou d'attenter à leur réputation par la médisance ou la calomnie.

Au Québec, nous avons un système de justice qui nous permet de nous défendre contre toute accusation qui pourrait nous porter préjudice, sans égard à notre degré de fortune.

Notre économie est prospère, et des mesures sociales viennent en aide à tous les citoyens. Elles garantissent que tous auront le minimum vital et qu'ils recevront les soins de santé nécessaires. Au Québec, il est possible de faire des études indépendamment du degré de fortune de sa famille. D'autres mesures sociales s'ajoutent en vue d'augmenter l'égalité des citoyens.

Si nos impôts sont élevés, il ne faut pas oublier cette panoplie de services dont nous jouissons. Au Québec, le gouvernement augmente le déficit tous les ans, et les millionnaires sont une denrée rare ; ce phénomène s'explique par le fait que la Révolution tranquille fut une révolution qui a fait du Québec un État social-démocrate où le travail a acquis une importance aussi forte que le capital. Les employés du secteur public et parapublic sont nombreux et bien traités, et des centrales syndicales fortes vont chercher un bon pourcentage des profits des patrons.

---

4 Florence Montreynaud et Jeanne Matignon, *Dictionnaire de citations du monde entier,* p. 180.

Le seul moyen de s'en sortir, pour un peuple conquis comme le nôtre, est de passer l'éponge sur les méfaits de la domination d'hier, pourvu qu'ils soient reconnus et raisonnablement réparés, de se libérer du psychisme d'éternelle victime et de prendre sa destinée en main. Des pays qui ont obtenu leur indépendance et ont souffert d'un colonialisme dominateur, il y en a combien?

Les humains peuvent remonter au péché originel ou à l'homme des cavernes, pour expliquer leur misère et leur désir de vengeance, mais la solution sera toujours à l'agenda de l'actualité. Elle exige de regarder l'avenir plus que le passé, sur lequel nous ne pouvons plus rien, si ce n'est mieux le comprendre, mieux l'expliquer pour construire un avenir meilleur. Si nous pouvions multiplier les Albert Schweitzer, Pasteur, Jean XXIII, Gandhi, Nelson Mandela, Boris Cyrulnic, Hubert Reeves, etc., par milliers et qu'ils détenaient les leviers importants du pouvoir à l'ONU, l'utopique république idéale de Platon pourrait fleurir sur terre du pôle Nord au pôle Sud.

Si des citoyens, réputés sages dans une communauté, acceptaient de donner leur avis aux personnes de bonne volonté qui détiennent le pouvoir, ils élimineraient cette évolution en dents de scie, aideraient à garder le juste milieu et suggéreraient les réformes nécessaires, qui s'imposent pour une plus grande justice sociale, une saine santé économique et le bien de tous.

Ce serait le rôle qu'aurait dû jouer le Sénat au Québec et qu'il devrait jouer au Canada. Cette noble institution héritée de la Rome antique n'a jamais historiquement bien joué son rôle. Il était là et l'est encore pour récompenser, à tour de rôle, les meilleurs serviteurs retraités du parti au pouvoir, les petits amis qui y étaient nommés à vie avec des conditions de travail en or et devenaient des défenseurs d'une idéologie partisane et électoraliste. Revenir aux raisons qui expliquent sa création, en faire un allié pour combattre les effets pervers de l'«hommerie» et de la «femmerie» le légitimerait.

A- Les chefs et les partis politiques

Au Québec, on peut parler de révolution sur le plan politique en ce sens que l'arrivée au pouvoir du Parti libéral, avec Jean Lesage, au début des années 1960, a inversé la façon de voir des Québécois. Avec son slogan «Maîtres chez nous», il précédait, sans être souverainiste, le Parti québécois de René Lévesque, qui l'étendra sur le plan politique à la suite d'un Pierre Bourgault, fondateur du RIN. Daniel Johnson père, entre ces deux chefs, avait lancé le slogan «Égalité ou indépendance», au nom de l'Union nationale (UN).

Avec le Parti québécois, les citoyens ont appris à se regarder comme une majorité au Québec au lieu de se voir comme une minorité dans le Canada, une province sur dix. Ils se sont pris en main politiquement, économiquement et culturellement avec plus d'assurance. Ils ont progressé à pas de géant. Ils ont élu un parti souverainiste, qui a obligé le Canada anglais à les écouter, ils ont créé le modèle québécois d'administration et de gestion, ils ont voté la loi 101, sans laquelle notre langue serait davantage menacée qu'elle ne l'est.

Après Jean Lesage, qui succédait à un Maurice Duplessis qui, déjà, prônait cette idée de l'autonomie provinciale, le libéral Robert Bourassa, au pouvoir lors des évènements d'octobre 1970, fut son plus important successeur. Les René Lévesque, Jacques Parizeau, Lucien Bouchard et Bernard Landry du Parti québécois se sont succédé avant qu'il ne devienne un tiers parti avec André Boisclair. Actuellement, en 2012, le Parti québécois de Pauline Marois, minoritaire, est au pouvoir avec 54 députés, le Parti libéral forme l'opposition officielle avec 50, la Coalition Avenir Québec en a obtenu 19 et Québec solidaire 2. Seul un premier ministre fédéral, animé de l'esprit conciliateur d'un Brian Mulroney, pourrait éteindre ces inutiles tensions entre les deux paliers de gouvernement, ce que le fondateur du Parti québécois avait courageusement appelé le «beau risque».

Dans nos démocraties occidentales, un ministre est imputable et se définit comme responsable d'un ministère. Il est cependant difficile, voire impossible, de le poursuivre en justice pour une gestion douteuse, partisane ou malhonnête. La tradition parlementaire dit qu'un ministre qui n'endosse pas les décisions du Conseil des ministres devrait démissionner ou se taire. Il y a aussi cette autre tradition qui exige qu'un député vote avec son parti sur tout projet de loi, à moins qu'un vote libre ne soit permis.

Aucune démocratie occidentale n'a réglé avec satisfaction la question du financement des partis politiques. Les scandales fusent de partout. Le Québec serait un *leader* mondial au chapitre de la transparence et du contrôle des montants versés à la caisse électorale des partis. Il y a encore du travail à faire, étant donné qu'on réussit non seulement à contourner la loi, mais aussi à la bafouer.

Assisterons-nous chez nous à la diminution des partis politiques avec un parti plus à droite et un plus à gauche, les deux intégrant les extrêmes à la façon étatsunienne ? Diviserons-nous les citoyens en deux blocs sans appauvrir le pluralisme, la démocratie ?

Depuis le début de la Révolution tranquille, qui a tout chambardé, l'évolution de notre démocratie se résume en quelques mots. Les pé-quistes et les libéraux se succèdent. Les premiers, plus à gauche, centralisent et étatisent ; les seconds, plus à droite, décentralisent et privatisent.

Après cinquante ans, la Révolution tranquille ne serait pas encore terminée. L'Union nationale de Maurice Duplessis et l'Église hantent encore les esprits, et des humoristes, des artistes et des intellectuels sont encore aux barricades.

Si l'évolution, depuis le big-bang initial, nous enseigne la sagesse des petits pas et a donné l'univers et les êtres que nous sommes, pourquoi une révolution, si tranquille soit-elle, changerait-elle en quelques générations une tradition séculaire sans violenter les individus qui la subissent ou la vivent ?

Les politiciens et l'Église d'hier ne sont plus là pour se défendre. On ne se gène pas pour les pourfendre en oubliant que ces personnes non seulement étaient bien intentionnées, mais défendaient notre survivance et l'ont assurée. Une chose dont on ne peut prétendre s'excuser est de ne pas reconnaître les faits. Ces derniers ont assuré notre survie en tant que nation. Même si on ne vient que de reconnaître ce fait à Ottawa, les résultats de leur détermination et de leurs luttes sont là.

Il est toujours erroné et « sot-sot » de penser que ceux qui nous ont précédés étaient moins intelligents que nous le sommes. Comme ceux d'aujourd'hui, les citoyens d'hier élisaient des chefs et des partis qui défendaient plus ou moins bien leurs intérêts, pratiquaient plus ou moins la transparence et faisaient plus ou moins les réformes nécessaires. L'important était que le chef maintienne le cap de l'excellence, satisfasse les attentes des citoyens qui l'avaient élu et lui avaient fait confiance, vise le progrès de sa communauté sur tous les plans et administre les deniers publics avec la compétence et l'honnêteté qui s'imposent. Obtenir cela était très beau, et obtenir plus est déjà avoir raison de réélire ce gouvernement en espérant que, lucide, il n'entraîne pas ses concitoyens dans des rêves irréalistes.

Il faut que les politiciens proposent des valeurs stimulantes, des priorités admises par la majorité des citoyens, et posent les gestes qui montrent qu'ils ont une vision juste de la réalité de leur communauté. Si les politiciens sont élus, qu'ils deviennent l'élite que les citoyens mandatent pour prendre en compte et défendre leurs intérêts, ils doivent respecter la volonté, exprimée ou non, de leurs concitoyens. Ils ont proposé un programme, une orientation, les électeurs ont voté, fait leur choix, mais les élus demeurent leurs serviteurs. Selon le résultat des élections, le parti au pouvoir s'adapte, se définit.

Après la bataille des plaines d'Abraham

Le 13 septembre 1759, les Français, commandés par Montcalm, sont attaqués par l'armée britannique, commandée par Wolfe. Cette bataille marqua la fin du régime français et le début du régime britannique en Nouvelle-France.

Deux officiers survivants, un Britannique et un Français, échangent des propos :
Le gagnant : Avec l'aide de déserteurs français, la guerre est terminée.
Le perdant : Il en est fait de notre liberté.
Le gagnant : La bataille finale a duré quelques jours.
Le perdant : L'irruption par l'Anse-au-Foulon nous a déroutés...
Le gagnant : Vous pensiez cette montée impraticable...

Le perdant : Nous vous attendions ailleurs.

Le gagnant : Ce dernier assaut a mis fin à sept ans de guerre.

Le perdant : Qu'adviendra-t-il de nous ?

Le gagnant : Nous ne sommes que des militaires.

Le perdant : Deviendrons-nous de seconds citoyens ?

Le gagnant : L'avenir le dira.

Le perdant : Nous serons dominés…

Le gagnant : Je suis fier de notre victoire !

Le perdant : Nous reconquerrons notre liberté !

Le gagnant : Le Québec était une colonie…

Le perdant : Notre sort se décidera à Paris…

Cette défaite fut lourde de conséquence pour les Québécois. Abandonnés par leur élite et par la France, leur mère patrie, ils héritèrent d'une marâtre… Comme ils étaient fiers de leurs origines, de leur culture, leur vie devint un combat perpétuel. Nos ancêtres, catholiques, francophones, se groupèrent autour de leurs églises, de leurs curés. Nous avons survécu, le combat fut difficile, héroïque, contre l'asservissement et l'assimilation ; il est encore à l'ordre du jour, plus justifié que jamais. Il nous incombe d'achever ce combat à la suite des patriotes de 1837, de Maurice Duplessis pour l'autonomie, et de René Lévesque pour l'indépendance. Peut-on léguer plus à nos successeurs que la liberté ? Hier un rêve, demain une réalité.

Le cardinal de Richelieu (1585-1642), dans son *Testament politique*, expose sa vision du pouvoir, légué par un Dieu-Roi.

Wolfe régla notre sort en 1759, ou c'est la France, en 1763, avec le Traité de Paris, en cédant le Canada et… ?

Hier, il y avait le concubinage politico-économico-religieux, il reste le politico-économique…

Le pouvoir militaro-industriel déloge les autres, supporte l'édifice.

Nous votons pour des politiciens, et ce sont des économistes qui nous gouvernent.

En Occident vivent les braves, sauf s'ils remettent en question le pouvoir militaro-économico-politique établi.

En démocratie, un peuple aurait les citoyens, les *leaders* qu'il mérite.

Un débat télévisé des chefs n'a que faire de ceux à l'Assemblée nationale ou à la Chambre des communes.

En saine démocratie, la gauche et la droite ont droit de cité.

En démocratie capitaliste, un mur plus idéologique que pragmatique s'érige-t-il entre les bien nantis et la classe moyenne?

Platon dirait que le pluralisme permet aux politiciens de s'écouter.

Hier, les Québécois étaient, de pères en fils, rouges ou bleus, libéraux ou conservateurs.

Ni le capitalisme ni le socialisme n'ont seuls le droit à l'existence.

Le capitalisme et le socialisme défendent le capital, le travail, l'environnementalisme, le coopératisme, le milieu, l'union…

En politique, il y a les réformes suicidaires qu'on remet…

Les députés, élus, laissent les juges de la Cour suprême, nommés, régler les questions morales.

Les éditeurs québécois publient les œuvres qui appuient leur bourgeoise et inquisitrice politique éditoriale…?

Au Québec, la mystique syndicale a remplacé celle de l'Église.

Reconnaître et corriger injustices ou abus incriminants peut prendre des siècles…

Quel pays admet avoir perpétré un génocide, s'excuse, et essaie de réparer?

En 1970, avec les mesures de guerre, P.E. Trudeau a tué dans l'œuf la juste révolte des Québécois.

René Lévesque sut canaliser démocratiquement la révolte des Québécois.

Le défi des Québécois : marier le cœur de René Lévesque et la raison de P.E. Trudeau.

Un politicien doit connaître la pensée de ses prédécesseurs.

Un *leader* bien trempé fait fi du grenouillage.

Un *leader* critiqué, appuyé sur de nobles convictions, ni ne s'agenouille ni ne s'autoflagelle.

Un *leader* désintéressé n'a pas honte d'admette une erreur.

Pour le cardinal Roy, l'injustice causa la violence d'octobre 1970.

Une manifestation a des odeurs d'insurrection…?

En 1970, pour justifier les mesures de guerre, on parla d'insurrection appréhendée…

En 1970, le gouvernement fédéral, avec les mesures de guerre, a écrasé quelques révolutionnaires.

En 1970, lors des mesures de guerre, le Québécois P. E. Trudeau fit emprisonner plus de 400 indépendantistes.

En 1970, P.E. Trudeau a menti aux Québécois, en leur promettant de faire les réformes qui s'imposaient.

L'arrogance et le cynisme de Trudeau de 1970, à Ottawa, et la dictature des syndicats de 1972, au Québec, furent infernaux.

À Ottawa, les chefs québécois de partis fédéraux, pour gagner ou garder le pouvoir, doivent mater le Québec.

Les partis fédéralistes adorent un chef québécois qui les remet à leur place…

Pour les Canadiens anglais, majoritaires, les Québécois représentent une ethnie rebelle à assimiler.

Les Ontariens disaient faire vivre les Québécois; est-ce le tour des provinces de l'Ouest?

Pour l'Ontario, quel réservoir de consommateurs captifs était le Québec peu industrialisé!

Quand l'Ouest connaît de mauvaises récoltes, les Québécois ne paient-ils pas leur part?

M. Harper, cohérent, voit l'affrontement Canada-Québec comme le conflit israélo-palestinien, toutes proportions gardées.

Les Québécois constituent un des deux peuples fondateurs du Canada, non la plus importante minorité ethnique.

Les Québécois indépendantistes ne quêtent ni statut particulier ni accommodements; ils exigent l'égalité.

Le Québec, indépendant, abandonnerait-il les Acadiens et ses compatriotes des provinces canadiennes?

Avec 59 députés élus au Québec en mai 2011, Jack Layton n'a pas clarifié sa position constitutionnelle.

Les Québécois, avec la Révolution tranquille, ont découvert la lutte des classes.

Le régime idéal emprunte le meilleur du capitalisme et du socialisme.

Le bon citoyen donne à sa communauté autant qu'il en reçoit.

Un citoyen qui paie ses impôts, vote tous les quatre ans et regarde le train passer encourage le laxisme et la médiocrité.

Le bipartisme droite-gauche défend l'«individu-citoyen» et la «communauté-nation».

L'obsession de prendre le pouvoir et d'écraser l'adversaire est instinctive et animale.

En démocratie, il revient à la majorité de protéger ses minorités.

En démocratie, élire ses représentants n'est pas donner le feu vert à toutes leurs décisions.

Le «citoyen-électeur» aime les élus qui respectent sa volonté, et si ça tourne mal, il les renie…

Le chef, l'équipe ou le programme du parti décide du vote?

Après une campagne électorale, le vote sanctionne le comportement des candidats.

S'ils ne disent mot, les citoyens absolvent les gestes des élus et en récoltent louanges ou blâmes.

Le pouvoir a de l'attrait, comme il flatte l'ego de qui le détient.

En démocratie, un *leader* est un catalyseur des volontés populaires.

En démocratie, des chocs de principes entrechoquent le vote.

Le talon d'Achille d'un gagnant est de se croire invincible et d'un perdant, de ne pas croire en lui.

En démocratie, élire un chef issu d'une minorité est osé.

En politique, succéder à un poids lourd met la marche haute.

Jean Chrétien a tout hérité de P. E. Trudeau.

Se peut-il qu'un chef plébiscité craigne de prendre le pouvoir?

Rares sont les politiciens à qui on permet d'être arrogants.

Un premier ministre arrogant veut-il secouer ses concitoyens?

Sans projet collectif à long terme, le parti au pouvoir, après deux mandats, est englué dans la routine.

Aujourd'hui, pour aider les démunis, les citoyens paient des taxes.

Trop consulter les citoyens dénote un manque de *leadership*.

Au Canada, seuls les Québécois, un des peuples égaux, se défendent et mettent de l'eau dans leur vin…

Au Canada, les Québécois furent toujours obligés d'arracher ce qu'ils avaient besoin pour survivre.

Au Canada, on refuse toute demande du Québec qui aurait une incidence constitutionnelle.

Le fédéral, avec le pouvoir de dépenser, a toujours bousillé les compétences du Québec.

Aucun journaliste ne doit se prendre pour le chef de l'opposition.

À peine un ministre connaît-il les rouages de son poste qu'il retourne en élection.

Pierre a voté pour un député intègre qui a oublié son mandat.

Il y a des suites à se «brancher» à droite ou à gauche comme réagir en robot.

Le temps joue contre des positions de gauche trop émotives…

Si un gouvernement tarde à régler une injustice, veut-il protéger des petits amis?

En démocratie malade, on vote pour le moindre mal.

Voter pour le parti le moins mauvais reviendrait à épouser la moins laide de ses conquêtes.

Qui prend une lutte électorale au sérieux, si les chefs sont des poids légers?

Pierre admet qu'il vote pour le chef qu'il préfère avant de voter pour son député.

Qui vote pour le candidat qu'il préfère dans son comté fait-il preuve de sagesse ?

Au Québec, il y a toujours un « connard » pour dire qu'un plus est un moins, ou l'inverse.

Dans une société qui court, les sondages ont de l'impact…

Existe-t-il un Québécois qui ne soit pas pour un Québec inclusif ?

On dit aux Québécois qu'ils seraient de malheureux Canadiens, ou de plus heureux souverains ?

Les Québécois ont le cœur à Québec et le porte-monnaie à Ottawa.

Les Québécois, esclaves endettés, joueront-ils le peu de capital amassé avec un vote fatal ?

La dette des Québécois récupérera leurs épargnes, investies à 80 % dans leurs fonds de pension.

Dire que les Québécois donnent du travail à plus pauvres qu'eux…

L'esclavage financier tue la fierté et le patriotisme.

Les immigrés venus au Canada, riche pays « bilingue », agréent les visées « nationales-socialistes » québécoises ?

Qui a vécu les horreurs d'un nationalisme aveugle distingue le nationalisme du patriotisme.

Si le politique contrôlait l'économique, le Québec serait souverain.

Sans l'appui du vote ethnique, le Québec sera-t-il un jour souverain ?

L'indépendance du Québec serait-elle un gain d'autonomie, ou un repli sur soi ?

Il y aurait d'amers lendemains à faire la scission du Québec avec 51 % des voix.

Au Québec, le président du Conseil du Trésor et le ministre des Finances doivent être des magiciens.

Si les partis politiques remplissaient leurs promesses électorales, le Québec serait en faillite.

François Legault, ex-ministre péquiste, a fondé un nouveau parti politique, la CAQ, ou Coalition Avenir Québec.

Ce parti mettra l'accent sur l'éducation, la santé, la langue, la culture québécoise et l'intégrité dans la gestion publique.

Jacques : Pierre, tu as confiance en François Legault ?
Pierre : L'homme d'affaires qui saupoudrerait les millions autrement ?
Jacques : Oui, ça ressemble à cela.
Pierre : Il voudrait aussi assainir les finances du Québec ?
Jacques : Payer les dettes énormes qui nous paralysent…
Pierre : Ça s'impose. Met-il la charrue devant les bœufs ?
Jacques : Bien régler des problèmes politico-sociaux seulement avec des « piasses »… ?
Pierre : Il veut faire ce que feront en Europe les technocrates.
Jacques : L'argent aide, sans accomplir les miracles d'un *leader* aimé et bien entouré.
Pierre : Qu'a-t-il fait de sa vigueur indépendantiste ?
Jacques : On en reparlera après deux mandats, s'il accède au pouvoir.
Pierre : Tu suivrais plus Pauline Marois ?
Jacques : À la voir naviguer, j'hésiterais…
Pierre : C'est-à-dire ?
Jacques : Elle doute que « le beau risque » de l'indépendance…
Pierre : Soit la priorité des Québécois… ?
Jacques : Comme Legault, et les Québécois avec le NPD, elle ferait du surplace…
Pierre : Selon les sondages, elle en serait la cause…
Jacques : En 1970, Jacques Michel chantait : « Un nouveau jour va se lever… »

Un *leader* politique qui répond aux volontés réelles de ses commettants ne génère ni ne musèle de dissidents.

Le Parti québécois vise un noble idéal : l'indépendance du Québec avant l'augmentation du PIB.

Pierre, un divorce, Socrate, et le conflit étudiant :

Pierre s'écoute avant d'écouter l'autre.
Pierre ne veut pas les entendre se noircir.
Pierre, ami des deux, veut le rester.

Socrate, avec sa maïeutique, aidait le disciple à être lui-même.
Platon en fit son porte-parole, dans ses *Dialogues*.
Mme Marois et Amir Khadir, chefs de partis nationaux,
siégeaient au Parlement, parés du carré rouge.
Avec Loco Locass, à Montréal,
ils noyautèrent la Journée nationale des patriotes.
Pierre, indépendantiste, s'est senti trahi.
Il voyait le Parti québécois au-dessus de la mêlée.

Il appréhendait un putsch social des étudiants «grévistes».
Gabriel Nadeau-Dubois, le coporte-parole de la CLASSE,
une des associations étudiantes participant au conflit,
montait la tête des membres et parlait de démocratie directe
depuis longtemps.
L'augmentation des coûts de l'éducation fut l'étincelle.
Elle déclencha une crise sociale, un concert de casseroles…

Pierre souhaite un Québec libre, construit dans l'amour.

Aujourd'hui, les étudiants québécois rejettent les frais de scolarité ontariens, mais exigeront-ils leurs salaires, demain?

L'ASSÉ mobilise de jeunes capitalistes qui exigeront demain de se servir les premiers.

Les étudiants qui bafouaient règlements et injonctions se sont insurgés contre la loi 12, qui mettait fin à l'anarchie…

Une fois le sommet sur l'éducation voté, l'ASSÉ refusait de négocier moins que le gel des frais de scolarité ou la gratuité.

Les étudiants ne marchandent-ils pas l'éducation, en y ajoutant leurs frais à la dette québécoise?

En saine démocratie, si une grave crise sociale éclate, les élus doivent rester solidaires.

Le Parti québécois serait majoritaire, s'il s'était comporté comme un parti national dans le conflit étudiant.

En 40 ans, trois chefs de l'UN sont morts en poste et cinq du PQ furent limogés.

Des extrémistes qualifient de traîtres des électeurs libres de voter à leur guise.

Raffermir des adeptes convaincus n'en augmente pas le nombre.

Les citoyens sont en droit d'attendre des projets emballants de leur gouvernement.

L'État est au service de tous les citoyens, des minorités autant que des marginaux.

Quand plane l'odeur d'une commission d'enquête, les déchiqueteurs font du temps supplémentaire.

La meilleure conclusion d'une commission d'enquête : à la prochaine fois !

Celui ou ceux qui choisissent le juge et délimitent le mandat d'une commission d'enquête décident du rapport.

Une commission d'enquête interpelle le citoyen : aurais-je fait mieux à leur place ?

Qui ignore où vont les rapports des commissions d'enquête ?

En démocratie, des commissions d'enquête immolent des pions pour éteindre les feux.

Qui fait confiance à des commissions d'enquête qui absolvent les généraux et ne blâment que les soldats ?

Au Québec, il y eut un affrontement entre un ex-ministre de la Justice idéaliste et un premier ministre réaliste… ?

Dans son rapport, le juge Bastarache a conclu sans conclure que le match Bellemare-Charest était nul.

L'ex-ministre Marc Bellemare a-t-il entrouvert la porte de la transparence, dans l'exercice du pouvoir… ?

L'ex-ministre Marc Bellemare voulait-il montrer qu'en démocratie, l'argent et le vote sont l'alpha et l'oméga… ?

La commission Bastarache : à droite, M. Charest, M. Batista, M. Ryan ; au centre : M. Bourque ; à gauche : M. Bellemare, M. Beaudry.

Le vote, le mandat, la tenue et le suivi des commissions d'enquête puent l'« hommerie » et la « femmerie ».

La commission Charbonneau est bien partie pour démasquer les déviants, les filous, les mafiosi et les élus...

Les élus qui flirtaient avec les mafieux furent-ils victimes d'aveuglement volontaire, ou de naïveté coupable?

Les voleurs dont on ne pourra prouver la culpabilité seront au moins écorchés par la commission Charbonneau...

Les citoyens intègres regardent-ils les filous de haut?

Un citoyen intègre n'a pas de casier judiciaire?

Les flatteries des journalistes corrompent-elles les artistes, les athlètes, les élus, etc., autant que les cadeaux?

Au Québec, la ministre Lise Thériault veut en finir avec les magouilles du placement syndical.

Le tyran Bernard «Rambo» Gauthier adore son surnom...

Quand des journalistes remplacent les vérificateurs-inspecteurs et la police, traquent la mafia, où en est la démocratie?

L'opposition sait que le pouvoir peut lui échoir.

Qui s'oppose pour s'opposer ne suggère pas de solutions.

L'électoralisme transforme les politiciens en pères Noël.

Un programme politique doit mijoter, ne pas être du *fast food*.

Une décision ou une loi qui provoque un tsunami est-elle improvisée?

Un bon chef sait lire le dicton *Il faut bien faire et laisser dire.*

Un premier ministre peut-il ignorer les dérapages de mesures qu'il a proposées?

Un gouvernement majoritairement masculin penche du côté des hommes; un féminin, de celui des femmes?

Pauline Marois, au pouvoir, a choisi prioritairement ses ministres pour leurs compétences.

Un chef politique charismatique est-il une vedette de cinéma?

Si le charisme vient du cœur, va pour le charisme.

Dans un Québec «distinct», «sortir du placard» peut ouvrir d'autres portes…

Au Québec, comme ministre, consommer de la drogue dure aiderait à devenir chef de son parti.

L'extrémisme a séduit des partis politiques au Canada, mais peu le Parti libéral.

Au Canada, combien d'ouvriers accèdent à de hauts postes?

Les chefs libéraux canadiens ont nié le besoin du Québec de créer des liens directs avec la francophonie.

Le gouvernement fédéral est une création des provinces.

Au Canada, les notions de droite et de gauche reflètent peu nos démocraties.

Au Canada, le NPD a inspiré mais non voté les plus importantes lois socialisantes.

Avec un système de santé publique, le malade demande des soins et attend…

L'électoralisme expliquerait les complicités entre partis fédéraux et provinciaux.

Le politicien qui observe la direction du vent avant de décider est une girouette.

Qui, à gauche, veut encore avoir raison et passe à droite…?

Le Canada n'a-t-il pas besoin d'un Québec fort, dans sa recherche d'identité?

Qui aime accorder du crédit à celui qui lui en enlève?

Pour les fils de Wolfe et Durham, les Québécois étaient d'incultes vaincus à assimiler.

Est-il pensable qu'une défaite voulue à Paris, entre Wolfe et Montcalm, ait fait des Québécois des orphelins, des vaincus?

La nation québécoise ne compte pas pour une sur deux, dans la fédération canadienne.

Sans garanties constitutionnelles, peut-il exister un patriotisme bicéphale, canadien et québécois?

Si les Canadiens anglais nient l'égalité des Québécois, il reste à les saluer.

Être une nation fière, debout, relève du patriotisme ; déjà ingénieuse, notre nation deviendrait géniale.

Si, à l'Assemblée nationale, l'opposition a admis l'unifolié, à Ottawa M. Harper a détrôné Alfred Pellan pour exposer Élisabeth II.

À la Chambre des communes, M. Harper admettra-t-il l'iris versicolore pour montrer que ce pays est biculturel ?

Stephen Harper ne croit pas à l'utopique loi sur le bilinguisme du Canada de P.E. Trudeau…

Hier, les Québécois aimaient un René Lévesque et admiraient un Pierre Elliott Trudeau.

Dans un combat chaudement disputé, le gagnant n'est-il pas celui qui joue franc-jeu, sans fanfaronnade ?

Dans un pays bilingue, le Québec a dû voter la loi 101 pour sauver sa langue.

En Europe, un pays souverain et peuplé comme le Québec a-t-il dû légiférer, pour sauver sa langue ?

Les Canadiens anglais, majoritaires, ignorent ce que vivent les francophones du pays.

Les provinces anglaises assimilent-elles les francophones au rythme où les Israéliens éliminent les Palestiniens ?

P.E. Trudeau a imposé aux fonctionnaires le bilinguisme, que seuls les Québécois pratiquaient déjà.

Une minorité anglaise choyée, avec Thomas Mulcair et Alliance Québec, s'est ruée sur la loi 101.

Mordecai Richler, « écrivain-juif-anglophone-raciste », n'a pas compris ni accepté que la langue québécoise était menacée.

Au Canada anglais, reconnaître la nation québécoise revient à nier sa défaite de 1759.

Les Canadiens anglais envient la renommée de la culture des Québécois, au lieu d'y voir de meilleurs alliés.

Les royalistes canadiens sont fils de Wolfe et de Durham.

Hier, à Québec, on élisait un chef souverainiste, et on votait pour un chef fédéraliste à Ottawa, puis on inversait ces choix en 2009.

En 1995, les Québécois de souche ont voté oui à 61 %, et le référendum sur la souveraineté a échoué.

En 1995, Jacques Parizeau a dit pourquoi le Québec n'était pas souverain : l'argent et le vote ethnique.

René Lévesque n'a-t-il pas comparé la Cour suprême à la tour de Pise, qui penche toujours du même côté ?

Entre personnes honnêtes, une constitution qui brime une de ses deux nations s'amende.

Le Québec est une nation sur deux, puis une province sur dix.

De fiers Québécois cèdent-ils le pouvoir à des opportunistes ?

Le gouvernement libéral de Jean Charest réclame plus de deniers d'Ottawa que de pouvoirs… ?

À son dernier congrès, le parti Québec solidaire, se hissant vers l'extrême gauche, est devenu une secte…

Les Québécois palabrent ou optent pour l'indépendance ?

Avec moins de 25 % des députés fédéraux, il urge de caractériser le Québec et de l'enchâsser dans la Constitution.

Les fossoyeurs de l'Accord du Lac Meech, le beau risque selon René Lévesque, ignoraient le tort qu'ils feraient.

Sans pouvoir ni électeurs, les politiciens seraient admirables.

René Lévesque était un patriote québécois et un Canadien… ?

En septembre 2010, un numéro de la revue *Maclean's* titrait que la province de Québec était la plus corrompue du Canada…

Une société est corrompue quand la soi-disant élite l'est et qu'on y bafoue le bien commun.

La revue *Maclean's* à cédé au sensationnalisme, ne pouvait faire mieux pour susciter un autre référendum.

Les Canadiens anglais voient la paille dans l'œil des Québécois et non la poutre dans le leur.

L'Angleterre s'est-elle excusée pour la déportation des Acadiens?

Les Québécois ont ratifié le don du Labrador à Terre-Neuve?

Une auréole se pose ou s'ajuste mal sur une tête carrée…

Les couronnes et les auréoles ne sont posées que sur des têtes qui les méritent…?

En 1840, avec l'Acte d'Union, le Royaume-Uni fit du Haut-Canada le «boss» du Bas-Canada, et ça dure encore.

En mai 2011, les Québécois, déçus des libéraux et des conservateurs, ont voté pour le Nouveau Parti démocratique (NPD) à Ottawa.

Le rêve de P. E. Trudeau d'un Canada biculturel était celui d'un pays anglophone et multiculturel.

Le rêve de Pierre: devenir un conjoint, un parent, un citoyen utile qui œuvre au sein de sa communauté.

Jack Layton, socialisant et à l'écoute des démunis, misait sur la compassion et l'altruisme.

Au Canada, accorder le pouvoir au NPD doublerait-il les fonctionnaires et les parasites?

Seule l'indépendance stoppera la minorisation et l'assimilation de la nation québécoise.

Le NPD, au pouvoir, intégrerait le Québec dans le Canada dans l'honneur et l'enthousiasme…?

Si le décès de Jack Layton a touché les Canadiens, les convaincra-t-il de voter pour le NPD?

Stephen Harper a gardé des traces du Parti réformiste; était-ce une secte, ou un parti politique?

Le gouvernement Harper a coupé beaucoup dans les dépenses, mais investi d'autant plus dans l'armement…

Les efforts des Harper et Charest pour diversifier notre marché s'imposaient.

À Ottawa et dans les capitales provinciales, si les sans-abri s'élisaient des représentants pour faire du lobbying…

À Québec et Ottawa, nos députés ont le mandat de régler notre sort avant celui du monde.

Choisit-on des ministres plus militants, quand les prédécesseurs ont été trop laxistes?

Les «pétroleux» sont-ils des loups avec qui on doit hurler et qu'il faut sortir du temple à coups de fouet?

L'analyse de la situation financière d'un pays tient compte du contexte économique mondial.

Les revenus et les dépenses d'un État doivent-ils s'équilibrer?

Pour revaloriser nos démocraties, il faudrait les doter d'un Sénat formé de citoyens respectés, choisis par les députés.

Les *leaders* fédéralistes rêveurs et négationnistes prétendent que la souveraineté du Québec est une question dépassée…

Les Québécois deviendraient-ils des patriotes canadiens, si, constitutionnellement, on les intégrait comme des égaux?

Derrière Jacques Parizeau, et avec Pauline Marois, à la conquête de notre indépendance!

La France de monarchie est devenue une république dont les présidents ont des relents de monarchie.

En France, après Charles de Gaulle, digne d'un Louis XIV, la présidence a dégringolé.

Le 24 juillet 1967, Charles de Gaulle, du haut du balcon de l'hôtel de ville, a terminé sa visite avec ces mots célèbres: «Vive Montréal, vive le Québec, vive le Québec libre!»

Vive l'indépendance du Québec!

B- Le syndicalisme

Dans une démocratie parlementaire sous régime capitaliste, le syndicalisme est un pouvoir nécessaire. Au Québec, il est devenu un contre-pouvoir efficace avec la Révolution tranquille. Le Parti québécois, qui se disait social-démocrate, l'a toujours vu d'un bon œil.

Les chefs syndicaux, peu importe l'importance de leur centrale, sont élus par leurs membres et les représentent. Leurs intérêts ne coïncident pas nécessairement avec ceux de la majorité des citoyens. Les syndicats n'ont pas le mandat de maintenir ou de défaire un gouvernement démocratiquement élu, de devenir l'opposition officielle. Si les syndicats prennent trop de place ou nuisent au jeu de la démocratie en imposant leurs priorités et leur vision de la société, il revient au gouvernement élu de leur rappeler leur juste place.

Les syndiqués, dont la force vient du groupe solidaire qu'ils forment pour affronter des patrons qui doivent eux aussi se battre en tant qu'individus, dans ce monde de concurrence d'un capitalisme sans pitié, ont tendance à se «victimiser», à voir ceux avec qui ils négocient comme des prédateurs qui profiteraient de leur travail. Profitant du capital des patrons, ils essaieraient d'arracher des conditions de travail les meil-leures possible et une certaine sécurité d'emploi. Ils sembleraient oublier que l'insécurité est le pain quotidien de leurs patrons et la faillite possible, leur hantise. Il faut ajouter que sous régime capitaliste, les travailleurs ne sont pas les égaux des patrons, qui ont le dernier mot, mais de seconds violons.

Que leurs patrons vivent plus grassement qu'eux semblerait un juste retour des choses, dans l'univers capitaliste qui est le nôtre, où le capital a préséance sur le travail. Les patrons propriétaires, vus comme des créateurs d'emplois, passent pour des bienfaiteurs. Dans un univers plus socialisant, ils passent pour des profiteurs. Il n'est pas prouvé que seul le capitalisme peut engendrer la prospérité, favoriser une grande liberté et les droits des individus. Cette philosophie, qui calque la loi de la jungle, pour qui le plus fort l'emporte et l'a historiquement emporté, contredit une autre loi, morale celle-là, selon laquelle tous les humains sont égaux et ont la responsabilité d'instaurer la plus grande justice sociale possible. Le capital et le travail devraient avoir un pouvoir équivalent.

Accepter que le capitalisme, vainqueur du communisme soviétique et chinois qui a emboîté le pas derrière lui, soit la seule façon de motiver le citoyen à travailler et de penser économiquement la vie entre les humains est-il une démission? En Occident, «la pilule» a révolutionné la famille, pourquoi une pilule équivalente ne permettrait-elle pas de brider le capitalisme, de le rendre respectueux de ceux qui n'ont ni la mentalité, ni le désir, ni le vouloir de vivre sous son joug? Le syndicalisme serait cette bienfaisante pilule faisant le contrepoids, qui ferait des travailleurs les égaux de leurs patrons. Il resterait à syndicaliser tous les travailleurs. L'histoire veut que des syndicats trop faibles soient exploités et que des syndicats trop forts acculent les patrons à la faillite. Le syndicalisme est le bras gauche du capitalisme. Il s'est développé au XXᵉ siècle et a obtenu, par la force et la solidarité des travailleurs, le respect de leur personne et de leur travail. Avec le temps, ils ont arraché des salaires et des conditions de travail décentes. Rien ne leur fut donné.

En Occident, le syndicalisme est adulte, des centrales se demandent ce qu'elles ont encore à vouloir obtenir d'une économie qui fonctionne à plein régime et inonde le marché de produits. À l'heure actuelle, des pays capitalistes sont paralysés par une lourde bureaucratie syndiquée, et il serait devenu un poids très lourd avec la mondialisation. Dans les pays où les travailleurs syndiqués dominent, ces derniers réussiront-ils à survivre ou à maintenir l'acquis, avec une concurrence mondiale future et la libéralisation des marchés?

Avec le slogan «Maîtres chez nous», les Québécois ont pris leur destinée en main.

Aucune loi ne remplace les convictions de citoyens qui veulent plus de justice sociale.

Sans les syndicats, les Québécois seraient des porteurs d'eau nés pour un petit pain.

Les premières conventions ont été arrachées par la force à des patrons dominateurs…

Le syndicalisme fait qu'on est plus fort en «gang»…

S'il y a les clans d'ouvriers syndiqués, il y a le corporatisme des ordres professionnels.

Un collaborateur a droit à une juste rémunération.

Si, dans une entreprise, patrons et employés vivent en harmonie, pourquoi pas dans toutes?

Une convention trop étroite tue la créativité des syndiqués.

Fonctionnariser le travailleur, comme lui proposer du travail à la chaîne, le robotise-t-il?

La responsabilité partagée: des patrons et des employés actionnaires, ou une coopérative.

L'esprit coopératif des caisses populaires, créées par Alphonse Desjardins, est encore vivant?

Un idéologue de gauche croit que ses disciples défendront le bien commun d'abord?

Un idéologue de gauche dit: «Je suis né le cœur à gauche.»

Il revient aux centrales syndicales d'unir les travailleurs mal payés.

Pourquoi syndiquer seulement les hauts salariés?

Une entreprise incapable de payer un salaire décent a-t-elle le droit de vivre?

Le syndicalisme n'a rien de mystique, est un contre-pouvoir.

Les syndiqués ont vu l'automatisation et voient la robotisation comme une menace.

La concurrence et le libre-échange jouent contre le syndicalisme.

La mondialisation, vaut-il mieux l'affronter, ou se replier...?

Comment le syndicalisme voit-il les ententes de libre-échange?

Négocie-t-on avec un inférieur, ou impose-t-on?

Négocier pour gagner, c'est accepter qu'il y ait un combat.

La confiance explique le nombre de pages d'une convention.

Qui dit convention collective dit spectre d'une grève, d'un lock-out ou besoin d'un médiateur.

Une grève ou un lock-out sont-ils un choc d'ego?

Des syndiqués savent activer, stimuler les négociations…

Si les négociations se poursuivent, une entente est possible…

Patrons et syndiqués n'oublient pas les anciennes négociations.

On demande au syndiqué zélé s'il détient des actions.

Les négociations sont faciles, avec des syndiqués actionnaires.

Patrons et syndiqués veulent-ils trop retirer de profits…?

Si patrons et syndiqués se respectaient, ils ne feraient que des retouches à leurs offres et leurs demandes…

Des patrons «casent» des syndicalistes zélés avec une promotion et un salaire qui les satisfont.

Des syndiqués gèleraient-ils leur salaire, pour stimuler leurs patrons à moderniser leur entreprise?

Patrons et syndiqués pensent-ils au bien commun?

On disait les patrons voraces, et les syndiqués des proies faciles…?

Peut-on obliger une entreprise à encaisser des pertes?

Un patron qui revient sur des droits acquis en paiera le prix…

Pourquoi le salaire des chefs syndicaux est-il secret?

Un chef syndical qui se retire éduque bien ses successeurs.

Les syndicats négocient-ils bien des clauses non reliées à plus de salaire et à moins de travail?

Un employé de bureau est un rond-de-cuir s'il ne fait que le minimum pour toucher sa paye.

Un rond-de-cuir se met à jour s'il est dépassé et ne fonctionne plus.

Un fonctionnaire ne fonctionne plus s'il pense à sa retraite à 30 ans.

Accorder la sécurité d'emploi consacre la bureaucratisation.

Les infirmières courent, et le système de santé piétine.

Un bon patron n'oblige personne à courir.

Un citoyen qui admet avoir un problème à un fonctionnaire risque de vivre l'enfer kafkaïen.

Si on donne un fromage à un fonctionnaire, la meule et la fromagerie y passent!

Qui connaît les ravages causés par la fonctionnarisation des citoyens de l'ex-URSS dit «jamais plus».

Si tous font le travail du concierge, perdra-t-il son emploi?

Les employés des secteurs public et parapublic feraient la grève pour le bien de la clientèle...?

Pierre se désolidarise des syndiqués qui tirent vers le bas.

Entendu d'un travailleur: «C'est pénible, il faut travailler.»

La «gogauche» et les «syndicaleux» sont l'envers des «saints» patrons créateurs d'emploi.

Les centrales syndicales oublient les syndiqués privilégiés, qu'ils voient comme des fers de lance.

Les droits acquis syndicaux sont-ils sacrés?

Un ouvrier ne retire pas les primes des cadres d'une multinationale.

Au Québec, des syndicats transparents négocient dans les médias...

Un abus syndical est aussi injuste qu'un abus patronal.

Les camarades ont éduqué Pierre, qui exploitait ses compétences et oubliait sa convention...

Les syndiqués savent intégrer un nouvel employé et l'aider à trouver sa place.

Les syndiqués ont d'excellents moyens pour ralentir un travailleur trop zélé.

Le jeune travailleur apprend vite à ne pas en donner plus que le client en demande.

Des tribuns ont l'art de monter les enchères.

Les grévistes font-ils du sabotage par masochisme, ou par désespoir?

Pourquoi les syndiqués recourent-ils si peu aux tribunaux et posent-ils autant de griefs?

Si des grévistes occupent les bureaux des administrateurs, est-ce un viol de domicile?

Si Pierre en arrache plus de l'État, Jacques suit.

Des syndiqués du secteur public et parapublic québécois sont plus égaux que d'autres…

Les employés de l'État doivent-ils se partager équitablement les deniers qu'ils en reçoivent?

La clientèle, les conditions de travail ou les syndiqués causent leur *burnout*?

Un fonctionnaire, avec la sécurité d'emploi, se sent-il investi de pouvoirs discrétionnaires?

Le drame: un fonctionnaire qui se croit un rouage important.

Congédier un fonctionnaire qui ne fonctionne pas est-il commettre un crime de lèse-majesté?

Pour obtenir plus de rendement des fonctionnaires, il faudrait remplacer un retraité sur combien?

Accorder la sécurité d'emploi à des syndiqués est en accepter la productivité…

Les travailleurs du secteur public règlent les problèmes de l'État avec une hausse de taxes…

A-t-on déjà vu des syndiqués comblés cesser d'en exiger encore?

On négocie, on signe la convention et on exploite ses compétences pour le bien de tous.

Dans le Québec d'hier, nombre d'intellectuels furent des marxistes-léninistes.

Des intellectuels québécois d'hier se pensaient des travailleurs manuels avec leur crayon…

Hier, au Québec, des tribuns prédisaient le «grand soir rouge»…

Au Québec, hier, les «marxistes-léninistes-capitalistes» du secteur public voulaient se servir les premiers.

S'imposer par la force, éviter les élections ou les lentes promotions, vive la voie royale!

Un révolutionnaire dit: «Ôte tes fesses que je mette les miennes!»

On n'érige pas trop tôt une statue à un chef syndical, au cas où des malins y ajouteraient son arme préférée...

La solidarité syndicale est clanique, non communautariste.

Une société capitaliste le resterait-elle, si tous les travailleurs se syndiquaient?

En Occident, comme les travailleurs des multinationales sont syndiqués, il reste ceux des pays pauvres à exploiter...

C- La transparence

Sur le plan politique, Mikhaël Gorbatchev, ancien secrétaire général du Parti communiste de l'Union Soviétique, a contribué à populariser le mot «glasnost» et la réalité qu'il incarne. Le monde occidental en savait peu sur ce qui se passait derrière le rideau de fer, et le peuple russe ignorait à peu près tout de sa réalité sociale et économique, comparée avec celle du monde capitaliste. L'absence d'opposition au Parlement et de toute liberté d'expression des médias explique cet énorme mensonge sur la situation catastrophique de leur économie, les privilèges et les abus de leurs dirigeants. Il est difficile d'imaginer une telle mystification dans nos démocraties, avec le pluralisme et la liberté de presse existantes. Avec les scandaleux mensonges d'Enron, de Worldcom, de Norbourg, les placements des banques étatsuniennes et les mobiles invoqués pour envahir l'Irak, nous pouvons nous questionner sur notre transparence.

Il est impossible pour une institution humaine de pratiquer une totale transparence. Tout savoir sur tout est inutile, mais savoir ce qui a des répercussions significatives sur notre agir en tant que citoyens et sur ce qui a des implications dans nos vies est nécessaire et essentiel.

La pire difficulté nous vient du politiquement correct. Les citoyens veulent plus de transparence, moins de scandales, de commandites, de Gaspésia ou autres. Comme les politiciens ne peuvent pas dire ce qu'ils pensent ou savent sans risquer de heurter l'un ou l'autre des groupes d'intérêt, des associations ou des citoyens, sans crainte de poursuite ou de se créer d'irréductibles ennemis, ils apprennent vite la langue de bois, à dire ce qu'ils peuvent dire sans répercussions négatives ou lendemains amers pour eux et leur parti.

Si l'on ajoute qu'il arrive que les multinationales, des industries et des commerces cotés en bourse dans le privé falsifient leurs chiffres et publient de fausses comptabilités, trompent même leurs actionnaires, la question de la transparence n'a pas fini de nous créer des problèmes ou de nous interroger.

Ouvrir la porte de la transparence, c'est mettre d'autres personnes au courant des données réelles de la gestion, de la situation financière, du gouvernement, des organismes ou des compagnies. Des vérificateurs neutres, des spécialistes qui ne seraient ni des complices ni des initiés, mais des personnes objec-tives et désintéressées ont besoin d'y voir clair et de rassurer les citoyens.

Par exemple, sur le scandale de la Gaspésia, qu'avons-nous appris de concret sur ce qui s'est passé, des responsables de ce fiasco, des leçons à en tirer? Rien ou à peu près rien. Il ne s'est rien passé, personne n'a rien vu, il n'y a pas de coupables. On jurerait que le tout s'est produit sous la gouverne de la pègre, des mafiosi. A-t-on ajouté l'injure à la malhonnêteté en ajoutant d'autres millions pour connaître les faits? Qui est imputable? Le parti au pouvoir, la Société générale de financement, les syndicats, les promoteurs, les entrepreneurs? Le Québec a englouti le double du montant investi par le Canada dans le scandale des commandites, en pure perte.

Être totalement transparent dans la vie privée, donner à tous la vraie image de ce que l'on est, accepter de perdre publiquement la face exigerait que l'on soit des anges, et non des humains. Tous ont droit à leur jardin secret. Un criminel est innocent avant que l'on prouve qu'il est coupable, et on lui dit qu'il peut se taire s'il est soupçonné, car cela pourrait être retenu contre lui.

Les commissions d'enquête font-elles progresser la transparence, l'honnêteté dans l'administration de l'argent des citoyens? Si la crainte est le commencement de la sagesse, oui. Les fraudeurs vivent l'insécurité d'être découverts, dénoncés publiquement, et le système de justice doit jouer son rôle de punir adéquatement les coupables, les emprisonner et les obliger à rembourser l'argent volé.

Un jour, peut-être, la justice condamnera-t-elle les escrocs complices qui ont causé la crise financière et économique mondiale de 2008-2009 à des amendes et des emprisonnements proportionnés à leurs escroqueries, ainsi que les plus hauts placés qui ont fermé les yeux et toléré autour d'eux des profiteurs qui ont engraissé leur fortune personnelle avec des techniques sophistiquées pour brouiller les cartes. Les citoyens iront enfin voter un peu moins écœurés de l'« hommerie » et de la « femmerie » qu'engendre un capitalisme défendu et imposé par des insatiables assoiffés de profits et sans moralité.

Les salaires des hauts dignitaires sont-ils à la hauteur de leurs responsabilités? Si on les compare à ceux des athlètes professionnels, des vedettes, des PDG dans le secteur privé et des hauts fonctionnaires qui les entourent, c'est sûr que non. Pour attirer des candidats exceptionnels, est-il nécessaire d'y ajouter le prix?

Faut-il croire que dans un système capitaliste, tous les citoyens marchent ou fonctionnent nécessairement et seulement à la combinaison pétrole-argent, puisque leurs véhicules sont devenus aussi indispensables que manger à sa faim, se vêtir chaudement par temps froid et se loger décemment? Si oui, il faut se questionner sur notre civilisation. Il faut repenser nos valeurs ou nous demander si les humains ont évolué depuis le temps où on raconte que Moïse avait piqué une sainte colère parce que son peuple en était revenu à adorer le veau d'or pendant son absence pour recevoir les tables de la loi soi-disant dictées par Dieu lui-même. Les chefs des partis politiques ne devraient-ils pas instaurer chez ceux qui gravitent autour d'eux un régime de tolérance zéro pour la fraude des deniers publics, au lieu de plaider l'ignorance et de rendre nos commissions d'enquête, quand il y en a, dures pour les seuls petits plus démunis pour se défendre et qui ne peuvent ou ne possèdent pas l'art d'effacer toutes leurs traces? Il y a des coulisses et des histrions ailleurs qu'au théâtre… La transparence ne caractérise pas les fils des ténèbres, ni leurs semblables, ni leurs imitateurs légaux.

La glasnost de Gorbatchev mit fin à l'URSS.

Jusqu'où le silence doit-il entourer la sécurité du pays?

La transparence des élus élimine toute théorie de complots…

Secrets et confidences: privés; graves? Font une irruption voulue?
   Libèrent ou nuisent?

Fuites et projets: publics; conséquents? Font une irruption voulue?
   Aident ou nuisent?

Ne retenir du passé que ce qui appuie nos dires est antiscientifique.

Les coups durs foisonnent en privé, à l'abri des caméras…

Pour être élu, nul besoin de devenir un *strip-teaseur*?

Quand la situation financière d'un élu peut-elle être conflictuelle?

A-t-on besoin de connaître l'orientation sexuelle d'un candidat?

Un criminel libéré devient un candidat légitime…

Un candidat alcoolique, qui se drogue, se prostitue, est à écarter?

Se lie-t-on à qui a un squelette probable dans le placard?

La franchise et l'honnêteté sont des qualités non cotées en bourse et qui rapportent à long terme.

Le manque de transparence cache-t-il des erreurs?

Au Québec, des civils observeront, de l'extérieur, les enquêtes des policiers sur eux-mêmes…

Ne veut-on savoir de la vie privée d'un candidat que le nécessaire?

Un pacte de transparence se conclut avec prudence…

Des politiciens admettent leurs erreurs, l'abc de la démocratie?

La transparence s'impose dans la gestion des deniers publics, et le droit de cacher des déficits n'existe pas.

Est-il possible de monter aux ministres pour des fraudes, dans la gestion des deniers publics?

Pierre accepte que les politiciens discutent parfois à huis clos, s'ils ont des raisons valables et connues.

Il serait courant qu'un politicien délègue des pouvoirs, et s'il y a fraude, qu'il n'en savait rien.

Une association professionnelle qui juge un de ses membres serait impartiale…?

Une industrie qui étudie sa nocivité est certes objective…

Une démocratie survivrait-elle à l'annonce que ses *leaders* politiques sont des escrocs?

En Occident, des indignés dénonceront-ils le pouvoir secret des lobbyistes et des caisses électorales?

Le contribuable qui apprend que son pays est plus endetté qu'on le disait le digère mal…

Un politicien qui prétend que les citoyens ne comprendraient pas les motifs de ses décisions les méprise.

Les bénéficiaires de privilèges les cachent sous un voile obscur.

Un citoyen qui ne comprend pas le bien-fondé d'une loi la respecte plus difficilement.

La transparence s'impose envers les actionnaires.

Une double comptabilité est propre aux escrocs.

Un citoyen honnête et intègre est transparent.

Les conseils d'administration, qui se votent et votent de fortes primes aux p'tits amis, sont des profiteurs légaux.

Sans dénonciateurs, décèle-t-on les magouilles de l'*establishment*?

Peu de citoyens savent que des lobbyistes expliquent pourquoi tels règlements ou telles lois sont votés ou rejetés.

Hamlet dirait de nos démocraties modernes: «Il y a de quoi de pourri dans ces royaumes»!

De nos jours, les pays voyous sont démasqués.

Avec l'«hommerie» et la «femmerie», les remplaçants de ceux qu'ils dénonçaient deviennent des copies conformes.

Pour assurer la transparence, on vote des réglementations qu'on contourne le lendemain.

Si les responsables des institutions dorment, la mafia veille.

Un responsable de l'éthique qui ne fait que lever le tapis, y balayer l'accumulé, et le remettre en place…

Pierre peut ignorer si Marie a le sida, sauf s'il couche avec elle.

Tant que Marie ignore que Pierre l'a trompée, elle n'en souffre pas.

Jacques nuit-il aux deux en disant à Marie que Pierre l'a trompée…?

Avec les divulgations de WikiLeaks, la transparence naîtrait…?

Un État qui n'a pas les moyens d'effectuer des changements
n'a pas les moyens de se maintenir[5].

Edmund Burke

IV – Propos et réflexions sur les Québécois d'hier et d'aujourd'hui

Le Québec d'aujourd'hui serait né, pour une part, avec la Révolution tranquille et aurait succédé, dit-on, à une période dite de Grande Noirceur.

Il s'est développé avec la télévision et le Parti québécois, qui l'ont accompagné dans son évolution jusqu'à aujourd'hui. Peu de penseurs vraiment marquants ont freiné cette révolution. Les *leaders* voulaient autant détruire ou effacer un passé jugé étouffant que construire un avenir sur des bases morales sûres, éprouvées ou des valeurs humaines indiscutables.

La famille, la religion, les coutumes et traditions d'hier, tout a été balayé. Une liberté débridée a déferlé sur la Belle Province, semble-t-il. A-t-on jeté le bébé avec l'eau du bain ? L'Église, qui avait voulu limiter les élans de la sexualité, limiter les excès dans les plaisirs faciles, les croyances autres que les siennes, a vu son échafaudage s'écrouler. Nous en sommes encore là. L'étoile qui guidait les rois mages et les saints a été remplacée par d'autres *stars* plus discutables, moins chastes et moins pieuses.

À la télévision, de nouveaux « curés et évêques laïques », dont plusieurs féminins, les ont remplacés. Ils ont prêché et prêchent encore la bonne nouvelle de la libération à la télévision au moyen d'œuvres dramatiques, de téléromans ou de *talk-shows*. Des humoristes ont battu et battent encore la mesure ; des animateurs de lignes ouvertes ont complété et complètent encore la formation des ouailles. Actuellement, en 2012, le dimanche soir, deux émissions de télévision très populaires se disputent les cotes d'écoute des Québécois, encore assoiffés de clarté après tant

---

5 Florence Montreynaud et Jeanne Matignon, *Dictionnaire de citations du monde entier*, p. 452.

d'années de prétendue grande noirceur. À chaque semaine, l'éminent Guy A. Lepage, mettant sur le même pied et à la même table des Éric Lapointe, Michelle Richard, Julie Couillard, Patrick Huard et des Hubert Reeves, Général Dallaire, Boris Cyrulnic, Alain Lefebvre, célèbre sa messe dominicale à laquelle assiste religieusement le peuple québécois et où nos *leaders* politiques, nos penseurs, nos intellectuels et nos artistes, en mal de popularité, viennent s'agenouiller et baiser la bague du célébrant. Je lève le chapeau à Richard Desjardins, poète, compositeur, chanteur et cinéaste à ses heures. Vous seriez un des rares au Québec qui, pour respecter ses engagements, ne serait pas venu vous agenouiller devant Sa Sainteté pour recevoir un trophée déjà gagné.

Les Henri Bourassa, Alphonse Desjardins, frère Marie Victorin, père George-Henri Lévesque, monseigneur Alphonse-Marie Parent, père Louis-Marie Régis, père Émile Legault, Pierre Perrault « le Grand », Gaston Miron, Léon Dion, André Laurendeau, Robert Cliche, Claude Ryan, Gérard Filion, Guy Maufette, Judith Jasmin, Louis Martin, Pierre Nadeau, René Lecavalier, Richard Garneau, Maurice Richard, Jean Béliveau, Fernand Dumont, Pierre Vadeboncoeur, Jean Royer, Laurent Laplante, Pierre Dansereau, Claude Castonguay, Fernand Seguin, Marcel Rioux, Hubert Reeves, etc., tous ces phares se sont éteints ou sont très âgés. Des « Lumières » naîtront-elles, au lendemain de cette révolution qui s'explique par le fait que les détenteurs du pouvoir ont omis de faire à mesure les réformes qui s'imposaient ? Sans nous donner des Voltaire ou des Diderot, à l'origine de la nécessaire séparation des pouvoirs de l'Église et de l'État, de cette laïcisation pour le bien de tous ses citoyens, ne pourrions-nous pas nous donner des politiciens ou des penseurs convaincus qui proposeraient à leurs compatriotes des valeurs sûres, appuyées sur un passé assumé et bien digéré ?

Les Québécois, en tant qu'individus, peuple ou nation depuis peu, peuvent-ils être fiers de ce qu'ils sont devenus ? Est-il possible de répondre à une telle question sans complaisance, sans insulter l'un ou l'autre ? Il faut une grande maturité pour se voir avec lucidité, tel que l'on est, sans jouer à l'autruche.

Se baser sur ceux qui se sont illustrés et s'illustrent pour caractériser une collectivité est une entreprise osée, mais si des « zéros » ne peuvent donner des héros, on peut y voir un signe de la valeur des institutions et des citoyens qui les ont produits. Même si chacun a ses critères pour reconnaître qui mérite le titre de vedette, sur les plans artistique, scientifique, politique, sportif, etc., nous avons une bonne moyenne et de gros noms, autant chez nous qu'à l'étranger.

Le Québec possède une classe moyenne instruite, compétente et qu'on peut qualifier de cultivée. La majorité des citoyens ont un niveau de vie enviable, sont bien logés, savent se divertir, se payer des vacances annuelles et ont les moyens de voyager.

Si on peut parler de faiblesses, elles viendraient du fait que les Québécois se sont lancés dans l'aventure de la liberté sans se doter de boussole, sans assurer leurs arrières. Ils auraient plus ou moins perdu le nord. Ils ont mordu à pleines dents dans tout ce qui leur était plus ou moins interdit antérieurement par une religion très sévère. Tout ce qui avait l'apparence d'être moderne, ouvert, tolérant, différent, sensationnel, extrême les a séduits et gagnés sans qu'ils exercent trop leur discernement. Comme des adolescents, ils sont allés à l'autre bout du pendule en oubliant que le milieu, l'équilibre sont plus caractéristiques d'un peuple adulte.

Les Québécois de souche, ces descendants des quelques milliers de courageux Français qui ont quitté leur patrie aux XVIIe et XVIIIe siècles pour fonder une colonie en Amérique du Nord, devenue aujourd'hui la nation québécoise, sont-ils en déclin, en voie d'extinction?

Statistiquement, les chiffres sont alarmants. Le taux de natalité ne suffit pas à combler le vide laissé par la mortalité des aînés, ils doivent faire appel à l'immigration pour répondre à leur besoin de main-d'œuvre spécialisée, et le pourcentage de citoyens au-dessus de 65 ans croît à un rythme affolant. Les générations montantes assureront-elles la survie de leur identité, de leur culture, de leurs valeurs et traditions?

Les Québécois ont survécu grâce à la revanche des berceaux patronnée par l'Église, mais ils ne peuvent espérer une répétition. Cela est impensable, tellement elle fut difficile pour tous et avait demandé d'héroïsme à nos ancêtres. Les descendants de ces Québécois âgés de moins de 40 ans seraient aussi altruistes, solidaires, généreux, travaillants que leurs prédécesseurs, mais ils exprimeraient ces qualités différemment. Comme eux, ils se nourriraient de valeurs telles que l'amour de leurs proches, de partage, de recherche de justice sociale, d'une démocratie sans sexisme et de compétence dans leur métier ou profession. Sur le plan familial, les temps sont difficiles. Puisque les deux parents sont sur le marché du travail, que le divorce est devenu la façon de régler les conflits entre conjoints, les enfants se font rares, et la famille unie, solidaire et stable devient de plus en plus l'exception. Ils ne peuvent et ne veulent pas copier leurs prédécesseurs. Ils explorent des avenues et des territoires nouveaux, mettent l'accent sur ce qui leur est nécessaire pour bien vivre leur quotidien, comme l'ont fait ceux qui les ont précédés.

Le couple moderne, où les conjoints sont complices pour construire à long terme, responsables des enfants et des finances, est beau à voir. Les deux exploitent conjointement leurs compétences, leur potentiel pour le bien de leurs concitoyens et de leur famille. Heureux, les parents servent de modèles à leurs enfants, s'échangent les responsabilités possibles, dans la complémentarité et l'équité. La famille de demain serait leur création, le modèle d'une famille unie et solidaire où les individus, non fusionnels, ont droit à leur spécificité et à leurs propres besoins.

Ils essaient de séparer l'ivraie du bon grain, sont conscients qu'il se développe au sein de leur communauté des vendeurs d'illusions et qu'une valeur comme l'argent occupe une place bien haute dans le monde actuel. Nos contemporains visent la mondialisation des marchés, la libre circulation des biens gagne de plus en plus de terrain, et le respect de la loi de l'offre et de la demande est devenu la base de la morale des citoyens. Le bien ou le mal sont ce qui stimule ou non la consommation, gonflent ou non le P.I.B., la richesse individuelle et collective. Les pays du G8 ne veulent et ne cherchent qu'à maximiser la productivité, la rentabilité et l'enrichissement, convaincus de créer une saine prospérité. Le bonheur suivrait avec la deuxième automobile.

Aucune génération n'a le droit de croire ou de penser qu'elle seule a le pas, qu'elle possède un degré d'amour des uns pour les autres supérieur à toute autre, qu'elle a hérité de qualités intellectuelles et morales supérieures, qu'elle est appelée à rejeter dans l'ombre celles qui l'ont précédée et les considérer comme inférieures. Des adultes de bonne volonté se multiplient sur terre depuis que des humains y naissent et s'y développent, et toutes les générations ont laissé des traces qui ont aidé leurs successeurs à aller plus loin et participer au mieux-être de leurs contemporains.

Le talon d'Achille des Québécois, anciens colonisés, est d'être perçus à leur tour comme des colonisateurs par les Amérindiens et les immigrés, qui partagent avec eux le territoire, leur vie au quotidien et leurs institutions. On a qu'à prononcer les mots «racisme» et «sexisme», et ils cèdent; les accommodements raisonnables se multiplient. Leur gouvernement, leurs représentants se mettent à genoux.

Pierre, ministre de l'Éducation, pour combler les besoins croissants de main-d'œuvre et diminuer le nombre d'immigrants, valoriserait les métiers et les techniques rentables. En plus d'aider à régler l'épineux problème du décrochage scolaire des garçons, cette approche contrebalancerait un des effets de la Révolution tranquille qui promettait richesses et honneurs à qui faisait des études universitaires. La vie ne discrimine pas, ne discrédite pas le travailleur qui fait appel à ses habiletés manuelles ou intellectuelles, et le plombier comme le technicien en informatique rendent des services aussi cruciaux que l'avocat ou l'informaticien. Une société s'enrichit de la multiplicité et de la diversité des talents de ses citoyens. Il n'y a pas d'humbles métiers, quand ils sont bien pratiqués et répondent à un besoin.

Les étudiants québécois du niveau secondaire auraient grand profit à lire et à étudier quelques-uns de nos romans classiques du terroir, dont on a tiré d'excellents films. Des œuvres comme *Maria Chapdelaine*, de Louis Hémon (1914), *Un homme et son péché*, de Claude-Henri Grignon (1933), *Menaud maître-draveur*, de Félix-Antoine Savard (1937), *Trente arpents*, de Ringuet (1938), et *Le Survenant*, de Germaine Guèvremont (1945), furent populaires et décrivent bien ce que furent et vivaient nos ancêtres. Pour faire contrepoids à cette littérature, parfois édifiante, ils pourraient y ajouter *La Scouine*, d'Albert Laberge (1918).

Avec ces lectures, ils se feraient une idée plus juste de cette période et de ce clergé dont on ne dit que du négatif, et de ces ruraux qu'on voit comme des analphabètes incultes qu'on gardait dans l'ignorance. Ils y verraient des citoyens fiers, travaillants, dans des conditions précaires et aux prises avec un environnement difficile, qui demeuraient de bons vivants, avaient de nobles valeurs basées sur l'amour qu'ils défendaient, comme la solidarité, l'entraide, l'esprit de famille, et de nobles traditions qui ont survécu jusqu'à aujourd'hui. Nous avons hérité d'eux notre langue, notre folklore, nos fêtes, notre amour de la nature, de la rusticité, notre hospitalité, notre convivialité, bien des recettes de plats encore appréciés, de l'artisanat, des modes vestimentaires, etc.

Les générations montantes seraient en mesure de voir ce que la Révolution tranquille a balayé du revers de la main, de se faire une idée de ces citoyens dont nous sommes issus, et qui expliquent ce que nous sommes culturellement. L'attitude de leurs successeurs fut de les renier, eux et leur élite, et de les voir comme des « nés pour un p'tit pain ».

À l'école secondaire, qui est liée au programme d'éthique et de culture religieuse, une lecture des évangiles suivie d'une étude avec les professeurs devraient faire partie du bagage culturel des étudiants. Les croyants et les incroyants sont imprégnés des propos et de la vie du Christ, pierres d'assise de notre civilisation, et leurs institutions en découlent, ainsi que leur vision de la vie des uns avec les autres.

A- La culture

Quand on parle d'identité et de culture québécoises, notre langue, la langue de Molière, nous vient immédiatement à l'esprit, cette langue qui s'est tellement illustrée sur le plan littéraire. Quelle langue a produit autant de chefs-d'œuvre ? Que d'agréables et enrichissantes heures a-t-elle procurées à ses lecteurs !

Il vient ensuite à l'esprit ces traditions importées et adaptées de la vieille France par nos ancêtres. Il y a cet amour des arts, de la musique, de la danse, et cet amour de la vie, de la fête, de la bonne chère, des réunions de famille, de toute cette chaleur humaine dite latine par nos voisins anglo-saxons, qui définissent et colorent cette nation que nous sommes. Bien souvent, ce que nos villages et villes ont de spécifique donne naissance à un festival.

Puis, il y a la religion. Nos ancêtres, nos parents, les membres de nos familles, ont été imprégnés par un catholicisme sévère, exigeant, dont on a commencé à se libérer dès le début de la Révolution tranquille. On peut lui reprocher son caractère janséniste et son cléricalisme, mais il véhiculait et proposait des valeurs sûres à ces hommes et ces femmes aux prises avec un climat difficile, à ces agriculteurs qui travaillaient dur pour subsister et à ces citadins descendants de colonisés et sous la domination économique des conquérants anglais.

Parmi les exigences de l'Église, il y avait ce précepte incontournable et universel du «Aimez-vous les uns les autres comme vous-même», cet amour du prochain et cette entraide étant au cœur de sa doctrine, qui en étaient même l'essence.

Le Moyen Âge avait lui aussi une réputation de période de Grande Noirceur et a donné la Renaissance. Les historiens modernes ont avec raison abandonné cette vision. Une période semblable a précédé la Révolution tranquille. Elle contenait, elle aussi, en germe, cette prise en main de leur destinée que les Québécois ont réalisée.

Comment peut-on qualifier de période de Grande Noirceur une période qui a accouché de si importantes réformes? Pour ne citer que les principales, la laïcisation de l'État et la création des ministères de l'Éducation et de la Santé, la démocratisation de l'éducation, l'assurance hospitalisation, la nationalisation de l'électricité, la création de la Caisse de dépôt et placement, la Société générale de financement, le déblocage de la syndicalisation, l'expo universelle de 1967, etc. Ajoutons des artistes de la trempe des Jean Paul Lemieux, Charles Borduas, Jean-Paul Riopelle, Alfred Pellan, Frédéric Back, Ludmilla Chiriaeff, Marcel Dubé, Jean Louis Roux, Jean Gascon, Françoise Faucher, Charles Dutoit, Gilles Tremblay, Léopold Simoneau, Pierrette Alarie, Joseph Rouleau, Félix Leclerc, Claude Gauthier, Monique Leyrac, Roland Giguère, Robert Melançon, Paul Chamberlan, etc. Si les cotes d'écoute sont hautes, le public, nombreux, les émissions et les spectacles, populaires parce que flatteurs, ils ne sont pas nécessairement un plus pour les auditeurs ou les spectateurs. «Ça serait-ti mieux» si ceux qui veulent construire un Québec idéal attiraient une importante clientèle de citoyens qui préfèrent se nourrir de beauté et de vérité et non de croustillant, si, à Radio-Canada, les Edgar Fruitier, Alain Lefebvre – à la radio – et Charles Tisseyre – à la télévision – attiraient le samedi matin, le dimanche matin et le dimanche soir le million et demi d'auditeurs de Guy A. Lepage? Un jour, peut-être, cette riche nourriture culturelle délogera ou remplacera ce *fast food* et ses cotes d'écoute que sont aussi *La petite vie*, *Les Bougon*, que nous payons tous avec nos deniers. Si des phares tels Reeves, philosophe et scientifique; Parizeau, économiste et indépendantiste; Castonguay, actuaire et fédéraliste; Béland, juriste et constructeur; Vigneault, poète et musicien, etc. nous disaient leur Québec...

Il est fréquent qu'un peuple vaincu ne s'en remette pas...

Le peuple québécois a survécu sans la péréquation.

Au Québec, il y eut révolution: les responsables, atteints d'«hommerie» et de «femmerie», y étouffaient les citoyens.

Le «nous» québécois est de culture judéo-chrétienne, parle français, est allergique au sexisme, au racisme, et aux «boss des bécosses».

Le film de l'ONF, *Pour la suite du monde* (1963), de Pierre Perrault, dit toute notre «québécitude»...

Les Québécois, avec la Révolution tranquille, ont détrôné les élus, l'Église, le fédéral et les anglophones capitalistes.

Une démocratie qui en était une caricature explique en partie la Révolution tranquille.

La Révolution tranquille, au Québec, s'est faite avec un balai-brosse...

Depuis 1970, il y a eu les constructeurs d'un Québec fort, et les démolisseurs aveugles...

Le club des ex explique nos enjeux politiques.

La loi 12, qui mit un terme au conflit étudiant, s'imposait-elle?

Le tribun Michel Chartrand était-il un démocrate, ou un révolutionnaire?

La Fondation Chagnon créera-t-elle des émules qui aideront un gouvernement trop endetté?

Le Code civil balise le bon sens des Québécois.

La Charte des droits et libertés reflète là où en sont les Québécois sur le plan social.

La France, la première, a reconnu notre poète national Félix Leclerc, qui chantait notre nation distincte.

Les Québécois, sortis de la Grande Noirceur, ont-ils plongé dans la clarté de l'argent, du sexe, des drogues, etc.?

Nos ancêtres disaient qu'il ne faut pas brûler la chandelle par les deux bouts.

La morale glissa de la théologie à la philosophie, à la psychologie, qui relativisa tout...

Le relativisme a tout balayé, gagné les consciences, s'est démocratisé, en est arrivé à sacraliser le rentable, le profit.

Le crime se démocratisa, éclipsa le péché, le crime économique prit la tête, et l'abuseur sexuel devint le pestiféré...

Le sexe, hier tabou ou caché, a envahi l'espace public: revues et films pornos, danseuses à gogo, échangisme, etc.

Pour se déculpabiliser, de «bonnes gens» firent des agresseurs et déviants sexuels, de malades qu'ils sont, des monstres.

Il serait révélateur de comparer la joie de vivre des Québécois d'hier à celle des Québécois d'aujourd'hui.

Les dramaturges Gratien Gélinas et Marcel Dubé furent appuyés par les humoristes Yvon Deschamps, Sol et Jean-Guy Moreau.

Avec les banlieues et la régionalisation, l'individualisme a gagné du terrain.

La Révolution tranquille vit des Québécois influents projeter leurs problèmes sur leurs concitoyens.

Au Québec, une contre-révolution culturelle s'imposerait, pour rétablir l'équilibre.

Qu'est-il advenu de la classe moyenne cultivée d'hier, qui voulait plus que du pain et des jeux?

Pour divertir, on fait appel à l'humour, ou au cynisme…?

Radio-Canada, esclave des cotes d'écoute, qui fixent le prix de la publicité, suit…

Les médias publics ou privés ont à rivaliser d'excellence.

Au Québec, coiffer quelqu'un du titre de «personnalité» est lui concéder un certain prestige.

Mom Boucher, Pierre Vincent et Earl Jones auraient donc été des personnalités «trous-de-cul» de l'année.

Le dimanche soir, on présentait des téléthéâtres de qualité qu'ont délogés des émissions accrocheuses.

Le médiateur Guy A. Lepage s'est octroyé le rôle de régler les problèmes de la nation distincte québécoise.

En France, on a aboli la funeste émission *Tout le monde en parle* de Thierry Ardisson, et on l'a reprise au Québec.

Si le croustillant sulfureux monte les cotes d'écoute, *Tout le monde en parle* doit en être…

Les Québécois ont changé le tout imposé pour le tout libre et négocié, et l'amour fut oublié…

Pour Jean-Jacques Rousseau, l'enfant naît bon, la société le corrompt; pour les Québécois, il naît un petit monstre.

Au Québec, il y a les enfants choyés, et les autres…

Au Québec, en santé et en éducation, l'État providence a remplacé la religion providence.

Vouloir les services sans les impôts et les taxes, c'est vouloir le beurre et l'argent du beurre.

Si les Québécois vivent au-dessus de leurs moyens, la faillite les attend au tournant du chemin…

Avec un système de santé ingérable, irréformable et trop coûteux, que fait-on?

L'école payée par les parents n'est pas au service des professeurs, mais des étudiants.

La solution miracle aux problèmes des Québécois: les subventions fédérales, provinciales et municipales.

Un Québécois qui a une idée géniale se demande à la porte de quel ministère il cognera.

L'État a créé le modèle québécois de gérer ses services dont les coûts sont devenus excessifs…

La santé et l'éducation grugent au moins 65% du budget québécois.

M. Charest, avec cynisme, a invité ses ennemis, parés du carré rouge, à garder leur sang-froid.

M. Charest, après les forêts, les barrages, les mines, les gaz de schiste, le Plan Nord, etc., un Plan Sud?

Les Québécois devront choisir entre des services gratuits à 100% ou en recevoir moins.

Des coûts d'électricité bas atténuent les dégâts du «modèle québécois» de gouvernance.

Au Québec, des écrivains qui créent des personnages tordus ou des crétins vivent de leur plume…

Au Québec, un ado sur quatre fuit une école de qualité, et l'on croit que scolariser les pays pauvres…

On accepte les décrocheurs, et on leur propose du travail?

Les jeunes qui décrochent et raccrochent imitent-ils les adultes?

Les jeunes décrochent pour gagner de l'argent, et raccrochent pour en gagner plus.

Aucun curé ne ressemble plus aux anciens que les nouveaux qui les ont détrônés.

N'interviewer que les mêmes vedettes populaires, avec une pléiade de citoyens qui se démarquent, qui excellent dans leur domaine…

Un spécialiste qui fait des interviews dans son domaine dirige ou contrôle les propos des invités.

Depuis 1970, les médias héroïsent des « victimes » : les divorcés, les Morgentaler, les alcooliques, les drogués…

Les Français, avec leurs chanteurs sans voix, accusent ceux du Québec de crier.

En France, combien de chanteurs populaires parlent, chuchotent ou font en public du *lipsing* ?

Préjugé : les Parisiens sont imbus d'eux-mêmes au point de vivre à Paris.

Les Français ont-ils oublié les Joachim du Bellay, les classiques, les romantiques, etc., ces « Lumières » du français ?

Les Français sont-ils conscients que leur triste anglomanie profane et pollue la langue de Molière ?

Le ministre français Philippe Séguin fut proche des Québécois, en défenseur courageux de la francophonie tout comme eux.

Aimé aveuglément par sa mère et ignoré par un père absent, voilà ce qui explique Pierre.

Le père absent d'hier négligeait d'intégrer ses fils à sa communauté.

Un père absent, qui ne se retrouve pas dans ses enfants, en récolte de grands tourments si…

Dans le Québec d'hier, l'élite y puisait certes la vanité.

Le contribuable de la classe moyenne porte le Québec.

Les vertus héritées des philosophes de l'Antiquité ont été mises à l'index dans un Québec libéré.

Pierre: Jacques, tu as vu la tempête qu'a déclenchée le metteur en scène Wadji Mouawad?

Jacques: Avec le choix de Bertrand Cantat comme acteur?

Pierre: Oui, dans la triade de Sophocle.

Jacques: Tu crois que Sophocle aurait été d'accord?

Pierre: Au théâtre d'Épidaure, les acteurs étaient masqués et anonymes.

Jacques: Tu en conclus?

Pierre: Ce metteur en scène osé a touché une corde sensible.

Jacques: Trop? Cet homme serait un mort en sursis…?

Pierre: Ou des Québécois ont encore une conscience morale…

Jacques: Ou que le pardon est une vue de l'esprit?

Pierre: En effet, les humains passent l'éponge ou non, ne pardonnent pas…

Des «Lumières» ont fait de moyens, la pilule, le divorce et l'avortement, des valeurs.

Étaler l'ignoble et la bêtise est-il devenu un noble moyen pour corriger les mœurs?

Si on étalait les gaffes des journalistes qui cultivent cet art…

Une pseudo-vedette peut créer un scandale nauséabond, pour se maintenir dans l'actualité.

Un criminel repentant passe pour un hypocrite, et un arrogant, pour ce qu'il serait…

Que les médias exhibent les vices sordides d'inconnus…?

Nombre de Québécois vivent de scandales relatés dans les médias.

Les médias pourraient taire les primeurs sur les crapules si…

Entre les faits cueillis et ceux livrés, s'exerce-t-il des influences?

Les Québécois veulent-ils intégrer ou assimiler les immigrés?

Avec le politiquement correct, le vote péquiste des ethnies, on n'en parle pas…

«Placoter» avec un immigré comme s'il était un Québécois de souche, quel plaisir!

Au Québec, le policier arrête un Noir par racisme, ou parce qu'il a enfreint une loi?

Ceux que les policiers suivent de près n'ont pas de dossier criminel...?

Si un immigré doit retenir trois langues, une écopera...

Avec les générations, la langue des immigrés s'estomperait.

Les immigrés des pays pauvres envoient bien de l'argent aux leurs?

Les championnats québécois ne sont pas tous flatteurs...

Au Québec, aujourd'hui, avoir plus de trois enfants est héroïque.

Au Québec, naître garçon présage-t-il un avenir difficile?

Au Québec, défendre un parler «joualisant» tue sa viabilité.

Les Québécois ont rejeté la religion et gardé les «sacres», qui rythment et ponctuent leurs émotions.

Michel Tremblay aurait-il pu écrire sa pièce de théâtre *Les belles-sœurs* en français international?

En France, on parle de la langue de Molière; au Québec, parle-t-on du «joual» de Michel Tremblay?

Michel Tremblay, avec son joual, a évincé le livre à succès *Les insolences du frère Untel* (1960), qui le dénonçait.

En France, ils ont les «gazoles» et les «drugstores»; au Québec, nous avons les «patentes à gosses», et les «gamiques à poil».

Les Québécois boudent les termes français «*best of*», «*single*», «tube», etc.

Les vedettes actuelles veulent-elles autant exceller que celles, nationalistes, d'hier?

Marie: Pierre, tu aimes Luc de la Rochelière et Daniel Bélanger?
Pierre: Bien sûr! Pourquoi les associes-tu?
Marie: Les deux vieillissent en beauté.
Pierre: Je crois qu'ils se révèlent davantage à chacun de leur disque.
Marie: Oui, ils sont les mêmes et nouveaux.

Que les *stars* québécoises qui renient leur culture reçoivent des trophées de leurs frères adoptifs!

Tant que le Québec produira des Pierre Lapointe, Martin Léon, non des Zachary Richard…

Au Québec, les «tsé j'veux dire, man, stie» sont très nombreux…

Des Québécois vendent leur entreprise ou leur commerce, sans se soucier des compatriotes qui les ont soutenus.

Les Québécois sortent de la tombe des artistes d'hier qu'ils qualifient de géniaux…

La vedette québécoise: celle qui compose et interprète une «toune sentimentalo-dépressive» populaire.

Willie Lamothe aurait dit qu'il valait mieux mourir incompris que passer sa vie à s'expliquer.

Avec notre Willie Lamothe national, on n'a pas su si c'était lui qui faisait le tour de la montagne ou le contraire.

Le rêve d'artistes québécois: être riches et célèbres.

Qui veut tâter une guitare a des proches pour ce faire.

Un Français rêve de lancer un livre, un Québécois, un CD.

Les grands évènements culturels rapportent aux créateurs québécois ou aux restaurateurs et hôteliers?

Une «toune» à la mode est d'abord un air enjôleur.

Une «toune» survit si une mélodie accrocheuse et les paroles sont bien mariées.

Roch Voisine, avec la «toune» *Hélène*, est devenu une riche vedette internationale.

Pour un aîné, entendre à la radio les Leclerc, Léveillé, Brel, Ferrat, etc., interpréter leurs chansons…

La pièce d'Albee *Qui a peur de Virginia Woolf* (1930) annonçait-elle le couple québécois des années 1970 à…?

Si le cinéma québécois peint la relève telle qu'elle est…

L'engouement des Québécois pour le jazz est-il un prétexte pour se réunir?

Hier, les Québécois fêtaient au son du folklore, non du jazz.

Québécois qui vous racontez, insistez sur le côté face, l'autre…

Pierre, interviewé, est vrai, ou relate ce qui le hausse?

Hier, le pêcheur ne se confessait pas dans les médias, mais dans un confessionnal, sous secret professionnel.

Une biographie posthume, bien documentée d'un citoyen admirable est toujours de mise.

Une biographie approuvée est une autobiographie.

Qui confond humour, qui signifie «rire de soi», avec ironie, sarcasme et cynisme, qui mordent autrui?

Des humoristes apprivoisent le tragique possible avec le cynisme…

Les humoristes extrêmes, avec leur cynisme, ne sèment que désespoir.

Et si les humoristes populaires, qui se prennent pour des lumières, n'étaient que de vulgaires éteignoirs…?

Avec le culte de l'extrême, si une blague n'est pas loufoque, elle est prise au sérieux.

Les humoristes s'avilissent en ridiculisant de nobles coutumes et traditions.

Rares sont les humoristes qui s'égratignent d'abord.

A-t-on déjà entendu une humoriste qui pratique l'autodérision ou égratigne la «femmerie»?

Une oreille juste s'impose, pour bien user de la caricature et de l'ironie.

Et Dieu créa… Laflaque était l'émission de télé à s'offrir malgré les priorités prioritaires…

D'Aristophane à Plaute, d'Arlequin à Molière et aux humoristes actuels, des comiques plutôt sérieux…

Les amateurs de mélodrames, de «tounes» sentimentales ou de modes «quétaines» sont inoffensifs, mais…

Le *fast food* à la table ou à l'écran déforme autant.

Que Pierre soit un bon diable, une belle et faible antithèse!

Pierre prétend que les médias exercent trop d'influence sur les citoyens.

Les médias publics ont-ils à rivaliser avec les médias privés, esclaves des cotes d'écoute?

Le dollar, les médias et les politiciens expliquent le climat social et l'humeur des citoyens...

Les «curés laïques», qui se targuent de défendre la liberté, exploitent leur monopole de l'espace social.

Que les «curés laïques», qui ont détrôné ceux d'hier, prêchent dans leurs chapelles, non dans les médias.

Les «faiseux» d'opinions à la mode sont des La Fontaine?

Hier, un éditorial de Claude Ryan ou une chronique de Lysiane Gagnon élevaient le sujet.

Des journalistes oublient que les politiciens sont des élus.

Les animateurs de ligne ouverte perdent leur génie s'ils tâtent notre spécialité professionnelle...

Les animateurs de lignes ouvertes ont aidé la Révolution tranquille à le rester.

Les «opinionistes» seraient des vendeurs d'idées à la mode...?

Un franc-tireur, entouré d'abuseurs de sensationnel, est-il un prophète, ou un alarmiste?

Pierre applaudit un franc-tireur qui «tire franc».

À chaque coup tiré, un franc-tireur se fait des amis ou des ennemis.

Un prophète ou un franc-tireur dont le génie baisse finit par lasser.

Pour créer de faux espoirs et des étoiles filantes, vive *Star Académie*!

La téléréalité est née pour des voyeurs vivant de la fausse vie de faux acteurs.

Quelle utilité ont ces émissions dites «occupationnelles»?

Des émissions vides s'imposent-elles, pour faire le vide?

Au Québec, les non-fumeurs imposent aux «fumeurs-pollueurs» de se polluer entre eux...

Pierre a entendu : «Un assisté social qui boit et fume… n'en reçoit pas assez».

Fumer un joint aide-t-il à joindre les deux bouts?

Entendu sur les ondes : «Le procès de ce psychopathe promet!»

Des médias ont exploité le morbide et nourri le voyeurisme, avec le procès de Guy Turcotte.

Euripide (431 av. J.-C.), Sénèque (1er siècle apr. J.-C.) et Corneille (1635) ont tiré des tragédies de la légende de Médée traitant de l'infanticide.

La conclusion tragique d'une séparation, un échec vu comme un fait banal dans notre société : Guy Turcotte, le père meurtrier de ses deux enfants, croyait-il que la «vérité» sortirait d'un procès?

Dans cette tragédie, le papa (abandonné ou quitté par la maman, qui, sur un nuage, vivait son nouveau roman d'amour avec un ami commun), humilié, démoli, fou de rage, aurait momentanément perdu la raison, et tenté de se suicider en entraînant avec lui ses enfants dans la mort, croyant les sauver, mais devenant ainsi leur bourreau et celui de leur mère, son bourreau. Il fut jugé non criminellement responsable. Des psychiatres chevronnés ont conclu qu'il était guéri, qu'il n'était pas dangereux pour la société, et il a été libéré de l'Institut Philippe-Pinel sous conditions.

Ce couple était-il bien assorti, vivait-il une saine union? Verront-ils que les problèmes étaient en eux…? Leur appartenait-il de se connaître, ou revenait-il au juge et aux jurés de leur dire qui ils étaient, quel couple ils formaient? Cet infanticide nous enseigne-t-il qu'on ne badine pas toujours avec l'amour?

Les «torcheux» de pare-brise aux feux rouges devraient étudier ou travailler.

Un jeune en santé qui tend la main est un voyou…?

Un punk est un polisson qui nous impose de le remarquer…?

Un skinhead est un nazi qui nous déclare la guerre…?

La Révolution tranquille a transformé la vision de l'homosexualité.

S'il est discriminatoire de dire que les gais, bisexuels, pédérastes ou pédophiles sont anormaux, disons-les «marginaux».

L'homophobie empêche les gais, 10 % des membres de la communauté, de vivre.

Une minorité trop visible fausse-t-elle le jeu de la démocratie ?

Nos gais sont québécois, font partie d'une famille, ont un milieu qui les accepte et les intègre ?

Hier, un gai cachait son orientation et se mariait.

A-t-on besoin de l'appeler la «parade de la fierté gaie», à les voir s'exhiber ?

Des gais fringants, à la parade de la fierté gaie, en perdent les pédales.

Dire à un coiffeur ou à un infirmier qu'il pratique son métier avec délicatesse est-il délicat ?

Le côté féminin des gais explique le prix qu'ils accordent aux vêtements et bijoux.

Qu'un gai ose dire qu'une danseuse nue est une exploiteuse d'«hétéros» en chaleur...

Les gais n'acceptent pas leur sort et veulent être acceptés sitôt «sortis du placard».

Si les gais font de leur orientation sexuelle leur caractéristique, ils définissent le tout par la partie.

Il y a eu un Freud qui expliquait un humain à partir de la libido, même la sainteté...

Si les gais vivent en village, leur orientation sexuelle les définit.

Un gai veut-il vivre dans un ghetto où tout gravite autour de la liberté sexuelle ?

Les gais aideraient leurs demandes, s'ils publiaient les faits sur leur stabilité amoureuse.

Les gais peuvent être séduits par un hétérosexuel qui ne les trouve pas gais.

Il revient aux gais comme aux hétérosexuels de brider une libido rétive.

Les gais qui veulent mariage et famille ont-ils à s'assumer et à accepter leurs limites ?

Le législateur qui permet aux gais d'adopter des enfants veut savoir si on naît tel ou si on le devient?

Si les gais qui ont réussi doivent «sortir du placard», les couples heureux, qui ont de beaux et bons enfants, le doivent aussi?

Le Christ aurait-il vu les déviants sexuels comme des victimes?

Avec le Christ, doit-on fustiger les funestes «hommeries» et «femmeries» et réhabiliter le pécheur repentant?

L'Église changeait les prêtres pédophiles de paroisse sans les excommunier, ni les faire lapider ou incarcérer.

On intégrera les déviants sexuels si une thérapie ou une pilule les conditionne à maîtriser leurs pulsions…?

Des pédophiles ou des pédérastes, affamés, en présence d'un enfant ou d'un ado, en perdent les pédales.

Au Québec, on voit les maisons de réhabilitation des pédophiles comme des dépotoirs ou des porcheries.

On «démonise», lapide et emprisonne les déviants sexuels, comme les malades mentaux hier.

Jacques boude dialogues et scénarios des films pornos…

Pierre: Jacques, tu aimes la pornographie.
    Jacques: Je ne m'en cache pas.
    Pierre: Il t'arrive souvent d'être grivois.
    Jacques: Pourquoi pas?
    Pierre: Serais-tu un obsédé…?
    Jacques: J'aurais du père Gédéon dans le nez.
    Pierre: Et tu l'extérioriserais?
    Jacques: Mes glandes fonctionnent à merveille.
    Pierre: Le surplus passerait en voyeurisme et en grivoiserie?
    Jacques: Ce doit être ça.
    Pierre: Je vois. Ta conjointe le prend bien?
    Jacques: Elle préfère que ça passe en images, en mots, en vent…
    Pierre: Et ça te satisfait?
    Jacques: Je n'ai pas le choix…

Les producteurs de films pornos exploitent des «acteurs», qui exploitent des spectateurs.

Les films pornos, ne montrant que de jeunes femmes et hommes physiquement beaux, déforment la réalité?

Fréquenter des prostituées, quand tant d'honnêtes femmes sont libres…?

Croyant ou incroyant, libertin ou fidèle, la sexualité est liée à l'instinct de reproduction.

Jacques ne sait plus où mettre ces cartes qui donnent des rabais sur de futurs achats.

Un vrai Québécois est un «gratteux» dépensier.

Jacques est déçu de ne pas manquer de produits en solde.

Élevé pauvrement, Pierre se rassasie avec de petits luxes.

Si au Québec abondent les «ventes de garage», dans les pays pauvres, on ratisse les dépotoirs.

Par habitant, en un mois, les Québécois consomment … kilowatts, … litres d'eau … et jettent … sacs d'ordures.

Y a-t-il des assurances contre les financiers véreux?

Les victimes fraudées qui fraudaient le fisc l'assument-elles?

Pour un consommateur qui croule et coule sous les dettes, la faillite est là…

La dette des Canadiens, la plus basse des pays du G8, est faramineuse.

Un Québécois a les dettes de son pays, de sa province, de sa municipalité et les siennes.

Qui lit les effets secondaires de ses médicaments et les clauses des contrats qu'il signe?

Quels pouvoirs les Québécois de souche auront-ils politiquement demain, chez eux?

Au Québec, observer que des musulmanes sont voilées est du racisme; le dire l'est doublement.

Si les allophones deviennent majoritaires au Québec, le français restera-t-il la langue officielle?

Pierre, Québécois, aime et défend sa langue, issue d'une noble et fière culture.

Les Québécois, en abjurant leur passé, ont-ils changé leur «âme»?

Les vedettes d'hier, dites «quétaines», préféraient les cotes d'écoute aux bons critiques…

Brassens, avec sa Margot, son corsage et son chat, aurait eu avantage à lire des féministes…

Le macho Gilles Carle, avec ses films, dont *La vraie nature de Bernadette*, est aujourd'hui risible.

Des Québécois qui s'illustrent comme *stars* étasuniennes ou françaises sont-ils encore des nôtres?

Les Robert Lepage, Guy Laliberté propagent une culture étatsunienne ou québécoise?

Kent Nagano, avec l'OSM, a-t-il joint l'utile à l'agréable et gagné le cœur des Québécois?

Et si Robert Lepage créait un décor de taudis, pour y jouer l'opéra de Mozart *Les noces de Figaro*?

Hier, un immigrant était chez nous et parlait anglais; il est aujourd'hui chez lui et parle français.

Le Québec voit ses citoyens migrer au Canada anglais et être assimilés dès la seconde génération…

Pour lutter contre Satan, les curés prônaient le repli à la campagne; nous en serions au repli sur soi pour survivre…?

Sans l'indépendance, les Québécois réalisent-ils que leurs descendants sont de futurs Acadiens et Cajuns.

Si, pour Paul Valéry, Hugo était, hélas, le poète français, Céline serait-elle, hélas, l'interprète québécoise?

B- L'Église

L'histoire du peuple québécois et de l'Église sont intimement liées. Ils ont cheminé ensemble des centaines d'années, de la fondation de la Nouvelle-France, par Samuel de Champlain, en 1603, jusqu'à nos jours. Les relations entre les deux devinrent plus difficiles, avec la Révolution tranquille. On assista à une séparation plus étanche des responsabilités, à la laïcisation de l'État, qui a pris en charge la santé et l'éducation.

Un rejet de l'Église et de son enseignement a accompagné ces réformes. On assista graduellement à la perte de son emprise sur la population, à la baisse du nombre de religieux et de prêtres, à la désertion des églises.

Il faut espérer que ce divorce ne nous empêche pas de recon-naître, en tant que peuple, l'apport historique positif de l'Église. Nous lui devons, en gros, notre survivance et la conservation de notre langue, le fait qu'elle se soit occupée de la santé et de l'éducation durant des cen-taines d'années à peu près gratuitement, et qu'elle ait défini avec bonheur notre calendrier avec ses fêtes. Elle avait sur les épaules des responsabilités très lourdes dont on peut dire qu'elle s'est toujours bien acquittée, et pour lesquelles elle mérite notre respect et notre reconnaissance.

Son discours a toujours été celui de la justice, de l'entraide, de l'importance de la famille, de l'aide aux démunis et aux enfants abandonnés. Sans nier les erreurs qu'elle ait pu commettre, on ne peut la taxer d'avoir été mal intentionnée ou de ne pas avoir agi avec de nobles objectifs.

Jeunes, le catholicisme qu'on nous a enseigné était plutôt janséniste et axé sur l'autre monde. Les membres du clergé étaient éteignoirs. À l'ombre de leur soutane et de leurs vœux, ils étaient des rabat-joie. Ils ont coloré notre enfance et notre adolescence de teintes sombres, et le paradis promis à la fin de nos jours semblait bien loin.

Il y a des visions discutables de la vie, même quand on croit avoir une longue tradition de sagesse derrière soi. La tradition doit être réactualisée pour chaque génération, faute de quoi elle se vide de son contenu et de son sens. Les rituels et les symboles se désincarnent et meurent, comme le sel s'affadit avec le temps et la terre s'appauvrit avec les récoltes.

Quand on regarde le passé, tout est une question d'éclairage. L'Église encourageait une forte natalité, qui explique notre survie, mais dans les campagnes, il était impossible d'absorber tous ces jeunes. Un grand nombre migra vers les États-Unis. Si nous avions pu les garder, le Canada et le Québec seraient autres.

Il faut être conscient, en parlant de l'Église, de traiter d'un sujet qui a perdu à peu près toute actualité chez les jeunes. Avec sa disparition, la famille traditionnelle est devenue elle aussi du folklore. Pourtant, est-il plus beau défi que de bâtir une famille où règnent l'amour et le bonheur? La nature a voulu deux sexes pour qu'ils se reproduisent dans l'amour ou reproduisent la vie dans l'amour.

Les Québécois, au lendemain de la Révolution tranquille, ont voulu nier qu'ils avaient un passé, des ancêtres. Le Québec commençait avec eux. Ce passé les rattrapera. On ne nie pas son passé, mais on s'en libère ou on en vit en le digérant. Une fois digéré, il donne l'énergie et la sagesse pour aller plus loin, de construire pour les nouvelles générations. L'élite d'hier était composée d'excellents Québécois, et ce n'est pas en les réduisant à de purs obscurantistes qu'on construit un avenir prometteur.

Les enfants de Duplessis, hébergés par les religieuses qui ont profité d'une ouverture de la loi leur permettant de les considérer comme des handicapés mentaux et de recevoir davantage de subventions, les ont vertement dénoncées par la voie de leur association. Oubliant les lourdes responsabilités des religieuses, ils les ont traînées dans la boue. Ils prétendent qu'ils ne se seraient jamais permis une telle bassesse. S'ils prouvent que cet argent fut pour elles, non pour le bien des enfants, on révisera ces propos.

Pourquoi les Québécois n'ont-ils gardé comme vision de l'œuvre de notre clergé que le désir d'en effacer toute trace? Comment expliquer une telle attitude alors qu'on nous proposait le Christ comme modèle et une philosophie essentiellement basée sur l'amour, l'entraide et le partage? Comment expliquer un tel résultat après tant d'efforts, de bonnes intentions et de bonne volonté? Nous nous retrouvons avec des églises vides, un clergé qui s'éteint, une idéologie et une période dont il est impossible d'en rappeler le souvenir sans qu'une horde de loups affamés ou de « curés laïques » enragés montent aux barricades.

L'Église a été un rempart contre les comportements décadents en défendant des valeurs qui nous ont prémunis contre la corruption sur le plan moral et la tentation de tout subordonner au pouvoir de l'argent. Ceux qui ont pris les rênes sur le plan politique, social et culturel, au lendemain de la Révolution tranquille, l'élite de la soi-disant période de la Grande Clarté, ont-ils été à la hauteur? L'histoire le dira. Ce demi-siècle portera-t-il le nom de «demi-siècle des Lumières»?

Si nos jeunes choisissent leur métier ou leur profession en étant aveuglés ou obnubilés par l'appât du gain et le salaire qu'ils gagneront, s'ils veulent avoir au début de leur carrière le salaire des aînés, il faudra se poser des questions sur les valeurs, la pensée ou l'idéologie dominante de leur milieu. Si tous investissent leur énergie en fonction du dollar, ils s'adapteront. Si surconsommer et s'endetter à outrance crée de la richesse et du bonheur, alors qu'on ouvre, pour soi et ses descendants, la porte de la faillite et du malheur, il y a là une grave méprise...

Qui d'entre nous voudrait revenir au Québec d'hier?

L'Église catholique est une «théocratie».

Dans les années 1950, la riche littérature française était presque toute à l'index...

Qu'une religion riche d'églises et de chants grégoriens si sereins et si paisibles ait été rejetée...

Que l'Église ait exigé de nos ancêtres d'élever de telles familles dépasse tout entendement.

Entre 1840 et 1930, 1,2 million de Québécois ont migré aux États-Unis pour gagner leur vie...

Pour vider les églises, le clergé et les religieux furent atteints d'«hommerie» et de «femmerie» sévères.

Si on avait enseigné les évangiles aux Québécois, au lieu des
encycliques, pratiqueraient-ils encore leur religion?

Les Québécois ont rejeté un clergé dominateur.

Le clergé a fait payer son vœu de chasteté à tous les Québécois.

Une rumeur: les kamikazes musulmans hériteraient d'Allah d'un
harem de jeunes vierges?

Le clergé a gardé les Québécois enfants, en décidant tout pour eux.

Soi-disant appuyé sur le Christ, le clergé québécois s'est conduit en
inquisiteur autoritaire…

Les Québécois, en balayant la religion, ont-ils balayé leur conscience
morale?

Que mettent les Québécois au-dessus du légal démocratique?

Les évangiles, qui relatent la vie et les propos du Christ, n'ont pas
réponse à tout.

Si le message du Christ est intemporel, ceux qui le vivent sont de leur
époque…

Pour les Juifs, le Messie devait les libérer du joug romain.

Les Québécois reprochent à l'Église d'avoir voulu faire d'eux des petits
Christ.

Avant 1960, comme aujourd'hui, il devait y avoir, entre les saints et les
damnés, les bons diables.

Le Christ est le modèle pour qui veut se dépasser.

L'aide du Christ s'impose-t-elle à qui veut l'imiter?

Pierre, libre, a reçu la foi, a été racheté, aidé avec la grâce, consolé avec
ses prières, choisi comme ministre, etc.

Ceux qui ont enseigné les évangiles aux Québécois n'étaient que des
humains.

Si l'on humanise le christianisme, ses rites et ses croyances n'ont rien
de sorcier.

Pour l'Église était péché tout manquement d'amour à Dieu et au
prochain.

Les prêtres confessaient, connaissaient les humains.

Connaître les humains n'est pas les comprendre.

Les expressions «péchés véniels» et «péchés mortels» distinguaient les offenses légères des graves.

Le pécheur admettait ses péchés et sortait du confessionnal, dit-on, pardonné.

Le pécheur admettait-il ses péchés devant Dieu ou devant son confesseur?

Obliger un enfant de six ans à se confesser était le soumettre à la tentation ou au mensonge.

Les péchés d'un ado avaient trait au sexe: pensées, désirs et touchers coupables…

On refusait l'absolution à qui utilisait une méthode contraceptive autre qu'Ogino…

L'Église christianisera-t-elle sa conception de l'homosexualité?

Être envahi par des démons signifiait être habité par des passions néfastes.

L'Église intégrait, avec le baptême, le nouveau-né et l'éduquait pour l'au-delà.

Vivre en état de grâce était être bien dans sa peau de fidèle et de croyant.

L'ange gardien, protecteur, était la conscience du chrétien.

L'enfer punissait une vie de haine, et le ciel récompensait une vie d'amour.

L'Église avait imaginé, entre le ciel et l'enfer, un lieu pour les impurs: le purgatoire.

L'Église béatifiait les croyants modèles et excommuniait les hérétiques, les…

L'Église a un crédo officiel et des commandements dits de Dieu et d'elle-même à faire respecter.

Les cardinaux élisent le successeur de l'apôtre Pierre, qui nomme les Évêques.

L'Église exigeait de ses ministres obéissance, célibat et pauvreté.

L'Église avait besoin de dons pour son clergé et pour fournir ses services.

Les reliques des saints sont-elles plus précieuses que les souvenirs ou les vieilleries des vedettes?

Le long passé de la cité du Vatican explique sa richesse.

Pierre propose la béatification de nos grands-mères et de leurs aïeules.

L'Église a réservé aux femmes des rôles de servantes.

Pour l'Église, les enfants nés hors mariage n'étaient-ils que des bâtards?

Le voile islamique rappelle aux Québécoises d'hier le port du chapeau obligatoire à l'église.

La soutane des religieux avait des odeurs de burka.

Hier, à la messe, des communiants marchaient tête basse et mains jointes.

Hier, on reproduisait le Christ, la Vierge et les saints sous des airs éplorés.

Les Québécois acceptent le ramadan, non le carême.

Le clergé éteint, des émules laïques sont nés.

Les nouveaux «curés laïques» ne prêchent pas à l'église, mais dans les médias.

Si l'Église, qui a assuré notre survie, disait: «Vous, "curés laïques", faites mieux que nous!».

Si les religieux exigeaient rétroactivement un juste salaire pour services rendus…

Jusqu'en 1960, l'Église s'est chargée des hôpitaux et des écoles à des coûts dérisoires.

Jusqu'en 1960, l'Église s'est occupée de l'enseignement du primaire à l'université.

Des fils d'ouvriers, qu'on voyait prêtres, ont fait le cours classique, grâce à des bienfaiteurs.

Avant 1960, l'Église avait créé le cours classique, qui donnait accès au Grand Séminaire et à l'université.

Il est aujourd'hui difficile pour un croyant d'avoir les services religieux qu'il désire.

La Révolution tranquille a-t-elle drainé une haine diabolique des médias contre l'Église?

Les saints catholiques ont donné leur nom à combien de personnes, villes, villages, rues, etc., québécois?

Un peuple peut-il rejeter et nier l'apport d'une Église dont les membres ont consacré leur vie à le servir?

Les Québécois reconnaîtront-ils un jour l'apport historique vital de leur Église?

Les Québécois ont-ils rejeté l'«hommerie» et la «femmerie» des messagers, ou le message du Christ?

Nombre de baby-boomers ne pratiquent plus et ont entraîné leurs descendants.

L'amour serait fluide entre les petits-enfants et les grands-parents pratiquants...

À Noël, des incroyants assistent à la messe de minuit par nostalgie.

La sexualité causait des cauchemars aux jansénistes.

Hier, il y avait les appelés par Dieu, ceux qui s'appelaient et ceux qu'on prétendait appelés.

Le gourou Raël et ses adeptes, associés aux honnêtes croyants, ont floué combien de Québécois naïfs?

La gourou qui a fait suer, cuire une de ses adeptes à mort, a-t-elle été proscrite?

Un futur religieux que l'autre sexe éteignait voyait la chasteté d'un bon œil.

Enrégimenté à 12 ans comme futur religieux, un jeune pesait-il le poids de cette décision?

L'Église, en sélectionnant des jeunes trop pieux, se préparait des lendemains amers.

Un religieux qui vivait la chasteté le devait à la prière, à la grâce et au fouet…

Plus les vœux des religieux les mortifiaient, plus ils se sanctifiaient.

Les jeunes générations «sacrent» sans connaître le sens religieux des maudits mots dits.

Aujourd'hui, un enfant incroyant peut dire à tout théologien : «Je ne crois pas ce que vous enseignez».

Les missionnaires québécois, étatsuniens et européens voulaient christianiser le monde.

La liturgie catholique exalte Dieu, le Christ et les saints, et voit les fidèles comme des pécheurs, sans leur aide.

Le Christ proposait la réhabilitation des larrons repentants et condamnait l'abus des personnes fragiles.

Si Rome avait radié le sexisme, l'Église irait mieux…?

De vieux cardinaux misogynes imposaient aux fidèles devoirs et obligations.

En Occident, un agnostique ou un athée l'est chrétiennement.

Les nouveaux évêques, esclaves des encycliques, enregistreront les apostasies…

Le Saint-Esprit a omis de dire aux papes que pour garder leurs fidèles, ils devraient propager les évangiles avant leurs encycliques.

La force et la faiblesse d'un intégriste ou d'un fondamentaliste viennent de leur indéfectibilité.

L'Église prétend baser sa morale sur les lois de la nature, que la science cherche encore à découvrir.

Bach, avec la musique religieuse, apaise, guérit, élève et comble le cœur et l'esprit.

Les messes de Bach ont la force des éléments dominés par un chantre génial de la vie et de l'amour.

Un Bach composera-t-il une messe qui louerait ces incroyants qui essaient de s'aimer ?

C- Le féminisme

Au Québec, le féminisme a pris du temps à se définir. Bon nombre de femmes ont pensé qu'adopter certains comportements masculins, pourtant discutables, était l'idéal à atteindre. On en a vu commencer à fumer, consommer davantage d'alcool, se mettre à «sacrer», à coucher plus facilement à droite et à gauche, croyant que c'était une libération. En réalité, elles confondaient égalité et identité.

Parallèlement à la révolution des années 1960, les femmes décidèrent d'en finir avec le rôle de femmes d'intérieur, de s'aventurer sur le marché du travail. Aujourd'hui, aussi scolarisées, sinon plus que les hommes, elles sont économiquement autonomes et essaient de partager les tâches familiales, qui leur étaient plutôt exclusives auparavant, avec leur conjoint.

Avec la libéralisation du divorce, la famille a éclaté, les enfants sont devenus plus rares, et ce n'est bien souvent qu'à 35 ans ou plus que bien des femmes découvrent qu'avoir des enfants et les élever avec un homme qu'elles aiment peut être biologiquement et psychologiquement positif pour elles. Le taux de natalité est très bas, et la famille unie, solidaire, durable semble être devenue chose du passé ; chacun a sa formule et essaye de s'en tirer le mieux possible.

Souvent, on entend dire que les femmes devraient gouverner la province ou le pays. Différentes des hommes, elles le feraient peut-être mieux. En réalité, elles mettraient l'accent sur des objectifs ou des valeurs qui leur sont spécifiques, comme l'ont fait les hommes. Puisque c'est le couple qui pense dans la famille, l'important est que la vision et les besoins des deux sexes soient exprimés, défendus et respectés.

Pourquoi le pouvoir et l'autorité ont-ils historiquement adopté la filière mâle ? Dans les religions monothéistes, ils auraient été légués aux hommes par le monarque Dieu lui-même, dit-on. Socialement, politiquement, religieusement, les hommes ont régné, mais il faut dire qu'ils ont hérité du pouvoir parce qu'il fallait, depuis des temps immémoriaux, de la force physique pour dominer et vaincre la nature et les ennemis. Ils n'auraient ourdi aucun complot pour domestiquer leurs compagnes. La différenciation des rôles s'est faite naturellement. Les enfants, la vie à l'intérieur de la maison, les femmes en ont hérité ; à l'extérieur, ce furent les hommes. Cette conception des responsabilités s'estompe, en Occident.

Le féminisme a accompagné la Révolution tranquille. Les féministes auraient découvert que leurs ancêtres mâles et leurs descendants ont comploté pour les assujettir, les isoler, les renfermer dans les maisons. La lutte pour le pouvoir entrait dans les familles et les foyers québécois. Merci, Madame de Beauvoir, qui, en vous basant sur les fausses prémisses que les femmes ne naissaient pas femmes mais le devenaient, avez faussé toute la question du féminisme. Être femme est d'abord une caractéristique biologique avant d'être un phénomène d'éducation, de culture. Les couples se sont mis à négocier, négocient encore, et de plus en plus. Une relation de pouvoir a remplacé une relation qui se voulait d'abord une relation d'amour, et les hommes ont été perçus et accusés par vos semblables féministes comme des ennemis, des monstres. Cela explique qu'un parti politique au Québec, Québec solidaire, affiche carrément qu'il est un parti féministe, qu'il se «désolidarise» et insulte ces hommes qui ont fait le maximum pour corriger les inégalités qui pouvaient nuire aux femmes dans le choix et la réussite de leurs carrières à leurs côtés. Ce parti sème, alimente et continue la guerre des sexes déclarée par Simone de Beauvoir, et rien de bon ou de positif ne peut en sortir. Cette guerre a déjà fait trop de ravages ; déjà trop de générations d'hommes ont été sacrifiées. Mes petits-fils méritent d'avoir toute la place au soleil qu'ils sont en droit d'avoir et d'occuper.

Nos grandes féministes ont-elles fait des études, pour savoir si la société québécoise d'hier était plus matriarcale que patriarcale ? Il semble que nos ancêtres masculins, réputés sexistes, se contentaient de donner leur nom à leurs descendants et d'être de bons pourvoyeurs. Pourraient-elles expliquer ce que l'on voulait dire, quand on leur donnait le titre de reines du foyer, quand des mâles «dominateurs» leur léguaient leur bonheur et leur progéniture ?

Si le mouvement féministe avait suivi une évolution sociale normale, il en serait encore aux balbutiements. Promouvoir une cause impliquant un tel changement dans les familles, bases et fondements de la société, la mettre en marche et la réaliser : on peut parler de la révolution la plus sérieuse en Occident depuis plus de 20 siècles.

Cette révolution fut possible grâce à la découverte de « la pilule », qui a permis une nouvelle vision de la famille, facilité son actualisation dans le quotidien des femmes et accéléré leur émancipation. Libérées des li-mites que leur imposaient des grossesses non désirées, elles ont acquis la liberté de devenir mères à des moments qu'elles jugeaient propices et n'étaient plus dépendantes d'une relation sexuelle plus ou moins efficacement protégée ou d'envisager la dure réalité d'un avortement. Elles récupéraient aussi la liberté de se soustraire à tous ces gadgets contraceptifs qui sont des obstacles pour profiter d'une relation sexuelle satisfaisante et agréable.

Avec cette liberté, les femmes ont accédé au monde du travail et su obtenir l'autonomie financière, qui est la base de l'égalité dans un système capitaliste. Le droit de parole, de décision, l'attention et l'écoute obtenues sont liés à l'argent que l'on rentre. Il faut le déplorer, mais ce phénomène est en train de gagner les couples du monde entier. La famille a perdu ce qui la rendait admirable pour devenir un lieu où le pouvoir se négocie, où tout se monnaye.

Quand les finances vont bien, le reste devrait bien aller, dit-on. Nous savons tous que l'argent ne fait pas le bonheur, mais aussi que les pays où les citoyens vivent le plus difficilement sont ceux où ils sont les plus pauvres, où l'espérance de vie est de 40 ans, la mortalité infantile, à des taux alarmants, l'éducation et les soins de santé, inexistants, le chômage, généralisé, etc. Les besoins primaires satisfaits, la convention signée, on peut penser et passer à autre chose. Comme l'a dit un poète matérialiste étatsunien « gras-dur » et imaginaire de mon cru : « L'argent, c'est la liberté, la liberté de bien vivre et de mourir sans trop de douleur ».

Peut-on dire que le féminisme fut, pour les Québécois, non seulement pour les femmes, plus positif que négatif ? Il est trop tôt pour le dire, tout comme pour la Révolution tranquille. Ces deux phénomènes sociaux ont bouleversé le Québec en profondeur, et leurs répercussions ont été lourdes de conséquences et le seront encore demain. Il faut cependant dire que les progrès technologiques ont accompagné le féminisme et ont permis une plus grande émancipation des femmes, qui aurait été impossible dans les siècles antérieurs. Les tâches ménagères ont été allégées avec tous les électroménagers, produits par des hommes intuitifs, qu'ils peuvent aujourd'hui eux-mêmes utiliser ; la force physique n'est à peu près plus nécessaire dans mille et un métiers, et les conditions de travail de la main-d'œuvre ouvrière se sont énormément améliorées.

Le féminisme a aidé les femmes à développer et exploiter un potentiel qui dormait chez elles parce qu'elles étaient auparavant réduites à leur foyer, un potentiel dont la société d'aujourd'hui profite et qu'elles utilisent avec les hommes sur le marché du travail. En retour, les hommes ont développé davantage leur côté masculin et féminin, obligés qu'ils furent d'être pères au quotidien, de cuisiner à leur tour ou de passer la balayeuse. Ceci a donné des femmes et des hommes plus autonomes, plus équilibrés et des couples qu'on ne peut s'empêcher d'admirer dans leur complémentarité et leur sens de la coresponsabilité.

Le féminisme a accéléré la reconnaissance de l'égalité des sexes d'une façon inimaginable. Ce qui aurait exigé des siècles et des siècles s'est réalisé en moins de 50 ans. Un père de baby-boomer ne se reconnaîtrait plus, et je crois qu'il conclurait qu'il aurait préféré vivre dans la société actuelle... Il ajouterait peut-être quelques «mais», mais...

Si le féminisme se veut une libération, aspire à une société meilleure, pourquoi n'aiderait-il pas à construire une vie de couple plus saine, une famille plus stable, une famille suffisante pour assurer notre survie et notre identité culturelle française, pour développer une idéologie capitalo-socialiste respectueuse de la liberté de chacun et de la loi, une solidarité avec les démunis, un sens de l'humour qui exploite ce que nous avons de culturellement admirable et de risible, etc.

Il y a le rêve qui donne des ailes et la réalité qui lui ajoute du plomb. Seul un regard lucide peut offrir des bases pour édifier une société où il fait bon vivre, qui permet à chacun d'être satisfait de son quotidien, de sa vie avec ses proches, dans sa communauté. Il me semble que je saluerais et souhaiterais tout ce qu'il peut y avoir de mieux à mes petits-enfants et les quitterais l'«âme» en paix...

Le féminisme, pensé et livré à l'opinion publique par Simone de Beauvoir, était une déclaration de guerre aux hommes et partait bien mal une cause qui avait sa raison d'exister. Actuellement, les femmes ne demandent plus de discrimination positive, semblent avoir défini et trouvé leur place, et une nouvelle vision viable du couple et de la famille devrait en sortir après bien des errances et des affrontements inutiles.

Mesdames, vous avez à prendre votre place, sans sexisme. Êtes-vous sorties des maisons pour endosser des habits d'hommes? Pourquoi le fait de les dépasser, sur des terrains où ils sont chez eux, serait-il un exploit? Tout en étant leurs égales, vous ne leur êtes pas identiques. D'où vient cette volonté féministe de les vaincre? Être vous-mêmes, semblables et différentes, ne vous suffit pas? Votre féminité est votre force, votre richesse. Qu'aiment retrouver chez vous les hommes, et vous, chez eux? Des copies? Étant libres, exercer des métiers, des professions ou des disciplines qu'ils pratiquent vous convient peu, ou pas? Des artistes brillent sur scène à 85 ans; heureux soient-ils! Les hommes n'ont pas à vous égaler en longévité, dans l'art d'être mère, de vivre votre féminité. Les sexes sont complémentaires, amis, et vous le prouverez en vivant selon vos champs d'intérêt. Une femme ne se réalise-t-elle pas autant en perpétuant la vie dans l'amour plutôt qu'en accouchant d'une épopée, d'un opéra, d'une sculpture, d'une peinture, etc.? Pour des parents, leurs enfants et petits-enfants sont les êtres dont ils sont les plus fiers!

Bien sûr, Madame de Beauvoir, on ne naît pas femme, on le devient...

Naître biologiquement homme ou femme ne précède-t-il pas le devenir culturellement?

Dans l'inconscient des deux sexes niche l'idée qu'ils se doivent quelque chose.

L'évolution a doté les deux sexes de dons pour se reproduire et survivre.

Ce que Pierre et Marie sont devenus, ils le doivent à leurs erreurs comme à leurs bons coups.

Marie: Pierre, tu serais un homme de principe?
Pierre: Tu entends que d'en haut, je me dicte ma conduite?
Marie: Disons. Et tu t'obéis?
Pierre: Oui, sinon je baisse dans mon estime.
Marie: Pour qui te prends-tu, alors?
Pierre: Pour un imposteur...

Un macho croit qu'il peut en imposer à l'autre sexe.

Si les hommes contrôlaient leurs pulsions sexuelles et les femmes leurs impulsions exhibitionnistes...

Marie, féministe enragée, rage de ne pouvoir «pisser» debout.

Des féministes tirent profit de la situation pour «diaboliser» et publiciser les abus de certains hommes.

Le plus abject pour les féministes : le machisme, le viol, l'inceste, le harcèlement sexuel et la violence conjugale…

Les femmes ont le pouvoir médiatique, et non politique et économique.

Les féministes d'hier ont fait croire à Pierre qu'il descendait de machos monstrueux…

Combien de femmes ont réglé le compte de leur père macho et sexiste sur le dos de leur conjoint ?

Des hommes ont perdu leur fierté masculine et appuient des positions féministes injustes.

Dans des couples, des hommes se comportent comme des «lavettes», des «oui, chérie!».

Si les hommes apprennent à être à la fois roses et machos, ils pourront respirer…

À l'école secondaire, les garçons «décrochent», alors que les filles excellent et dominent.

Pour une féministe ou une prostituée, un homme est un pénis.

Pour un macho, une femme est une servante, un vagin.

Pour protéger leurs familles, nos lointains ancêtres les ont cloîtrées dans des abris.

Il y eut ces femmes qui tiraient avantage du féministe sans libérer leurs hommes…

Le féminisme s'explique comme un réflexe naturel à un phénomène de surprotection.

Le féminisme est né, car on exigeait des femmes de vivre en communistes en régime capitaliste.

Les femmes qui ne retiraient que les allocations familiales n'avaient que ce poids avec un mari macho…

Notre économie peut-elle libérer davantage les jeunes parents ?

Les femmes d'aujourd'hui ne regrettent probablement pas l'époque du tablier et du torchon…

Les militantes féministes déposeront les armes quand les hommes « pisseront » assis.

La « mère indigne » veut-elle effacer toute trace de la mère d'hier?

Fils d'une mère au foyer d'hier, Pierre croit qu'elle l'aimait avant de penser à négocier…

Naître homme ou femme ne fait d'aucun des deux un être supérieur ou inférieur.

Socialement, la loi du pendule fait qu'on va d'un extrême à l'autre: la victime devient le bourreau.

Qu'améliorent les femmes en disant: « À notre tour d'exercer le pouvoir, de dominer! »?

Y aurait-il plus d'égalité si seules les femmes livraient l'information?

La famille éclatée, recomposée, monoparentale… laquelle prendra la succession?

Une famille adulte, unie, voilà le défi du siècle!

Un peuple où les enfants exècrent un de leurs parents est-il maudit?

Aucun sexe n'a le monopole de l'amour ou de la souffrance…

Léguer son nom à ses enfants relie un père à sa famille?

Un père qui ne se reconnaît que physiquement chez ses enfants est-il un étranger?

On publie des études sur la violence des hommes, non sur celle des femmes…

Qui ignore que les hommes sont voyeurs et les femmes, exhibitionnistes?

La vie à deux est prometteuse d'amour, de plaisir, de don et d'avenir en fleur, sinon…

Les femmes n'ont-elles pas toujours aimé les héros ou les bons pourvoyeurs?

Une jeune fille en fleur ne voit-elle qu'un possible ami chez un garçon réservé et studieux?

L'autorité et le respect du père d'hier lui venaient de ses talents de pourvoyeur.

Combien de femmes au travail préfèrent être dirigées par des hommes?

Les femmes sur le marché du travail sont celles qui géraient seules hier dans les maisons.

Élisabeth 1re, Catherine de Russie, Golda Meir et Margaret Thatcher dirigèrent-elles leur pays comme des femmes?

Hier, des artistes géniaux ont décrit, peint ou sculpté des femmes qui faisaient rêver les hommes.

Dans les pays où les femmes s'expriment, on les trouve intelligentes, géniales, comme les meilleurs hommes.

Les femmes, sans se contredire, ne pleurent-elles pas peinées ou joyeuses?

Les femmes qui mêlent les larmes aux joies comprennent certes la fidélité de leur «chum» infidèle...

Les femmes, qui recueillent les spermatozoïdes, fusionnent les deux sexes.

Un homme se doit de bien s'entretenir, et sa compagne de rester la plus désirable.

Un conjoint heureux avec sa conjointe a-t-il à craindre celui qui la regarde avec convoitise?

Une conjointe qui éclipse ses rivales a-t-elle à les craindre?

Si les hommes d'hier s'étaient plaints de leur «gérante» de femme, il aurait fallu un tel mur des Lamentations...

Si les femmes d'hier s'étaient plaintes de leur flirteur de mari, il aurait fallu un tel mur des Lamentations...

Si les hommes qui trouvent d'autres femmes aussi désirables que la leur portaient une cloche...

Si les femmes qui trouvent d'autres femmes aussi belles qu'elles pour leur amant portaient une cloche...

En Occident, les femmes se dévoilent, en Orient, elles se voilent.

La liberté laissée aux femmes fait qu'elles exhibent ou non leurs charmes.

Si Marie dit à Pierre qu'elle n'a rien à se mettre, il comprend qu'elle veut du neuf.

Les femmes peuvent-elles faire fi de l'attrait qu'elles exercent sur les hommes?

Maman à Marie: «Si tu exploitais l'attrait que tu exerces sur les hommes, tu serais assise sur une fortune...»

Les femmes se maquillent-elles pour se plaire, ou pour plaire?

Les filles ont-elles de l'avenir à rivaliser avec les garçons au hockey mineur?

Les femmes ont-elles raison de pratiquer des sports pensés et créés par des hommes pour eux-mêmes?

Une jeune fille n'a pas besoin de ressentir l'amour d'un père?

Autant Pierre n'aime pas les émotions et les fuit, autant Marie les aime et les recherche.

Si les femmes étaient plus émotives que rationnelles et les hommes plus rationnels qu'émotifs...

L'énergie accordée aux émotions par les femmes en enlève-t-elle à la raison?

Les femmes aiment-elles négocier un accommodement raisonnable de leur «chum» avec une rivale?

L'émotivité dominerait-elle, dans une société dirigée par des femmes?

«Qu'avez-vous ressenti?» Voilà ce qui préoccupe d'abord les intervieweuses.

Les femmes n'ont-elles pas une confidente avec qui elles n'ont aucun secret?

La confidente d'une femme ne sait-elle jamais avant son conjoint qu'elle est enceinte?

Mesdames, les médecines douces, il en va de votre crédibilité de trop les aimer...

Les vêtements féminins, selon la mode, descendent du cou et montent des chevilles pour se rejoindre au nombril.

Avec Britney Spears, les nombrils de la gent féminine sont tombés amoureux du soleil.

Mesdames trop décorées, acceptez-vous qu'on vous regarde comme telles?

Sans le justifier, mesdames, votre tenue n'explique jamais que des hommes...

Un léger décolleté a le même effet suggestif sur un homme qu'un chaud rayon de soleil.

Mesdames, s'ils sont trop gros, vous aurez à les porter...

Marie accepte qu'une autre titille son «chum», mais Mariette en est insultée.

Pourquoi les femmes sexologues blâment-elles les éjaculateurs précoces et non les tortues?

Une étude a-t-elle démontré que les hommes se foutent que leur conjointe atteigne l'orgasme?

Si Marie, convoitée, se sent violée, elle est en amour avec Pierre ou cache des gènes de lesbienne...

Un homme qui harcèle sexuellement une femme est-il un obsédé sexuel ou un homme conquis?

Des femmes acceptent la sexualité comme la porte d'entrée de la maternité...

Les femmes ne font jamais de chantage avec la chose sexuelle?

Si un conjoint peut harceler ou violer sa conjointe, l'inverse n'est-il pas possible?

«Les danses à dix», c'est pour plaire aux hommes ou gagner plus d'argent?

Les femmes qui simulent l'orgasme dans des films pornos s'amusent...

Les clubs échangistes, serait-ce le harem à la portée des deux sexes?

L'abandon de l'idéale fidélité conjugale en Occident est-il un gage de libération?

Une Vénus reste-t-elle une Juliette pour son Roméo?

Un Apollon reste-t-il un Roméo pour sa Juliette?

Un homme qui prend du poids en gagne en prestance, une femme en perd en séduction.

Est-ce abuser de l'autre sexe de ne vouloir consommer que ses jeunes années?

Les femmes, le coup de foudre éteint, vivent mieux les exigences de la fidélité conjugale.

Les femmes, au pouvoir, toléreraient la prostitution et auraient légalisé l'échangisme?

Une geisha, esclave, non une prostituée, voue sa vie à plaire avec art à des bourgeois cultivés.

Les femmes qui acceptent l'échangisme se prostituent, ou font l'ultime concession?

Une grande liberté sexuelle devient-elle synonyme de prostitution chez les femmes?

S'il y a des pilules contre la dysfonction érectile, y en a-t-il contre une panne de désir?

Rôle de composition: un gai qui joue le rôle de Tristan ou d'Iseut, de Roméo ou de Juliette.

Quelles raisons ont des femmes d'avoir des enfants et de les élever seules?

Les lesbiennes qui ont une famille mettent-elles leur sexualité au second rang?

Des lesbiennes n'ont jamais noyauté des associations féminines publiques?

La violence s'exprime plus en gestes chez l'homme, en paroles chez la femme.

Qui a prouvé qu'un coup de poing est plus violent qu'une insulte ou une injure?

Une femme trompée réagit-elle moins violemment qu'un homme abandonné?

Les femmes, plus faibles aux poings, ont exploité le verbe et la ruse pour se mesurer aux hommes.

Une femme violée en perd la vue, et un homme violé n'en croit pas ses yeux.

Les femmes entre elles peuvent être violentes... Si! Si!

Les femmes ne parlent jamais des cas de légitime défense de certains hommes.

Arrive-t-il à une mère seule de dire: «Toé, tu feras pas comme ton pére!»?

Il n'arrive jamais qu'un homme se fasse reprocher d'être macho sans l'être?

Nos indignes aïeux ont dominé nos aïeules en leur confiant leur bonheur et leur famille...

Demande-t-on encore au jeune homme d'incarner le prince charmant?

Si les hommes retiennent leurs larmes, la cause est-elle génétique ou culturelle?

Un homme peut être très sensible sans qu'on ne puisse lui arracher une larme.

Si aux «hommes roses» on ajoutait le parfum, les bijoux et on les épilait...

Qui blâmer si la gent féminine préfère le malheur avec un macho à l'ennui avec un «bon parti»...?

Pierre a boudé son épouse en l'ignorant pendant 15 jours, et elle n'en pouvait plus.

La violence conjugale, rapportée dans les médias comme gratuite, est diffamatoire envers les hommes.

Des femmes feraient leur vie avec des monstres violents qui les récupèrent avec des fleurs, puis les tuent...

Un homme qui tue ceux qu'il aime et se suicide est désespéré, ou veut se venger?

Les hommes taisent-ils une infidélité pour ne pas blesser leur compagne?

Pierre, repentant, confesse sa seule infidélité, puis l'autre…

La vie a voulu que des hommes aient vécu seuls, loin de leur foyer et du lit conjugal…

Les salauds, séduits par la meilleure amie de leur femme, le sont par une salope?

Les militaires, une fois l'ennemi vaincu, auraient la réputation de violer les femmes…

Les hommes, originellement guerriers, en ont gardé des traces, dont un besoin de se mesurer.

Les hommes ont inventé le sport pour se libérer de l'ancien guerrier qui sommeille en eux.

Les hommes, divorcés ou séparés, ont-ils l'oreille des juges, pour la garde et les visites de leurs enfants?

Les hommes, dans le couple, hésitent-ils à s'engager à long terme?

Qu'ont les hommes, pour remplacer les tavernes dites sexistes?

Pierre a choisi entre ses amis et Marie, ou s'est gagné des «air lousses»?

Les hommes ont toujours cru que les deux sexes étaient complémentaires.

Les hommes n'ont-ils pas été solidaires de leur famille avant de l'être entre eux?

Les hommes d'hier, sans verser de salaire à leurs femmes, les appréciaient.

Les hommes d'hier ont reconnu le besoin des femmes de bâtir un foyer, d'être mères, grands-mères, etc.

Des hommes n'adoraient pas leur «mère indigne»?

Pierre était sacré pour sa mère, elle fut sacrée pour lui.

Le législateur doit éviter tout sexisme et toute connotation possible de sexisme.

Le combat pour l'égalité des sexes doit respecter les spécificités de chacun.

Les femmes qui ont le pouvoir et les postes l'exercent ou les occupent-elles fémininement?

Avec la soif de profit, si les femmes sont plus rentables, elles auront les emplois et les contrats.

Le féminisme, qui lutte pour obtenir l'égalité, est nécessaire et admirable.

Une représentation égale de députés des deux sexes est-elle signe d'égalité?

Au Québec, les femmes, soi-disant inégales, ne dominent-elles pas dans plusieurs domaines?

Le salaire moyen des femmes est en bas de celui des hommes, davantage syndiqués.

Une loi sur l'équité salariale ne va que du bas vers le haut?

L'État héritera-t-il de syndiqués dotés d'un «genre de doctorat»?

Une loi sur l'équité salariale a un impact plus lourd sur une société égalitaire.

Une civilisation qui garde les femmes légalement mineures n'en est pas une.

Les misogynes disent aux femmes: «Soyez belles et taisez-vous».

Croire que l'instruction des filles s'impose moins que celle des garçons nie l'égalité des sexes.

Le mythe biblique qu'Ève soit née d'une côte d'Adam a semé la croyance d'une préséance masculine.

Les féministes enragées, qui voient l'avortement comme un fait banal, se discréditent.

Selon les féministes, les femmes ont droit de vie et de mort sur leur fœtus ou leur embryon…

Un avortement meurtrit autant celle qui le vit…?

L'argument féministe qui dit que les femmes décident seules du sort du fœtus ne convainc qu'elles.

Les créateurs du dogme de la Sainte Trinité, qui ont exclu la Mère du triangle, étaient-ils des phallocrates?

Les femmes diront demain : « La justice, l'égalité, non au sexisme du pape François »

Selon Don Quichotte, un amoureux n'adule jamais trop sa dulcinée, ni elle son chevalier.

Les amoureux, après le coup de foudre, vivent-ils l'amour par procuration, avec Tristan et Yseut ou Roméo et Juliette ?

Demain, des mesdames et des messieurs mourront-ils sans héritiers, sauf leur animal, entourés de bonnes gens… ?

Dit-on, pour excuser les hommes, que l'adultère est lié à l'amour conjugal comme la vie l'est à la mort ?

Les guerres expliqueraient la polygamie, non les harems.

Un couple en arrive à privilégier des valeurs communes.

Les religions et les femmes qui défendaient la fidélité conjugale ont évincé la polygamie et le harem.

Les femmes libres et égales créeront-elles, avec leur homme, la famille idéale ?

C'est l'incorporation d'un élément aristocratique qui rend la démocratie viable, car faute de cet élément, elle court le danger d'échouer contre l'inculture de la masse[6].

JOHAN HUIZINGA

V – PROPOS ET RÉFLEXIONS SUR LES CITOYENS ET LA DÉMOCRATIE

Les hommes sont des animaux bien étranges. En les dotant d'une intelligence à la fois vaste et limitée et d'une psychologie à la fois simple et complexe, l'évolution en a fait des êtres forts et faibles, sensibles et rationnels, ce qui les rend plus ou moins compréhensibles.

Ils sont à l'image de leur corps, qui est un amalgame d'organes, de glandes, de muscles, de veines, de nerfs, etc. Comme eux, ils sont durs et mous, rigides et flasques, dociles et rébarbatifs, en un mot, ce sont des êtres à l'image de ce maître organe, leur cerveau, qui les caractérise, qui leur est encore si mystérieux avec ses milliards de cellules et qui en fait des êtres supérieurs.

Donner le dernier mot au cerveau, siège du langage et de la pensée, est juste et légitime. Seul, il est à l'écoute de notre corps, règle notre machine complexe et donne les ordres qui régissent les mécanismes et les gestes nécessaires à poser pour nous maintenir en vie le plus longtemps et le mieux possible. Il est essentiel pour l'individu, en démocratie, que les décisions qu'il suggère soient prises sous l'autorité d'une saine et sage raison.

Finir sur une note optimiste qui débouche sur l'espoir s'imposera toujours. Le désespoir, à la limite, nous conduirait à la destruction de l'humanité. L'amour crée les nouvelles générations, le désir d'un monde meilleur et la vraie élite.

Si tous les humains étaient des adultes de bonne volonté, les policiers et les soldats deviendraient inutiles. On ne parlerait plus de guerre,

---

6 Florence Montreynaud et Jeanne Matignon, *Dictionnaire de citations du monde entier,* p. 816.

mais d'amour et de paix. La justice règnerait sur la terre, et ce serait le bonheur pour tous.

Raymond Lévesque termine sa chanson célèbre avec ces mots: «Quand les hommes vivront d'amour / Il n'y aura plus de misère / Et commenceront les beaux jours / Mais nous nous serons morts mon frère». Il faut vouloir établir le règne de l'amour, mais il ne faut pas se surprendre que l'«argent» et le «pétrole» parlent plus fort. Est-ce un combat inégal? Est-il impossible à gagner? Depuis qu'il y a des empires sur la terre, l'avoir a dominé et imposé le pouvoir du conquérant...

Les humains, depuis des temps immémoriaux, ont divinisé pharaons, empereurs, rois, etc. qu'ils croyaient capables de les libérer ou de les protéger des mauvais coups du sort. Ils leur vouaient un culte, leur élevaient des statues, les divinisaient... L'histoire a retenu le nom de ces hommes ou femmes qui ont surgi dans toutes les civilisations. Croyant aussi en un Dieu tout puissant, ils y associaient ces chefs avec lesquels ils se sentaient protégés et forts. Ce comportement est encore vivant aujourd'hui. Dans le pays le plus instruit au monde, le plus riche, le plus puissant, Barack Obama était perçu lui aussi, par la majorité des États-Uniens et ailleurs dans le monde, comme un sauveur. Hier, ce fut un Alexandre le Grand, un César, une Élizabeth 1re, un Napoléon, un Hitler, un Pierre le Grand, un Lénine, un Staline, un Mao Tsé-Toung, un Gandhi, etc. C'est là un comportement que l'on peut dire enfantin, digne de «mon père est le plus fort» et de «ma mère est la meilleure», qui s'éteindrait dans les démocraties, mais toujours susceptible de renaître si les temps sont difficiles.

En réalité, la majorité des humains refusent de croire que le hasard explique l'univers ou que, comme le pense Karl Marx, la religion est l'opium du peuple. Pour eux, un Dieu tout puissant a créé l'univers, et son ou ses représentants religieux ou laïcs, qui les dirigent, les protègent. Cette attitude se comprend, puisque dans leur vie quotidienne, ils se sentent plus forts grâce à eux, surtout si dans le passé ils ont été épargnés des mauvais coups du sort, des hasards négatifs. Prospères, bien armés, en santé, instruits, etc., ils entrevoient des lendemains qui chantent, des privilèges qui les rassurent et les libèrent d'un avenir imprévisible ou cruel.

Croire en un Dieu est aussi naturel pour un humain que de croire que ses parents le protégeaient quand il était jeune, qu'il se blottissait dans les bras de sa maman ou tenait la main de son papa. La démocratie, en faisant de leurs chefs des élus, a rompu avec ce comportement, les a humanisés et leur a gardé des dimensions humaines, constatant qu'ils sont incapables de tout prévoir, de contrôler les effets du hasard et d'anéantir ses mauvais coups. Le président, le premier ministre, etc. resteraient des humains «discutables», qui feraient des erreurs et qu'on peut changer s'ils ne font pas l'affaire. Une démocratie décide de son sort, de sa vitalité ou de son agonie…

D'ailleurs, Darwin n'a jamais expliqué pourquoi l'évolution, qui a fait des humains des êtres intelligents, fait qu'ils sont d'autant plus intelligents qu'ils peuvent prévoir, éviter, se soustraire du négatif possible, en un mot, se libérer du hasard, de ses coups durs. Cette volonté de planifier, de diriger ou de contrôler leur avenir, qui s'appuie sur leur intelligence capable de logique, de déduction, leur dicte les meilleurs moyens à prendre pour survivre le mieux possible. Elle est hélas imparfaite, comme elle provient des lointains animaux dont ils descendent et se serait perfectionnée avec l'évolution, par hasard…

La démocratie n'est pas le régime politique idéal, mais le moins mauvais. Nous sommes loin de l'idéale et utopique *République* de Platon. Si le Sénat avait joué et jouait son rôle dans les pays qui en possèdent et que les éternelles «hommerie» et «femmerie» ne le pourrissaient pas, la démocratie aurait fait et ferait des pas de géant. Une démocratie n'est pas un régime où l'on dit au citoyen: «Cause toujours, mon lapin…» Incapables de se doter d'un Sénat, d'une chambre haute libre de toute partisanerie, qui ne penserait qu'au bien commun, qui jouerait son rôle de créateur d'excellence et imposerait ses exigences à la chambre basse, les citoyens abandonnent et l'abolissent.

Le Sénat idéal serait composé de citoyens réputés pour leur droiture, leur exemplarité et leur attachement aux valeurs démocratiques. Ses membres ne devraient pas s'être compromis officiellement pour un parti politique. Il aurait comme mandat de s'assurer que le parti au pouvoir vise le bien de l'ensemble de la communauté, dérape à gauche ou à droite si cela s'impose, et que l'«hommerie» et la «femmerie» des élus ne causent pas de dommages aux institutions.

Ce Sénat, en aucun cas, ne devrait se substituer à l'opposition légale. Il se limiterait à donner des avis, à faire des rappels, à exprimer ses craintes si des législations ne vont pas dans le sens d'une plus grande justice sociale, et à faire des recommandations en ce sens si nécessaire. L'ensemble des députés en fixerait le nombre de membres, la durée du mandat et la rémunération. Sa principale utilité serait de garder la démocratie en bonne santé, de veiller à conserver le meilleur climat social possible, et de rappeler aux élus qu'ils sont au service de leurs concitoyens avant celui de leur parti.

Rien ne l'empêcherait de stimuler l'implication des citoyens, de les inviter à voter en grand nombre, de rappeler les objectifs poursuivis, d'assurer une progression continue, et de faire des bilans en cours ou en fin de mandat. Si ceux qui veillent à la santé des institutions, de la moralité, sont convaincus que l'«hommerie» et la «femmerie» qui nous caractérisent, sont indomptables et fatals, nous attendrons en vain des messies qui endosseront nos gaffes, les répareront et nous en libéreront… Il revient à chacun de poser, au quotidien, les gestes nécessaires, de former des citoyens qui généraliseront la volonté d'instaurer le règne de l'amour dans le respect de la vie, de notre planète et de la justice. Avant de multiplier les réformes des institutions, que les humains détournent de leur finalité, il est primordial de multiplier les personnes de bonne volonté qui les défendront et assureront leur permanence pour leur bien, celui de leur communauté et de l'humanité.

Pierre et Marie, trop orgueilleux, n'aiment pas les médiateurs, et encore moins les superviseurs. Ils remercient Dieu, s'il les aide. La qualité de l'éducation annonce celle de la démocratie, et l'individu est la clé de voûte de l'excellence de l'édifice social. Les nobles valeurs y fleurissent selon l'art avec lequel elles furent transmises.

Pierre remet en question une société démocratique qui bafoue ou trahit la réalité en détrônant les vrais détenteurs du pouvoir, la majorité des citoyens, pour le céder à une minorité privilégiée, un système économico-social où les serviteurs obligés se font servir ou se servent. Un tel système tire le maximum des travailleurs, de la clientèle ou des consommateurs pour mieux les dominer, en tirer profit. Les financiers capitalistes imposent leurs impératifs aux politiciens, alors que ces derniers les expliquent, les créent et les maintiennent en vie. En d'autres termes, ils se comportent comme un étage supérieur qui bénéficie des fondations et des étages inférieurs de l'édifice qui le supportent, sans reconnaître leur préséance et leur pouvoir. Ils agissent comme les intermédiaires avec les travailleurs de la base qui les font vivre, comme les élus avec les votants qui les élisent et leur confient des mandats, comme les parents et les éducateurs avec les jeunes dont ils ont la responsabilité, comme les maîtres avec les serviteurs qui les entretiennent, comme les vedettes avec le public qui se procure des billets, comme les propriétaires de journaux avec leurs lecteurs qui les achètent, comme les critiques avec les créateurs qui sont leur gagne-pain, etc. La souveraineté des peuples est reconnue selon les communautés, leur niveau de politisation et le nombre de leurs adultes de bonne volonté.

Une société démocratique n'est pas une organisation sociale dans laquelle les citoyens s'accommodent des offres de biens et de services d'une minorité qui domine, contrôle et exploite leurs demandes de la façon la plus avantageuse possible en disant se baser sur leurs besoins réels, mais une communauté où certaines essaient de répondre adéquatement aux demandes et intérêts de tous. Les élus ont le devoir de réglementer l'offre, l'orienter, la stimuler, l'humaniser, l'harmoniser à la demande, en la soutenant et en la protégeant par une réelle et saine concurrence. Dans une société basée sur la libre entreprise, on ne crée pas la demande, qui émane de la base, des besoins de citoyens éclairés, mais on y répond, on la satisfait avec compétence et respect, en l'aidant avec une juste et complète information, en lui proposant des biens utiles et de bons services, aux meilleurs prix. C'est ce qu'on appelle non pas une caricature de démocratie, mais une vraie, une démocratie dans laquelle la demande des citoyens de la base définit et contrôle l'offre de producteurs de biens et de services.

En Occident, chaque génération ajoute des travailleurs qui augmentent son P.I.B. ou accroissent la richesse de leur pays. Ils produisent plus de biens qu'ils en consomment, et le surplus se vend avec profit. Cette vision de l'économie, en progression perpétuelle, sans laquelle la récession s'installe, causera notre perte. Les travailleurs de la base doivent supporter l'édifice, garantir un profit à ceux qui s'ajoutent à eux. Les pays riches ont un niveau de vie semblable, essaient d'équilibrer leur balance commerciale. Les pays pauvres ont leurs ressources naturelles, mais produisent peu de biens exportables et ne peuvent acheter nos produits. Les échanges commerciaux furent inventés pour créer des gagnants, non pour enrichir des prédateurs aux étages supérieurs. Les capitalistes investissent dans les pays pauvres, paient peu ou mal la main-d'œuvre. Le peuple hérite de la pollution, et les investisseurs et leurs dirigeants des profits. Les investisseurs sont les détenteurs de capitaux qui veulent en tirer le maximum de profit...

Avec la mondialisation des marchés, la hausse de la population, les progrès de la technologie qui font qu'on rase une forêt ou rafle un banc de poissons en un tour de main et qu'on ne laisse derrière soi que dévastation font que les ressources de notre planète baissent. Les pays riches devront apprivoiser le socialisme, comme le balbutient les jeunes et courageux indignés un peu partout dans le monde. Nous devrons apprendre à partager plus, comme on le fait déjà dans les pays pauvres. Nous réfugier dans le secteur des services comme les industriels capitalistes ont transféré les emplois du secteur secondaire dans les pays émergents est impossible. L'Inde exploite déjà ce filon à des coûts qui défient toute concurrence. La richesse ou la croissance d'un pays devraient venir de la valeur de ses citoyens, mais ils s'opposent les uns aux autres dans la course au profit maximum. Les ressources de la planète, de plus en plus sollicitées dans les pays pauvres comme dans les pays riches s'épuisent, et la simplicité volontaire ou la pauvreté accueillera tous les humains dans un avenir rapproché. Agissons avec économie, respectons nos richesses. Nous polluons et épuisons nos océans, nos forêts et nos mines. Si la vie nous apprend à nous débrouiller, à faire plus avec moins, à partager notre savoir et nos biens au lieu de nous exploiter, nous pourrons alors prolonger notre aventure sur terre, en accord avec nos sages prédécesseurs.

A- La personne de bonne volonté

Des personnes de bonne volonté, vous en connaissez? L'expression vient de l'Évangile. Le Christ aurait dit: «Paix sur terre aux personnes de bonne volonté» à celles qui ne sèment qu'amour et bonheur autour d'elles. Y aurait-il des personnes de mauvaise volonté?

Volonté est un mot lourd de sens. Ne dit-on pas: «Quand on veut, on peut!»? Les mots «vouloir» et «pouvoir» seraient intimement liés? Ne dit-on pas aussi: «Qui veut la fin veut les moyens»? Volonté et action seraient aussi intimement liées?

Comment expliquer que cette imposante armée de personnes de bonne volonté n'ait pas le dernier mot sur cette planète? Ça demeure un mystère...

Adolf Hitler voulait beaucoup, a pu beaucoup, a pris des moyens inqualifiables pour parvenir à ses fins, pour dominer le monde, l'assujettir à ses intérêts, qui auraient été ceux de son peuple... Il fut, avec Staline, un des pires hommes de mauvaise volonté du XXᵉ siècle. Au Canada, les Hells Angels, entre autres, veulent beaucoup de «piasses»...

Les philosophes parlent d'un volontarisme positif ou créateur, cette capacité qu'auraient les humains de vouloir l'idéal pour eux et pour les autres, de poser les bons gestes pour leur bien et le bien de tous. Au lieu de s'écraser, d'accuser l'hérédité, l'éducation reçue, les faiblesses des humains, le volontariste relève ses manches et fait tout pour s'en sortir, se libérer de ses limites, les dépasser, les vaincre, se construire, se réaliser.

Les Québécois des années 60 se sont dit qu'ils n'étaient pas nés pour un petit pain, pour être des porteurs d'eau, et qu'ils pouvaient se sortir de leur statut et de leur psychisme de colonisés. Ils ont posé les gestes qu'il fallait, motivés par de nobles objectifs qui les ont enthousiasmés et leur ont procuré les plus grandes réussites.

Sur ce riche continent, ils ont réglé leur problème de pauvreté, se sont dotés d'une classe moyenne économiquement prospère, d'un système d'éducation enviable et d'un réseau de services qui garantit à tous l'essentiel pour vivre convenablement. Il reste à mettre au monde les enfants qui multiplieront sur les plans politique, culturel et moral leurs réussites sur les plans économique et social.

La personne de bonne volonté s'immunise contre le discours ambiant qui dit que les humains sont des Sisyphe qui répètent et répéteront inlassablement les mêmes comportements négatifs. Déterminée, elle s'engage, derrière les fils de la lumière, à construire un monde meilleur, dans son milieu, en vue d'établir le règne de l'amour au lieu de celui de l'avoir, du valoir et du pouvoir.

Comment la personne de bonne volonté vit-elle la mondialisation? Elle veut l'accélérer ou la ralentir, la voit comme irréversible? Des pays tentent de protéger leur culture et leur économie, mais elle est incontournable. Les États-Uniens ont inventé le *melting pot* il y a des siècles. Ils ont accepté des immigrants à qui ils ont imposé leur langue et leur culture. Ils ont réussi à faire de tous des patriotes. Avec la mondialisation, dira-t-on, fini les dictatures cachées, les rideaux de fer et les illuminés qui auraient découvert la corde à tourner le vent? La personne de bonne volonté poursuit un idéal, pose les gestes pour l'atteindre. Cet idéal consiste à établir le règne de l'amour et de la paix dans son milieu, et la personne de bonne volonté est consciente qu'elle finira par gagner l'appui de tous les humains dans cette marche vers un bonheur accessible et possible.

La personne de bonne volonté veut un monde meilleur et agit en ce sens.

La personne de bonne volonté se veut et se construit meilleure tous les jours.

La personne de bonne volonté recherche la paix avec les siens et les autres.

La personne de bonne volonté met la vie qui est amour en tête de ses valeurs.

La personne de bonne volonté sait que le pouvoir est un moyen, non une fin.

La personne de bonne volonté écoute, puis est écoutée.

La personne de bonne volonté accepte de perdre un combat, non la guerre.

La personne de bonne volonté fait, sa vie durant, la guerre à l'injustice.

La personne de bonne volonté conserve son idéal de jeunesse, ne démissionne pas.

La personne de bonne volonté rejette tout fatalisme qui dit que le monde ne peut être autre et mieux que ce qu'il est.

La personne de bonne volonté ne cède que devant l'impossible, l'inaccessible et l'inévitable.

La personne de bonne volonté n'accepte pas ce qu'elle juge inacceptable sans réagir.

La personne de bonne volonté compose avec le temps, consciente que le règne de l'amour n'est pas pour demain.

La personne de bonne volonté admet l'importance de l'économique, mais le subordonne au politique.

Pour la personne de bonne volonté, ses besoins essentiels satisfaits, si les autres pâtissent…

La personne de bonne volonté sait que son bonheur lui vient autant de sa communauté que d'elle-même.

La personne de bonne volonté encourage les gagnants et compatit avec les perdants.

La personne de bonne volonté est réaliste, aime la liberté et aspire au bonheur.

La personne de bonne volonté est curieuse, aime le savoir et cherche la vérité.

La personne de bonne volonté est énergique, aime la beauté et priorise la création.

La personne de bonne volonté est miséricordieuse, aime la paix et la veut pour tous.

La personne de bonne volonté est altruiste, aime le coude à coude et promeut la compassion.

La personne de bonne volonté est généreuse, aime le partage et combat la pauvreté.

285

La personne de bonne volonté est idéaliste, aime la justice et plaide pour l'égalité.

Le roi Louis XIV le Grand a dit : «Nous qui voulons trop, raison il nous faut garder».

Pierre, lorsqu'il se définit comme une personne de bonne volonté accomplie, n'en est déjà plus une.

B- L'adulte

Rien n'est plus facile que de tracer le portait de la personne idéale. Cela fait 20 siècles que l'Église catholique en propose le modèle, essaie de le multiplier, et nous savons où elle en est rendue.

Au Québec, si l'Église a perdu beaucoup de son autorité, c'est que les Québécois ne lui ont pas pardonné de les vouloir mieux qu'ils étaient capables d'être. Ils n'acceptaient plus que des hommes, même s'ils avaient fait des vœux de conduite exemplaire, connaîtraient mieux qu'eux les bases de leur morale et respectent leur liberté.

Mais existe-t-il bien des choses qui n'aient pas une connotation morale, dans notre monde? Une parole, un geste n'est-il pas toujours bon ou mauvais, positif ou négatif? Un bonjour fait plaisir, une poignée de main rassure, une insulte blesse, comme une agression est dure à subir, etc.

Dans la nature, une pluie est bénéfique ou non, le soleil brûle ou réchauffe, les animaux s'entraident ou se dévorent les uns les autres, l'équilibre est atteint ou brisé.

Un adulte n'est pas nécessairement un saint, et rien ne l'oblige à poursuivre cet idéal de devenir semblable au Christ. Il peut se contenter d'être un Sisyphe heureux ou un bon païen content de vivre et de profiter des nourritures terrestres mises à sa disposition pour son bien et celui de ses semblables, d'être un plus dans sa communauté.

Les valeurs comme les motivations d'un adulte responsable prennent appui sur la solidarité avec ses concitoyens et tous les humains sur terre. L'aventure qu'est la vie sur notre planète peut être belle, mais elle n'en demeure pas moins difficile et exige que nous nous tenions la main pour la vivre et la réussir.

Devenir un adulte est-il tuer l'enfant qui vit toujours en nous, ou garder de cette période surtout des souvenirs et des acquis positifs? De l'enfance, l'idéal serait que l'on hérite de la curiosité de se connaître et de connaître le monde qui nous entoure, de la vertu d'étonnement devant le beau et le bon, de la confiance pour les humains qui seraient capables de donner de l'attention, de l'affection et de la compréhension, du désir de vieillir et de devenir autonome, responsable de sa destinée et de son bonheur, de la volonté de choisir un métier ou une profession que l'on serait heureux d'exercer, du goût d'avoir à son tour des enfants, de l'idéal d'être un plus dans sa communauté. Ne devoir retenir de cette période que des souvenirs et des acquis heureux à l'âge adulte est un bien lourd fardeau à mettre sur les épaules des parents, qui ont le désir et la volonté de se perpétuer. Créer une famille et se doter d'institutions qui favorisent la formation et le développement d'adultes responsables n'est-il pas le devoir de tous les citoyens qui veulent vivre dans une société où le climat social est ensoleillé, où il fait bon vivre?

Le citoyen à Athènes, le plébéien à Rome, le prolétaire en ex-URRS, aujourd'hui le citoyen de la classe moyenne en pays démocratique qui œuvre de 9 à 5, paie des impôts, est responsable d'une famille qui veut le mieux pour ses enfants, vit dans un confort relatif, raisonnable, est heureuse et respectueuse des possibilités de notre planète. Cette majorité instruite, tolérante, hostile à la démesure et aux injustices, voit venir les démagogues, est tout le contraire de la foule méchante qui lapide, et contiendrait ces citoyens que Pierre voit comme des adultes de bonne volonté, des fils de la lumière, qui, solidaires, établiraient le règne de l'amour. Seule l'ONU pourrait les unir, faire appel à eux au lieu de céder le pouvoir à un pays impérialiste qui impose, avec ses alliés, ce qu'il croit être le bien de l'humanité, c'est-à-dire son bien et celui de ceux qui l'appuient et maintiennent le statu quo.

L'adulte est aussi heureux de plaire aux siens ou à autrui qu'à lui-même.

L'adulte essaie de trouver sa place et de bien l'occuper dans sa communauté.

L'adulte sait que les enfants sont la principale richesse d'une communauté.

L'adulte accorde toujours la première place aux êtres humains.

L'adulte se définit à sa capacité de prendre des responsabilités et de s'en acquitter.

L'adulte vit heureux sans multiplier les sensations fortes.

L'adulte ne se réfugie pas dans l'alcool ou les drogues, il affronte la vie à froid.

L'adulte n'aime pas être considéré comme quelqu'un qui a besoin qu'on enfarine le chat.

L'adulte se critique et exige plus de lui-même que d'autrui.

L'adulte garde de l'enfance la vertu d'étonnement, la fantaisie et la spontanéité.

L'adulte n'a rien d'un dépendant qui apprend et reçoit plus qu'il enseigne et donne.

L'adulte travaille sa vie entière à harmoniser et à garder en lui le difficile équilibre cœur-raison.

L'adulte assume l'éducation reçue et tâche d'en tirer le meilleur parti possible.

L'adulte a le souci que les adultes se multiplient dans sa famille et sa communauté.

L'adulte essaie de s'associer à la vie et d'atteindre avec elle une perfection toujours plus grande.

Pour un adulte, un citoyen qui tombe est un citoyen à aider à se relever.

L'adulte n'adule personne et n'accorde à lui et aux autres que le crédit et les torts mérités.

L'adulte peut s'extasier devant des chefs-d'œuvre, mais n'accorde à leurs créateurs que les louanges méritées.

L'adulte s'entoure de bon, de beau et de vrai pour devenir meilleur, plus beau et plus vrai.

L'adulte ne généralise pas et ne prête pas les écarts de conduite de quelques individus à tout leur groupe.

L'adulte emprunte au stoïcisme sa noblesse et se refuse tout comportement délirant.

Un adulte qui n'en vient qu'à donner est-il un ange?

L'adulte connaît les exigences de la vie de couple liées au fait d'avoir des enfants et se sépare pour des motifs graves.

L'adulte de bonne volonté fait confiance à ses frères, tant que…

Puissent nos dirigeants collaborer à multiplier les citoyens responsables, adultes.

Les adultes de bonne volonté, eux aussi, se multiplient.

Des adultes de bonne volonté donneront-ils un jour le fa au concert des nations?

Pierre, lorsqu'il se définit comme un adulte accompli, n'en est déjà plus un.

M. Henri Bourassa (1868-1952), un Québécois émérite!

Petit-fils de Louis-Joseph Papineau, fier de ses ancêtres et de sa culture, il ne plia le genou ni devant la reine ni devant l'oncle Sam.

Fondateur du journal *Le Devoir,* en 1910, il en fut le directeur, l'éditorialiste, et un animateur libre et courageux.

Un mari, un père, un citoyen, un journaliste et un député responsable, il exigeait de tous le maximum, l'excellence.

Élu comme indépendant à Québec ou Ottawa, épris de justice, il défendit le colon, l'agriculteur et l'ouvrier.

Ultramontain, il fut guidé par le Vatican sur le plan spirituel et dans ses convictions philosophiques ou scientifiques.

Au cours d'une carrière vouée à l'essor des «Canadiens français», il exploita avec art ses dons de penseur et de *leader.*

Respectueux des traditions, il a accepté au mérite les idées progressistes de son époque, et avec difficulté celles féministes…

Transparent, engagé, il fut un lutteur probe et intègre, un constructeur, un castor doublé d'un mustang.

Henri Bourassa, orateur et conférencier talentueux doué d'une grande énergie, d'une grande intelligence et d'un grand cœur, aimait ses concitoyens comme lui-même, et il fut un grand Québécois, un héros!

Comme on ne peut cloner des Henri Bourassa, souhaitons qu'il continue de susciter des émules de sa trempe, des Claude Ryan, pour n'en nommer qu'un.

Pour les Québécois, M. Henri Bourassa fut un modèle de personne de bonne volonté, d'adulte.

Priorités citoyennes

Léguer un environnement en santé aux nôtres.

Faire la guerre à la malbouffe et à l'obésité.

N'accepter aucune manipulation électoraliste.

Dénoncer vertement tout mensonge de nos *leaders*.

Obliger nos élus à nous prendre pour des adultes.

Permettre à nos élus de regagner notre confiance.

En finir avec ces censeurs qui s'autocensurent.

Refuser de laisser le premier et le dernier mot à l'argent.

Payer nos dettes qui paralyseront aussi nos enfants.

Exiger une gestion saine et limpide de nos deniers.

Mettre à leur place investisseurs et lobbyistes.

Tenir nos institutions loin de la corruption.

Encourager nos producteurs de biens.

Devenir adepte de la simplicité volontaire.

Favoriser la création de couples et de familles adultes.

Familiariser nos jeunes avec Félix Leclerc et Chopin.

Défendre et illustrer notre culture et notre langue.

Former des citoyens conscients et responsables.

Les vrais pouvoirs : les médias et l'argent

Il règne une telle cacophonie que tous ont à la fois tort et raison.

Les médias désinforment les gens autant qu'ils les informent.

Les médias relatent tant de scandales que rien ne surprend plus.

Les journaux ont trop de chroniqueurs qui s'expliquent.

En avait-on déjà trop de la vision masculine sans ajouter la vision féminine ?

La publicité exigerait qu'on possède 10 cartes de crédit.

Nos commerces nous inondent de produits en solde.

La consommation monte le PIB, qui descend avec les dettes.

L'austérité tue la croissance qui a besoin qu'on dépense.

Obama pense aux prolétaires et Rodney, aux riches.

Les Européens payeront leurs dettes avec un euro dévalué ?

Les salaires des Chinois absorberont-ils les déficits occidentaux ?

Les « pétroleux » arabes s'enivrent de dépenses scandaleuses.

Les « pétroleux » auront-ils raison de la classe moyenne ?

Avec la surpêche, les requins de la finance s'entredévorcront ?

À spéculer, les spéculateurs finiront par épuiser les bourses.

L'eau potable épuisée ne pourra étancher la soif de profits.

Mourant, tient-on la main des siens, ou son chéquier ?

C- LE CRÉDO DE PIERRE ET MARIE AVEC LES LEURS

Pierre et Marie, ces personnages fictifs, deviendront des conjoints qui n'ont rien de personnages théâtraux, termineront leur prestation ou leur périple avec ce qu'ils croient fondamental dans la réussite d'une vie heureuse au quotidien et jusqu'à son dernier terme. Une vie que l'on quitte à regret, mais avec un cœur qui fut comblé. Ils laisseront derrière eux des êtres contents d'avoir hérité de la vie et de la perpétuer à leur tour dans l'amour des leurs et de leurs proches.

Pouvoir donner la vie, aider ceux à qui on l'a donnée à progresser, à exploiter les talents reçus, à devenir des citoyens responsables au sein de leur communauté, des semeurs de joie, conscients qu'ils ont un rôle important à jouer, est un grand privilège. Le bénéficiaire demeure membre d'une famille qui l'a façonné, lui a légué des valeurs et enseigné des comportements qui ont fait de lui un être unique, irremplaçable et précieux. Sauf les parents avec leurs enfants, qui doit quoi que ce soit à qui que ce soit?

Une famille stable qui s'appuie sur des parents complices en amour et complémentaires pour s'entraider dans leur réalisation et le bien des leurs, une cellule qui assure la sécurité, développe la confiance en soi, le respect et l'amour de l'autre, accompagne et soutient dans l'action, encourage et fortifie face aux difficultés, est une création inestimable. Se sentir solidaire d'un groupe qui s'épaule et se tient, où l'on collabore à la bonne santé et au bonheur de tous, donne des ailes pour affronter la vie et la réussir.

Le travail, le métier, la profession, la carrière, c'est important; il est bon d'aimer ce que l'on fait, mais les implications sociales se greffent à un noyau familial qui les explique et les soutient. Les siens et les proches sont là pour fêter les réussites, souligner les promotions, vivre les évènements heureux qui nous arrivent et partager le bonheur récolté.

La famille, issue d'adultes de bonne volonté, a cette propension naturelle et spontanée à accueillir, à s'ouvrir aux autres, à son peuple, à ceux du monde, à embraser et à embrasser l'humanité dans l'amour.

Le crédo de Pierre et Marie avec les leurs affirme leur état d'esprit. Leurs affirmations commencent avec des verbes à l'infinitif présent qui les actualisent et les rendent possibles dans le futur, pour l'infini… Ce mode et ce temps servent à définir le sens de ces mots qu'on retrouve ou présente ainsi dans les dictionnaires. Les verbes d'état ou d'action, retenus dans ce crédo, énoncent une volonté, un désir de collaborer au bien-être des leurs avec qui ils tricotent leur vie au quotidien.

Pierre et Marie ne se donnent pas d'ordres, sont disponibles, ne cherchent qu'à créer un climat qui favorise l'éclosion ou l'expression de l'amour dans la compréhension et l'entraide, le développement et la réalisation du potentiel de chacun. Être bien intentionné, vouloir le bien, prendre l'intérêt de ceux avec qui l'on vit est un bon départ… Au Québec, la famille a été ébranlée par l'arrivée des femmes sur le marché du travail, la libéralisation du divorce, la permissivité des législateurs (l'échangisme, le rejet de l'idéale fidélité conjugale vue comme utopique, la popularité de «la pilule», l'avortement sur demande et gratuit), la grossesse, les petits monstres, une entrave à la liberté, la dénatalité, une réalité… Espérons qu'elle s'en remettra. Elle heurte de front la carrière et l'indépendance financière des femmes, exige des pères nouveaux une autre approche. Ce sera difficile. En 50 ans, on a détruit la famille traditionnelle. Que nous réserve l'avenir? Une «élite» de la classe moyenne survivra-t-elle au naufrage, créera-t-elle la barque de la famille de demain, où germera l'idéale réalisation des conjoints et de leurs enfants, qui les perpétueront et aideront à établir le règne de l'amour?

Être convaincu que l'humanité pourrait être admirable.

Vouloir être parfait, une noble utopie!

Vouloir établir le règne de l'amour, la belle utopie!

Être conscient qu'il est préférable d'agir que regarder agir.

Être vrai dans ses rapports humains.

Accepter d'être perçu comme exigeant.

N'accepter aucun compromis honteux.

N'accepter ni ne tolérer l'inacceptable et l'intolérable.

Ne pas accepter de passer pour ce que l'on n'est pas.

Aimer les humains grandit l'amour de soi et des siens.

Semer de la joie d'abord dans sa famille.

Aimer être dans sa famille, dans son milieu.

Apprécier ceux qui nous parlent et nous écoutent.

Apprécier ceux avec qui nous partageons le rire.

Apprécier qui nous dit bonjour et bonne nuit.

Permettre à chacun de livrer ses richesses.

Aider, si des liens s'effritent, s'effilochent…

Communiquer ce que la vie nous enseigne.

Applaudir, encourager d'abord ceux qui nous entourent.

«Négocier» avec les siens sur la pointe des pieds.

Ne pas se permettre d'impatience, si…

Ne pas faire sentir de lassitude, si…

Ne porter un corset avec les siens que s'il est obligatoire.

Bannir l'agressivité entre personnes de bonne volonté.

Créer des liens étroits enchâsse le bonheur.

Partager son savoir et son expérience les accroît.

Ressentir plus de bonheur à donner qu'à prendre.

Apprendre à garder un secret sans qu'il nous étouffe.

Penser et perdre du temps à bon escient est en gagner.

Agir sans réfléchir est un moyen de passer à côté de la vie.

Accepter que l'autre ait le droit d'être lui-même…

Admettre ses erreurs favorise le dialogue.

Respecter ses limites et celles des autres.

Reconnaître et apprécier le legs des ancêtres.

Se dire que l'ingratitude est le fiel des ingrats.

Vivre en famille enseigne le compromis.

Essayer de bien aimer est le but de la vie.

L'amitié et l'amour sont inépuisables.

Vivre et mourir entouré des siens.

L'amitié et l'amour ouvrent-ils une fenêtre sur l'infini?

L'angélisme ou la bêtise de Jean et Jeanne

Jean et Jeanne sont altruistes au point de prétendre qu'ils reçoivent quand ils donnent…

Jean et Jeanne sont compréhensifs au point de pardonner à ceux qui abusent d'eux…

Jean et Jeanne sont compatissants au point de faire du bénévolat leur seul loisir…

Jean et Jeanne sont prodigues au point de donner sans discernement à toutes les causes…

Jean et Jeanne se suffisent au point de ne plus côtoyer leurs anciens amis…

Jean et Jeanne sont nationalistes au point de désirer élever une famille très nombreuse…

Jean et Jeanne sont esclaves de leurs enfants au point de ne pas les faire garder…

Jean et Jeanne sont identiques au point de partager toutes les tâches familiales…

Jean et Jeanne sont raisonnables au point de ne s'offrir aucune sortie de couple…

Jean et Jeanne sont responsables au point de ne cuisiner que des «plats santé»…

Jean et Jeanne sont des conjoints et des parents engagés au point d'étonner leurs proches…

Jean et Jeanne sont désincarnés au point de se demander s'ils sont des extraterrestres…

D- Expérience, croyances et certitudes...

Une personne bien née, en prenant de l'âge, mûrit au lieu de surir ou de pourrir. Détestable, haïssable plus jeune, elle pourra l'être à 30, 40 et 60 ans, à moins que la vie, en raison d'un je ne sais quoi, lui imprime une autre direction. On dira : « Je ne te reconnais plus. Que s'est-il passé ? Tu es devenu aimable, agréable à côtoyer. Qui faut-il remercier ? ».

Acquérir de l'expérience n'est pas donné à tout le monde. Certains passent à travers la vie sans tirer de leçons de leur vécu. Ils répètent les mêmes erreurs. Après une quatrième séparation, une cinquième, après un deuxième enfant aussi mal éduqué qu'un premier, un troisième... Les autres, la société, voilà qui réparera les pots cassés.

Acquérir de l'expérience, c'est apprendre à s'en tenir à l'essentiel, satisfaire d'abord ses besoins primaires, simplifier la vie au lieu de la compliquer, devenir, avec les années, plus réaliste et plus lucide.

Acquérir de l'expérience ou une certaine sagesse, c'est tout le contraire de se momifier, de regretter le passé, de démissionner. C'est continuer de construire, de planter des arbres pour soi et pour ceux qui suivront. C'est apprendre que bonheur rime avec lenteur, qu'il faut déguster plutôt qu'ingurgiter, savoir que la vie est courte et qu'il ne faut pas la laisser passer ni la perdre, mais la vivre, en profiter dans le respect des autres.

Les vieux qui se veulent sages, qui prennent une voix grave, se donnent des airs posés, réfléchis, sérieux, qui contrôlent trop leurs émotions, leurs pulsions, leurs tentations ou leurs désirs, ont déjà un pied dans la tombe. La vie est mouvement, changement, adaptation. Un beau vieux est tout le contraire d'un «écroulé», d'un dinosaure, d'un conservateur «encroûté», d'un réactionnaire.

Acquérir de l'expérience ou de la sagesse, ce n'est pas nécessairement être en avant, être un *leader*, mais se satisfaire d'être en arrière si les forces manquent ou baissent et stimuler les plus jeunes qui veulent, qui ont de l'idéal et qui rêvent d'un monde meilleur.

Acquérir de l'expérience, c'est aussi savoir que le jour de la retraite est une réalité et que se retirer à temps, constater que l'on prend plus que l'on donne, avant qu'on nous montre la porte, représentent des signes de sagesse. Si l'on a de la difficulté à nous remplacer, il s'agit d'en trouver une grande joie et un grand honneur après l'adieu aux confrères de travail. Il revient au retraité d'avoir trouvé ou de trouver le moyen de léguer son savoir, de ne pas l'ensevelir avec lui.

Acquérir de l'expérience, c'est apprendre à se voir tel que l'on est, ni ange ni bête, un descendant intelligent d'ancêtres qui ont une part de leur hérédité qui est animale, selon la célèbre pensée de Pascal.

Les citoyens du troisième âge, que l'on catalogue de dinosaures ou de rétrogrades, ont fait le tour de la question, épuisé le sujet et le possible. Ils ont compris ou accepté les limites qu'imposent l'«hommerie» et la «femmerie» de leur époque. Vouloir plus est admirable, vouloir davantage, pourquoi pas? Continuez, attelez-vous, les jeunes. Les personnes âgées devraient garder pour elles leur expérience, si elle éteint les générations montantes. Les fondations supportent l'édifice, comme les jeunes, les «citoyens-électeurs» et les consommateurs justifient les éducateurs, les politiciens et les entreprises. Ces derniers sont à leur service pour les éduquer, gérer leur communauté et leur offrir de bons produits. Si ces serviteurs inversent les rôles, se servent au lieu de servir, l'édifice s'écroule. L'exemple doit partir d'en haut et inciter ceux qui attendent des services à collaborer.

Une démocratie encourage la prise de parole, une dictature impose le silence.

La parole: être, s'affirmer; libère, additionne; aide, nuit; est d'argent, s'impose, louange.

Le silence: exister, se retirer; étouffe, soustrait; approuve, condamne; est d'or, honore, admire.

Les philosophes croient à la liberté, les théologiens, avec l'aide de Dieu, et les scientifiques, de moins en moins.

Nos démocraties seront vraiment des démocraties quand on prendra le citoyen pour un adulte libre et responsable.

Pierre, qui n'est pas un ange, se veut plus qu'un bon diable.

Pierre ne fait sienne aucune tradition, croyance ou idée sans en avoir compris le bien-fondé.

L'aveuglement des contemporains n'a d'égal que celui de leurs prédécesseurs.

Mieux vaut n'avoir aucune opinion qu'en avoir une fausse.

Les tabous et les préjugés, incrustés dans la mémoire, deviennent des réflexes.

La majorité des tabous et des préjugés, comme les rumeurs, sont justifiés.

Pierre donne son avis, non des conseils ; on en fait ce qu'on veut.

Pierre admet ses limites, qu'un AVC n'est pas un rhume, qu'une partie n'est pas le tout et qu'il est un tout organisé.

Il vaut mieux se taire que dire pour dire.

Que révèle le silence de plus que le silence ?

Le silence et le langage non verbal livrent secrets et secrets...

Seule la science génère des certitudes et des valeurs éprouvées, des convictions.

Les statistiques confirment des faits, appuient des convictions ou des certitudes.

Les certitudes sont filles de la connaissance ; les convictions, de l'expérience.

Expliquer l'inexplicable d'hier est-il le normaliser, le relativiser...?

Si on en connaît les causes, le problème est-il réglé ?

Pierre : Un accident d'auto, plusieurs morts.
 Jacques : Nous connaissons la cause ?
 Pierre : Une enquête suivra.
 Jacques : Ça nous aidera ?
 Pierre : Au moins statistiquement.

À l'origine des problèmes humains :
 – Tous estiment avoir raison, au lieu de vouloir comprendre.
 – Qui admet un fait ou sa culpabilité, s'il en paie le prix ?
 – La pègre admet-elle un crime, s'il nuit à sa réputation ?

Les politiciens, garants de la paix sociale, ont le dernier mot.

En démocratie, le Conseil du Trésor est un second violon.

Un sage PDG et un bon adjoint font des miracles.

Qui avait prévu le coût excessif des fonds de pension?

J.J. Rousseau a tort et raison de dire que les enfants naissent bons et deviennent méchants.

Naît-on prédisposé à la jalousie, à l'avarice, à la paresse, à la gourmandise, etc.?

Un citoyen sobre peut se permettre un excès.

Un alcoolique peut refuser un dernier verre.

Après les idées générales, les principes, arrivent les compromis, les décisions, le quotidien.

Les mêmes principes sont plus absolus ou moins relatifs pour Pierre que pour Jacques.

Pour «se brancher», Pierre se base sur ses principes et convictions, qu'il mettra en veilleuse si…

À la réaction tolérante et permissive ou non, de la colombe ou du faucon, Pierre préfère l'intelligente.

La solution intelligente s'adapte au contexte, à l'émotivité et à la rationalité des personnes.

Le laxisme génère la décadence, l'intégrisme des inquisiteurs.

Pierre dételera le jour où tous les humains mangeront assez et vivront en paix.

Les enfants qui ne développent pas leurs talents préoccupent Pierre.

La règle d'or avec ses compatriotes est de les aborder poliment et de les traiter avec respect.

Un athée hétérosexuel peut être l'ami d'un croyant ou d'un gai.

Comme tout homme, Pierre est sensible à qui lui prête attention et considération.

Les petits-enfants retournent à profusion aux grands-parents l'amour qu'ils en reçoivent.

Pierre admet que d'autres sont aussi intelligents que lui, et même plus.

C'est le propre des jeunes de privilégier le court terme.

L'expérience acquise varie avec l'intensité et le vouloir-vivre de chacun.

Avoir de l'expérience est savoir s'adapter au changement.

Pierre se dit qu'il ne vieillirait pas s'il n'ajoutait plus de secondes à sa vie…

Qui a dit que vivre vieux est le moyen de vivre longtemps?

Après un certain âge, vieillir, c'est gagner en expérience et en perdre ailleurs.

Déplorer la perte de valeurs n'est pas de la nostalgie.

Jacques pardonne-t-il les gaffes des autres pour qu'ils pardonnent les siennes?

Quelqu'un d'admirable cacherait-il un être qui multipliait les erreurs qu'il a su corriger?

Les jeunes ont besoin de se définir et les aînés, de les aider s'ils s'enlisent.

Jacques, en perte d'autonomie, a découvert ses proches…

Des personnes jouent à la cachette toute leur vie.

Pierre ne se contente pas d'être un médiocre médiocre.

Croire penser et dire peut être s'imaginer penser et dire.

La révolte devant l'injustice produit de l'adrénaline; la jalousie, de la bile.

Pierre est réservé avec les sciences dures, et osé avec les sciences molles.

Le cours magistral n'est-il pas toujours magistral, pour qui aspire à se dépasser?

L'approche, la langue et la logique des humains freinent leur connaissance du réel.

Un humain qui aime ou qui souffre n'ouvre-t-il pas la porte de l'infini?

Combien d'utiles découvertes sont détournées de leur fin ?

Des découvertes nous font entrevoir la profondeur de notre ignorance.

Les humains sont assez matures pour jouer dans l'infiniment petit ?

La recherche sur les gènes et l'atome donne accès à un savoir qui défie l'éthique.

Les sciences de l'infiniment grand et de l'infiniment petit sont réservées à l'élite scientifique.

S'humaniser est le contraire de se robotiser.

Un humaniste voit ses frères tels qu'ils sont, les aime sans les aduler, et veut les aider.

Avec la «pourriture noble», ne fait-on pas d'excellents vins liquoreux ?

Un humaniste dit à un emmerdeur qu'il l'aime bien.

Socrate, avec la maïeutique, aidait un soi-disant imbécile en lui faisant dire que seuls l'étaient les vaniteux.

Un humaniste ne veut ni convaincre ni argumenter.

Pierre : Jacques, avec qui aimes-tu dialoguer ?
    Jacques : Avec moi-même.
    Pierre : Avec soi, on monologue ?
    Jacques : Non, que le cœur ou la raison l'emporte, je gagne.
    Pierre : À court terme ?
    Jacques : Peut-être…

L'information pointue s'adresse au spécialiste ; celle d'un sage, à tous, et porte sur l'art de vivre.

Avec le culte que les humains vouent à la jeunesse, vieillir en beauté est digne d'éloges.

L'expérience enseigne à distinguer le quotidien assommant de l'utile et du rentable.

Il faut accepter jeune que la vie impose des obligations non négociables.

L'expérience enseigne à s'attarder aux ressemblances avant les différences.

Est-il normal que les modernes l'emportent sur les anciens même s'ils ont tort?

Progresser, est-ce suivre les traces d'un Bach ou d'un Mozart, ou repartir avec un Elvis ou des Beatles?

La victoire des modernes sur les anciens est celle d'Elvis ou des Beatles sur Bach et Mozart…

Pierre, libre-penseur, hésite à livrer sa pensée…

L'expérience des aînés est la synthèse de ce que la vie leur a appris d'essentiel.

Les moralistes d'hier publiaient des réflexions sous forme de fables, de maximes, de sentences, d'aphorismes, de pensées, etc.

Depuis toujours, les humains se transmettent réflexions ou pensées, proverbes, maximes, dictons, adages, etc.

Des principes ou commandements, devises, citations, etc., rappellent la sagesse des anciens.

Les aînés, qui ont fait le tour du jardin et qu'on accuse de radoter, insistent sur ce qu'ils ont appris de la vie.

Si un discours mobilise les jeunes, il en faut deux avec les parents, et trois avec les grands-parents?

Les opinions ou les avis d'une personne qui nous aime et qu'on aime ont une portée toute notre vie.

Si on plongeait autant les citoyens dans la musique classique que dans les succès du palmarès…

Aux disc-jockeys: pourquoi ne pas insérer du Chopin, entre deux «tounes» populaires ou du palmarès?

L'univers des classiques ne devrait-il pas nourrir tous les pédagogues?

Les aînés Pierre et Marie ont beaucoup brouté; ils ruminent leur vécu, pour en extraire la crème et la léguer.

L'imprévisible ne surprend ni ne désarme une personne qui a fait le tour du jardin.

Le novice hésite à poser le diagnostic et tarde à aller du point A au point B.

Pierre accumule des procédés et des recettes qui lui font gagner temps et énergie.

Pierre, qui défend agressivement une position pacifique, déclare-t-il la guerre?

Pierre redoute les perturbations émotionnelles plus instinctives que rationnelles.

La sérénité est le propre du moine contemplatif.

L'inégalité entre les humains est génétique et culturelle.

Les citoyens fragiles sont-ils les plus affectés par une conjoncture économique difficile?

La vérité se négocie avec le réel et se livre goutte à goutte.

L'exploitation des humains par des humains nie l'amour qui leur a donné vie.

«Chosifier» et vendre des humains est un trafic ignoble.

Pierre croit qu'il y a des crimes qu'il faut refuser de vouloir comprendre…

Renoncer à l'idéal, adopter la corruption est-il un retour au négativisme et à la phase anale chez l'enfant?

La mafia: groupe composé de termites qui dévorent les fruits du travail de leurs concitoyens.

Pierre a bien dîné, en bonne compagnie, et a oublié les problèmes de l'humanité.

Pierre, libre, a rompu avec la loi de la jungle inscrite dans ses gènes.

Pierre nourrit son intelligence émotionnelle d'excellence.

Il est rare de devenir populaire en ramant à contre-courant.

Pierre ne cherche ni richesse, ni célébrité, à part ajouter un mot pour humaniser l'humanité.

Pierre, écrivain, aime les lecteurs critiques, sceptiques.

Le dénonciateur d'«hommeries» et de «femmeries» régnantes devient le sale oiseau qui «chie» dans son nid.

Le film *L'Arroseur arrosé* montre ce qui arrive au chenapan qui s'attaque à plus fort que lui.

Pierre connaît-il l'inconscient de ses concitoyens, ou le remet-il en question?

Tendre un miroir à ses frères ne crée des amis que le lendemain.

Pierre remet en question les aînés mûrs pour la retraite et qui ne la prennent pas.

Pierre, retraité, n'a rien au programme au lever et n'en a pas fait la moitié au coucher.

Qui fait deux pas quand un suffit? Un vrai retraité.

L'électronique, qui court-circuite le temps d'attente normal, crée des citoyens impatients.

Pierre sera dépassé quand il ne doutera plus de ses certitudes.

Qui peut mourir serein après avoir semé de la haine?

Les nouvelles générations, avec courage, reprennent la lutte pour un monde meilleur.

Y a-t-il grincheux plus d'accord que ceux qui se liguent pour trouver la jeunesse «pourrie»?

L'élan et l'initiative des jeunes sont aussi importants que la sagesse des aînés.

Si les humains sont libres et responsables, l'espoir est-il une vertu d'esclaves?

Les humains équilibrés n'ont pas besoin de s'affronter, mais de se mesurer aux autres.

Qui du Christ, de Napoléon, de Gandhi ou de Maurice Richard voulait imiter Pierre?

Pierre, citoyen de la classe moyenne, n'est qu'un des siens au milieu de ses voisins.

Si la majorité tire vers le bas, la minorité qui règne tire-t-elle vers le haut?

Pierre travaille pour que l'élite aide la majorité laborieuse à la rejoindre.

L'élite regroupe les constructeurs d'un monde meilleur, non les riches et les diplômés.

Donner le titre de «personnalité» à toute personne populaire est un emploi «immoral» de ce terme.

Diogène le cynique, excepté être lui, ne voulait rien prouver.

Diogène a survécu comme un élément du décor athénien.

Diogène échangeait avec ceux qui l'acceptaient.

S'il avait fallu qu'on vole la jarre de terre de Diogène, lui qui n'était pas assuré.

Le cynisme de Diogène était-il sa réponse à la bêtise et à la vanité humaines?

Diogène, qui a dit à Alexandre le Grand qu'il était devant son soleil, avait-il vu l'homme qui a vu l'homme qui a vu l'ours?

Quand un citoyen, un Diogène le cynique, remet en question ce qui meut l'ensemble de ses concitoyens, il lui reste la vie?

L'écrivain et astrophysicien Hubert Reeves est l'ami des personnes de bonne volonté.

L'humaniste Boris Cyrulnik, psychiatre et écrivain français, a approfondi et propagé la notion de «résilience».

L'écrivain français Jean-Claude Guillebaud a publié des œuvres d'un grand intérêt sur notre civilisation.

Gilbert Sinoué, avec sa saga *Inch'Allah*, creuse le merdier créé par l'Occident au Moyen-Orient.

Le sociologue québécois Marcel Rioux a légué des textes éclairants sur la culture comme refus de l'économisme.

La pensée du Christ se voulait intemporelle, celle du scientifique évoluerait à chaque découverte.

Le savant et humaniste français Albert Jacquard se prononce avec clairvoyance et courage sur des sujets brûlants.

Les fables de La Fontaine et les pensées de Pascal ont éclairé les lecteurs, qui ont propagé leur sagesse.

Les moralistes essaient de mettre de l'ordre dans le chaos de leur société.

Celui qui possède des richesses et des connaissances les partage, ou elles l'étouffent.

Est-ce à la souris de nicher en terrain inaccessible, ou au mastodonte de poser ses pattes ailleurs?

Que dire à des *stars* adulées et malheureuses?

Un Sisyphe heureux remonte son rocher, tant qu'il en a la force.

Est-il absurde, derrière le Sisyphe de Camus, de passer son rocher au suivant sans se révolter?

Combien d'aînés meurent avec leur savoir?

Pierre, en bon Sisyphe, avec le sourire, remet le collier tous les matins.

Qui hésite entre écouter du Beethoven ou de sordides récits d'«hommeries» ou de «femmeries»?

Jacques s'aime au point où il parle de son cancer, de son accident, de sa faillite, de son divorce, etc.

Avec les humains, tout est possible, le meilleur et le pire.

Pierre sait qu'il n'y a rien de facile, mais mise sur la victoire des adultes de bonne volonté.

À multiplier les libres-penseurs et les adultes de bonne volonté, la qualité de vie s'améliore.

Il y a, dans les médias, des porte-paroles pour livrer des réponses qui ne se vérifieront jamais.

Le désintéressement est rare, avec des êtres aussi bien politiciens que vendeurs ou comptables.

Il y a ceux qui capitalisent les capitaux, les plaisirs ou les mérites pour le ciel.

L'instinct de conservation parle le premier, défend l'individu.

Qui n'a pas le temps de réfléchir, de s'informer en perd combien en futilités?

La mort oblige à valoriser le temps qu'il reste.

Pierre prend d'autant plus son temps qu'il lui en reste peu.

Être raisonnable, libre et heureux devrait définir tout citoyen.

L'impossible, l'inaccessible et l'inévitable le restent jusqu'au jour où un brave les vainc.

Un ermite ne le devient-il qu'une fois ses démons vaincus ou morts?

Pierre a tant mastiqué et avalé qu'il termine sa vie en «mangeant mou», en purée servie à la cuillerée.

Culturellement, les humains sont responsables de ce qu'ils sont.

La culture se transmet d'une génération, d'une civilisation à une autre, et nous serions à l'aube du village planétaire.

Si le hasard est à l'origine de la vie, il n'explique ni la faiblesse de l'ONU, ni les guerres, ni les récessions, etc.

Le mot «hasard» ne traduit-il pas nos limites intellectuelles?

Le mot «hasard» désigne les probabilités qu'un évènement se produise.

Selon Aristote, la possibilité qu'une statue tombe sur un passant était infinitésimale.

S'il y a risque d'accident, à multiplier les occasions, il finit par s'en produire.

La rareté ou l'abondance des coïncidences découle des probabilités.

Par définition, parler de probabilités impose des limites.

Le hasard est-il possible, si les probabilités sont infinies?

Le hasard s'éteint avec la dernière probabilité.

Une mutation produite par hasard survit si elle est positive, est un «progrès» ou en cause un.

Les espèces pour lesquelles le hasard fut défavorable ont disparu.

Si un bon joueur fait sa chance, un mauvais ferait sa malchance?

Si une erreur explique un accident d'auto, une négligence ou une pingrerie expliquerait une catastrophe écologique.

Nier le hasard revient-il à nier que Pierre est libre et responsable?

Le hasard explique comment le vouloir-vivre des prédécesseurs de l'*homo sapiens* a créé cet être, non le pourquoi…

La science peut conclure qu'une catastrophe fut négative à court terme, mais positive à long terme.

Pour un croyant, le hasard n'existe pas.

Le dicton indien qui conseille de choisir le chemin le plus difficile entre deux est-il sage?

La vie, qui évoluerait par sélection naturelle, adopterait le hasard favorable, ou rendrait le défavorable positif…?

L'évolution, fille du hasard selon Darwin, a donné l'intelligence dont le propre est d'en prévoir les effets.

Pierre, qui explique l'univers et la vie par le hasard, choisit, crée son univers, sa vie…

Pierre s'est-il frappé plus de médailles du côté pile ou face?

Le devoir des humains, fruits de hasards favorables, est de se débrouiller entre eux.

Rien ne dit qu'une volonté soit ou ne soit pas intervenue dans le processus évolutif qui a donné la vie et les humains.

Si un Dieu était intervenu pour créer l'«âme» humaine, il aurait une «âme» de poète.

Le Dieu des créationnistes aurait créé une nature féroce et des humains sensibles…

Il n'est pas prouvé que peu de science éloigne de Dieu et que beaucoup en rapproche.

Les universités abritent le taux le plus élevé d'incroyants.

Les créationnistes savent que dans l'infiniment petit, la logique de cause à effet s'estomperait…

Qu'un Dieu-Père sacrifie son fils Jésus pour racheter les humains des griffes d'un Satan est une jolie fable.

Est-ce normal et acceptable que la solidarité mondiale des humains passe par une mondialisation des marchés?

Si le besoin crée l'organe, lequel éliminera le pétrole?

L'hydrogène ou les algues seront-ils le futur combustible?

La Charte des droits de l'homme et de son environnement ne devrait-elle pas patronner la mondialisation?

Est-ce à l'ONU, pouvoir politique, ou aux pays du G8 ou du G20 qu'il appartient de guider la mondialisation?

À l'ONU d'accorder aux pays riches et pauvres la place qu'ils ont droit de tenir démocratiquement.

La mondialisation se fera en douceur, si le Nord et le Sud s'attiédissent pour se rejoindre.

Les Orientaux vivent aussi difficilement les uns avec les autres que les Occidentaux.

Depuis Auguste (63 av. J.-C. -14 apr. J.-C.), en quoi les humains se seraient-ils davantage humanisés?

On n'a prévu ni la récession actuelle, ni la révolte de pays musulmans…

Les humains, qui se prennent trop au sérieux, se font la guerre depuis Adam et Ève.

La vie est une aventure sérieuse à ne pas vivre trop sérieusement.

L'ONU est le seul organisme légalement constitué qui veille au bien de l'humanité.

Est-il acceptable que l'ONU assiste, impuissante, à un génocide, à une guerre civile, à des crimes contre l'humanité, etc.?

Qui redéfinira le rôle des pays de l'ONU, du Conseil de sécurité, de l'OTAN, de l'Union des pays arabes, africains, etc.?

L'histoire fait de la séparation du politique et du religieux un dogme.

Le respect de la Charte des droits de l'homme s'impose pour tous les peuples.

Un gouvernement peut enfreindre un principe ou une valeur pour un plus grand bien…

Moins en Occident qu'ailleurs, les féministes doivent accomplir un travail de titan…

La sexualité n'a pas à être étalée ni brimée, et est une affaire d'individu ou de couple.

La prostitution, sous toutes ses formes, dégrade l'être humain et est à proscrire.

Monogames, les amoureux se lient et créent le nid familial.

Toute forme de discrimination ou d'homophobie est condamnable.

Le bien individuel a préséance sur le bien collectif qu'il justifie.

Le citoyen modèle nourrit-il plus son «âme» que son corps?

L'argent fut inventé pour faciliter les échanges, non pour être cumulé et déifié.

D'abord vivre, puis philosopher, dit le dicton; il y a survivre, vivre correctement, et vivre dans l'abondance…

Le travail précède le capital, qui en est le résultat.

Pierre et ses concitoyens misent sur leurs intérêts et leurs valeurs.

Un code de déontologie est là pour protéger les intérêts de ceux qui reçoivent des services.

Le respect et la protection de l'environnement sont la priorité des priorités.

Les humains, par nature, sont outillés pour créer, philosopher, analyser et s'épanouir.

Les opportunistes gagnent tôt une célébrité qui s'estompe, les génies, tard, mais elle dure.

Le temps, mieux que les critiques, sépare l'ivraie du bon grain.

Les citoyens sont les premiers responsables de leur pitance et de celle de leur famille.

Pierre récolte plus de légumes qu'il prévoyait, et il en donne à ses voisins.

Pierre convie ses frères à sa table; comme ils sont trop occupés, il invite les oiseaux.

Un sage n'a pas d'attentes, ne déplore rien et voit un sourire comme un cadeau.

On expédie dans le cosmos ces citoyens qui se soucient plus du bien de l'humanité que du leur?

Le réflexe humain, avec des anges ou des démons, est de les sacrifier à Dieu ou à Satan.

Les élus et les citoyens règlent-ils les problèmes sociaux qui font leur affaire…?

Règle-t-on bien des problèmes sociaux avec l'argent seulement?

Tolérance: qui répond oui à tout est-il capable de dire non?

Autorité: une ascendance qui s'exerce avec dignité.

Espérance: être convaincu que le monde peut être meilleur et travailler en ce sens.

Harmonie: qui sait accorder son cœur et sa raison à ses pulsions et réactions instinctives.

Réussite: qui a su faire de sa vie amoureuse un succès.

Expérience: qui essaie de comprendre et apprend de ses erreurs en accumule.

Croyances: ce que fidèles ou incroyants ont accepté ou déduit d'important de la vie.

Certitudes: les vérités que la vie ou la recherche scientifique fondamentale ont confirmées.

L'évolutionnisme: la Terre se meut jour après jour, et les humains, les animaux, s'adaptent?

Les humains épuisent jour après jour leur planète.

Les chartes de l'ONU et des droits de l'homme, idéales, sont appliquées par des humains.

La divine «hommerie» et «femmerie»: la propension à se prendre pour des êtres surhumains.

Un peu d'orgueil n'est que de la fierté, beaucoup de la vanité, trop un fiasco.

Un être humain surdoué peut être d'autant plus orgueilleux.

La catastrophe du Titanic est la fin tragique d'une arrogante et riche croisière?

L'hindouisme, le christianisme et l'islamisme regroupent près de la moitié des humains et veulent leur bonheur.

Bouddha (Ve siècle av. J.-C.) et Confucius (vers 551-479 av. J.-C.) furent des leaders charismatiques, maîtres de leur «hommerie»...

Jésus-Christ, mi-homme, mi-Dieu, fut divinement conçu, immortel, exempt d'«hommerie»...

Mahomet (570-632), prophète d'Allah, fils de parents caravaniers, fut un conquérant (djihad), victime d'«hommerie»...

Un peuple a-t-il le droit d'ignorer ses éventuels génies?

Pierre a vu en Caton, dit l'Ancien ou le Censeur (234-149 av. J.-C.), le citoyen modèle...

Avec son «âme» à la tendresse et sous une mince écorce, Pierre cacherait-il un cœur de pierre?

Les génies vivent plusieurs vies en une, aident leurs frères à vivre intensément.

Nous héritons de cerveaux évolués et puissants de nos ancêtres; il reste à les nourrir de nectar et d'ambroisie.

Le citoyen hérite d'une langue plus ou moins évoluée qui nourrit son intelligence et en fait un être cultivé.

Qui aime ses frères et leurs créations ne les aborde pas avec un bistouri ou un scalpel.

Il est triste d'avoir raté des livres, des films, des spectacles ou des concerts marquants...

Pierre, aîné, est-il devenu ce qu'il était et voulait devenir?

Le rêve de Pierre: mourir avec l'espoir que les humains, intelligents, établiront le règne de l'amour.

Le fatalisme: être certain qu'on se conduira les uns avec les autres comme hier et avant-hier.

Le monde ne peut être mieux que ce qu'il est.

Le déterminisme: les liens de cause à effet des faits naturels, chez les animaux, les humains.

Pierre, libre et raisonnable, peut agir sur lui-même.

La créativité : les humains, libres, ont le pouvoir d'agir positivement ou négativement sur leur vie, leur environnement…

La survie de l'humanité est en péril, et on palabre, on valse…

Barak Obama, démocrate, et Mitt Romney, républicain, se déchirent, divisent les États-Uniens en clans ennemis.

Le monde ira mieux si les adultes de bonne volonté s'investissent.

Est-il sage d'attendre d'être rendu à la rivière pour choisir le moyen de la traverser ?

Les principes engendrent des valeurs qui créent des convictions, qui inspirent et guident le verbe et l'action.

Se modeler, avec l'âge, un cerveau qui reflète la beauté et la richesse de l'or, la qualité et l'éclat du diamant, quel défi !

Pour s'unir, les humains ont-ils besoin d'un ami ou d'un ennemi commun, d'un Dieu ou d'un Satan ?

Pierre : Un prophète peut-il entrevoir l'avenir sans vertige ?
Jacques : Oui, s'il voit poindre un messie ou l'entend…

Si on lui laisse la place, la musique, la grande, la pacifique, unifiera les humains dans l'amour.

Envoûtés par la noble musique, les Pierre et Marie rêveront d'un monde où l'amour les portera.

Comme on mesure la portée de ce que l'on a vécu après l'avoir vécu, à la conquête de la vieillesse !

Avec l'« impératif catégorique », le philosophe Kant défendit une morale du devoir basée sur l'autonomie de la volonté humaine.

Pendant que l'on s'énerve à la bourse, les quotidiens publient les avis de décès.

La vie, il faut la vivre pour l'aimer, elle est irremplaçable, elle est la valeur absolue.

Le sage ne crée pas de disciples, mais d'autres sages.

L'introduction tend la main, le développement aime partager,
et la conclusion accompagne...

VIATEUR TREMBLAY

Pour conclure...

A- LA SCIENCE ET LA RELIGION

En tant que citoyen qui n'a que lui pour porter et soutenir ses pensées, ses convictions et ses actions, même si je suis devenu agnostique, je dois dire que les évangiles m'ont inspiré dans ma vie et m'inspirent toujours.

Défenseur d'aucune idéologie, d'aucun système, je ne suis ni à gauche ni à droite et je me méfie de ceux qui prônent des orientations qui ne tiennent pas compte de la fragilité de l'être humain, de sa complexité et de ses origines animales.

Il est facile de parler de contrôle de soi, de maîtrise de ses pulsions ou de ses désirs, quand tous ses démons sont presque morts. Le démon du midi est réputé le plus difficile à vaincre, le traître! Il frapperait les hommes au milieu de la vie, à midi, entre 40 et 50 ans...

La vie doit être une agréable aventure, non un calvaire, et la terre doit être tout, sauf une vallée de larmes. Une définition idéale de l'adulte de bonne volonté est théorique. Nous savons tous qu'il y a toujours un écart entre l'idéal et le réel, entre la théorie et la pratique, et nous connaissons le dicton qui dit: *Si jeunesse savait et si vieillesse pouvait.*

Les progrès de la science se sont-ils faits au détriment de la religion? Y a-t-il une lutte sans trêve engagée entre les deux? Même si la science a une lointaine origine, elle est plus jeune que les religions et elle a toujours eu moins d'adeptes. On naît croyant, on croit à l'amour de ses parents, de ses proches, mais on devient savant, et un vrai, avec de longues études et une formation rigoureuse.

La coexistence pacifique entre scientifiques et théologiens est possible et souhaitable. Il y a moyen de délimiter les territoires, les compétences de chacun et de les respecter. Un «je crois» ne sera jamais un «je sais» qui se démonte et se démontre, mais un «je crois» est peut-être ce qui nous oriente et nous conduit dans la vie. L'incroyant se «croit» livré seul à son sort; le croyant se «croit» entre les mains de Dieu.

On ne peut nier que le nombre d'incroyants varie avec le degré d'instruction des citoyens. L'Église n'a digéré que très difficilement Galilée et a encore Darwin dans la gorge, mais c'est à elle de s'adapter aux découvertes indiscutables de la science. Les scientifiques n'ont pas à s'excuser de leurs certitudes si difficilement acquises ou conquises.

Ces derniers n'ont pas créé l'équivalent d'une Église. Ils travaillent chacun dans leur domaine, publient les résultats de leurs recherches ou enseignent dans les universités. Ils se réunissent dans des congrès où ils font le point sur leurs disciplines, définissent leurs orientations et sont bien conscients que leurs certitudes sont rarement énoncées comme des dogmes, mais qu'elles le sont d'abord comme des hypothèses, qui deviennent des théories discutables et des lois si elles sont confirmées par leurs contemporains ou leurs successeurs.

Les chercheurs devraient avoir l'humilité que leur imposent les limites de leurs connaissances. Ils devraient prendre leurs succès et leurs échecs avec sérénité, conscients qu'ils n'ont pas le dernier mot, mais qu'ils sont au service de la vérité avec un petit «v» ou de vérités.

Entre l'univers de la science et de la religion, du savoir et des croyances, y a-t-il un fossé, ou un abîme? Un scientifique peut être un croyant, aussi bien que l'inverse. Un agnostique ou un athée ne deviennent pas automatiquement des militants qui voudraient tuer Dieu et ils peuvent envisager une coexistence pacifique et enrichissante. Les persécutions qui viendraient d'un «crois ou meurs» ou d'un «meurs pour tes croyances», il faut souhaiter que ce soit chose du passé, partout dans le monde. La démocratie avancerait avec le niveau de connaissances des citoyens et avec le progrès de leur liberté.

Ce qui caractérise le scientifique est la formation universitaire qu'il a reçue. Ce spécialiste n'est pas seulement un intellectuel qui se contente de demi-vérités; il s'appuie toujours sur des preuves. Jamais il ne doit tirer de conclusions qui dépasseraient ce qu'il est en droit de tirer de ses expériences, de ses analyses, de ses découvertes, sans nier ce qui en fait ce qu'il doit être. La règle est son outil de prédilection, et il ne se prononce qu'avec et après mesure.

Cette rigueur avec la vérité, cette absence de toute forme de tricherie se répercutent-elles dans sa vie, ses prises de positions sur des questions autres que celles propres à sa compétence? Il faut l'espérer, quoique la formation reçue le protège indirectement de prendre des vessies pour des lanternes. Un doctorat en sciences pures ne donne aucune compétence en sciences humaines ou en théologie. Tous les jours, nous sommes amenés à prendre des décisions dans des domaines autres que ceux de notre compétence ou de notre spécialité, et dans ce cas, le scientifique est sur le même pied que l'ouvrier. Sur le plan social, politique, religieux, il faut demeurer humble. On en a vu défendre des idées ou prendre des positions très discutables.

Il faut ajouter que le spécialiste se distingue de l'amateur et qu'il y a amateur et amateur, du néophyte au plus averti. Ce dernier apprend lui-même dans des livres ou autrement les connaissances de base sur le sujet qui le passionne. Il s'informe et greffe à son bagage le maximum d'informations qu'il peut recueillir. Un «violoneux» est un «violoneux», il joue par oreille, comme on dit. Le premier violon de l'OSM est un violoniste, il joue à la note et suit sa partition et son chef d'orchestre. Le «violoneux» peut être agréable à entendre; il improvise, ajoute ou retranche à l'œuvre jouée, s'adapte à son public alors que le public s'adapte au violoniste. Ce sont deux artistes, deux interprètes, deux mondes. L'un a appris par lui-même, l'autre a reçu une formation rigoureuse, technique, et on peut le dire spécialiste comme le scientifique.

Comme le scientifique veut tout expliquer, le philosophe, tout démontrer, l'économiste, tout monnayer, le poète, tout chanter et le théologien, tout admirer, ces messieurs-dames pourraient-ils se contenter d'être complémentaires, de se donner la main, de respecter leur territoire et de s'exprimer librement en laissant les autres le faire?

À tour de rôle, historiquement, l'un ou l'autre a dominé. Ne serait-il pas temps, avec la mondialisation, au lieu d'avoir raison les uns contre les autres, qu'ils aient raison dans leur discipline et qu'ils additionnent humblement leurs découvertes ou leur savoir au savoir commun?

Il n'est que trop évident que la priorité de l'économie en Occident, la production et l'échange de biens, a joué un rôle d'une importance démesurée et a fini par s'imposer ou se vendre au monde entier. Symbole de prospérité, la richesse serait symbole de bonheur, et il faudrait espérer que l'Orient fasse contrepoids à ce rouleau compresseur, pour le bien de l'humanité. Les sages de l'Inde, des Orientaux qui partagent leur sagesse, se feront-ils entendre, eux qui privilégient le recueillement et le silence, d'un Occident où l'on parle haut et fort, où l'action l'emporte sur la réflexion, la productivité et la rentabilité sur la spiritualité, la méditation et la contemplation ? Dans certaines religions orientales, ils auraient plusieurs vies pour atteindre la perfection, ils se réincarneraient... Étrangers à ce monde occidental, où la publicité tapageuse règne en roi et maître, un arrimage heureux et bénéfique se fera-t-il ? De nombreux pas ont été faits pour rapprocher ces deux mondes, mais peu en ce qui concerne la coexistence et la connaissance concrète du quotidien de l'ensemble de leurs populations, de leurs coutumes et de leurs traditions.

Si nous partons confiants, curieux et enchantés de découvrir les Orientaux, de les connaître, et non avec l'idée de conquérir un nouveau marché, tout est possible. Arrivons la main tendue, le cœur ouvert, convaincus de pouvoir donner et recevoir. Les négociations, les contrats qui en découlent feront deux gagnants le lendemain...

B- UN MOT AUX CRÉATEURS D'IDOLES ET AUX MÉDIAS

Peut-on louer les mérites et la valeur de l'équilibre d'une main, et de l'autre, offrir comme modèles à imiter à des jeunes des idoles ou des héros qui furent ou sont de grands passionnés, l'incarnation du déséquilibre ? L'Église catholique propose à ses ouailles d'imiter le Christ que nous présentent les évangélistes. Elle sanctifie ceux qui ont le mieux réussi cette imitation et les donne en exemple. Le système capitaliste, à l'aide des médias, rend célèbres et populaires ses artistes et ses athlètes, en fait des vedettes millionnaires qui attirent les foules, stimulent la consommation, créent de la richesse et en tire grand profit. Le citoyen «ordinaire» ou le consommateur peut admirer ces «héros», s'identifier ou prendre ses distances avec ces idoles, selon qu'il a plus ou moins de «gènes de *fans*». Si ces «célébrités» fabriquées ou construites étaient géniales comme le sont les «glorieuses» que nous ont léguées les siècles antérieurs, nous pourrions parler de progrès, non de dégénérescence ou de civilisation mercantile qui commercialise et consomme le talent humain comme un vil objet.

Le Christ aurait été un homme-dieu. En lisant les évangiles, nous apprenons comment il aurait été divinement conçu, comment il aurait vécu en multipliant les miracles et qu'il serait ressuscité après sa crucifixion. Il n'aurait hérité d'aucun des handicaps de toutes sortes qui affligent les humains, sauf la colère justifiée contre les vendeurs de temple, il ne se serait jamais permis de déviation ou d'écart de conduite, aurait vécu le supplice de la mort en croix en pardonnant à ses bourreaux et en serait sorti vainqueur.

En tant que demi-homme et demi-dieu, il n'aurait pas eu de démons en lui, de pulsions plus ou moins animales qu'il nous faut dompter, ni cette intelligence trop imparfaite qui fait que nous multiplions les erreurs et qui font justement que nous sommes des humains.

Même si le Christ avait pensé, en tant que demi-homme, que son père l'avait abandonné avant sa mort, il aurait réussi à concilier ses deux natures, divine et humaine, en allant jusqu'au bout de son sacrifice rédempteur, en consolant sa mère et les saintes femmes, et en promettant le paradis au bon larron avant de mourir et de ressusciter, de vaincre la mort.

Le système capitaliste, de son côté, propose des étoiles ou des vedettes qui seraient, elles aussi, des modèles, des exemples de réussite. Qu'incarnent ces idoles? Les athlètes olympiques visent l'excellence dans leur discipline, l'atteignent, mais parfois avec l'aide de substances douteuses, et semblent beaucoup apprécier les possibilités de contrats de publicité qui accompagnent le podium.

Les joueurs professionnels de sports d'équipes semblent n'avoir qu'un objectif, celui de signer le contrat le plus lucratif possible, peu importe avec quelle équipe et pour quel pays. Avec la célébrité et l'argent, n'a-t-on pas tout le reste? La belle et soi-disant désirable compagnie, les *fans*, les châteaux, les voitures de luxe, etc. Les vedettes de musique rock ou autre, les groupes ou chanteurs populaires qui séduisent des admirateurs par millions, propulsés au sommet par des spécialistes de la mise en marché, occupent une grande place dans la vitrine de nos démocraties capitalistes. Souvent, ce sont des étoiles filantes, des vedettes qui n'ont rien à dire ou qui mènent une vie qu'on ne souhaiterait pas pour nos enfants, comme plonger dans l'univers de la drogue, en être à son troisième ou quatrième mariage, se payer des dépenses scandaleuses…

Permettons-nous un parallèle entre deux types d'idoles : Madonna et Britney Spears, deux étoiles, Thérèse de l'Enfant Jésus et Mère Teresa, une sainte et l'autre bienheureuse. Les deux premières, millionnaires ; les deux dernières, ayant fait le vœu de pauvreté. Les deux premières, vedettes de la chanson, exhibent leurs formes désirables au monde entier, les deux dernières, religieuses, avaient fait le vœu de chasteté. Ces vedettes profitent des nourritures terrestres au maximum, offrent plaisirs sensuels à leurs admirateurs ; les deux dernières ont renoncé à tout, sauf à se nourrir convenablement, plaire à Dieu et pouvoir aider leurs semblables les plus démunis par la prière ou l'action. Quant à la liberté, les deux étoiles s'offrent tous les plaisirs possibles, les deux saintes y ont à peu près renoncé, sauf à ceux qui les sanctifient.

Disons que les Madonna et les Britney Spears sont des personnes adulées et comblées au sens fort de ces termes, alors que Thérèse de l'Enfant-Jésus et Mère Teresa sont bien hautes dans le firmament de la perfection pour les catholiques. Leur sainteté leur viendrait du renoncement aux plaisirs faciles et de leur vie au service des autres.

Le *star-system* étatsunien a gagné l'Occident. Il crée des vedettes avec l'appui des médias. Il cueille de jeunes espoirs, qui rêvent de richesse et de célébrité dans la chanson, le cinéma ou le sport… Avec leur complicité, il les vend à un public assoiffé d'émotions. Médiatisées, ces *stars* signent de lucratifs contrats, apparaissent à la télévision et sont reconnues internationalement. Multimillionnaires, adulées, elles mènent une vie amoureuse désordonnée, étalée dans les journaux. Elles recourent aux médicaments, à l'alcool ou aux drogues, et meurent jeunes, de façon tragique. Marilyn Monroe, Elvis Presley, Michael Jackson et Whitney Houston, ces « monstres sacrés » ou ces grands enfants, en sont des exemples.

Le prochain messie, il ne faudrait pas que les humains le crucifient parce qu'il serait trop parfait pour eux. Pourrait-il n'être qu'un homme comme nous… Il serait nommé secrétaire général de l'ONU et se gagnerait l'appui de tous les pays, réussirait à les convaincre de ne vouloir et rechercher que la justice sous l'autorité de l'amour des uns pour les autres, et de ne jamais permettre à l'avoir et au pouvoir de se garder le dernier mot.

Si, au lieu d'imiter le Christ rédempteur, celui qui aurait pris sur son dos les crimes de l'humanité, ce nouveau messie obligeait les humains à s'assumer, à être responsables de leur sort, leur ouvrait les yeux sur leur capacité de créer plus d'amour, de se stimuler, ce ne serait pas signe de leur valeur, de leur grandeur?

Quand nos ancêtres ont accédé au stade de l'*homo sapiens*, à celui de l'homme moderne, ils se sont distanciés de leur milieu sans toutefois en divorcer et se sont éloignés de plus en plus des animaux dont ils descendaient. Ils avaient hérité d'un pouvoir soi-disant divin, extraordinaire et terrible, celui d'agir sur eux et sur leur environnement. Les répercussions furent positives et négatives.

Comment vivre les uns avec les autres, être plus que l'un des membres du troupeau, bien s'occuper des enfants, des vieillards et des malades, former une famille, se comporter avec les étrangers, se défendre contre les envahisseurs? Aujourd'hui, après des milliers et des milliers d'années, l'homme moderne se questionne encore, n'aurait trouvé que peu de réponses. Comment se nourrir correctement, s'accorder entre peuples, conserver l'eau potable et la partager, dépolluer et repeupler les océans, assainir l'air, régénérer les forêts, stopper le réchauffement climatique, etc.? Nous sommes sept milliards qui ont des besoins à satisfaire. La richesse est actuellement concentrée dans quelques pays privilégiés...

Attendrons-nous encore un messie, ou nous prendrons-nous en main? Un messie que nous n'écouterions pas s'il nous disait d'utiliser nos milliards pour faire autre chose que la guerre et de nous conduire en adultes responsables de notre destinée et de notre planète que nous avons le droit d'utiliser, mais le devoir de laisser en bonne santé à nos descendants. Ne devenons pas des anti-États-Uniens primaires, et rappelons-nous que s'ils étaient haïs, ils furent de puissantes locomotives de progrès dans d'innombrables domaines. Ils ont élu un président, George W. Bush, qui a envahi l'Irak pour soi-disant y établir la démocratie, assurer le respect de la Charte des droits de l'homme et exterminer le terrorisme, alors qu'il voulait assurer l'approvisionnement en pétrole de son peuple. Il y a lieu de se questionner sur cet empire, qui aurait dû inscrire en lettres dorées sur ses dollars : « *In our dollar we trust* », et non « *In God we trust* ». Le nouveau président, qui lui a succédé, Barack Obama, ne tient pas le même discours, mais vise les mêmes objectifs. Il est le premier mulâtre élu à la tête de ce pays, et il a été accueilli comme le Christ le dimanche des Rameaux. Il est bien intentionné, mais il aura à composer, comme tous les « messies », avec l'« hommerie » et la « femmerie », demain, dans son pays et dans tous les autres.

Nous prendre en mains, être des adultes responsables de notre sort, ne compter que sur nous est lourd de conséquences. Papa Dieu n'interviendrait plus. D'ailleurs, quand est-il intervenu pour nous aider à régler les problèmes de l'humanité depuis la mort de son prétendu fils? Les génocides que nous empêcherons, nous nous en donnerons le crédit. Avec Dieu, les croyants ont échoué; sans Dieu, en URSS, le matérialisme dialectique a échoué. Puisque la foi peut transporter les montagnes, ayons la foi, mais la foi en nous. Surestimons-nous! Il nous revient d'éliminer la guerre, les injustices, d'instaurer l'égalité entre les peuples et les humains, d'établir le règne de l'amour, de mettre le dieu Argent à sa place, de stopper la pollution évitable, de nous doter d'un gouvernement mondial qui ne serait pas un lieu où l'on palabre, où l'on abuse de la complaisance et de la diplomatie, le tout écrasé sous une lourde bureaucratie pendant que les problèmes criants crient de plus en plus fort et ne se règlent pas. La liste des problèmes et des solutions est connue.

Ayons la foi en l'amour de nous pour nous. Créons-nous une « messe » qui chante nos louanges, et non celles d'un Dieu qui aurait fait des merveilles. Le chant d'entrée ou l'introït pourrait commencer par ces mots: « L'être humain est un être extraordinaire quand il veut l'être ». Depuis 20 siècles, nous disons: « Seigneur, je ne suis pas digne de vous recevoir, mais dites seulement une parole… ». Nous souffrons d'« hommerie » et de « femmerie »; le diagnostic est posé sur notre maladie. Maintenant que nous sommes sept milliards, il reste à ajouter la qualité de vie pour tous les humains. Sans données statistiques sur notre degré d'altruisme, agissons! Si l'humanité est ce qu'elle est, des individus et des peuples l'ont façonnée telle. À l'assaut de la mondialisation de l'entraide! L'ONU encadrerait et orchestrerait cette marée humaine à la conquête du mieux-être pour tous.

Au IVe siècle, quand Constantin 1er le Grand transforma l'Empire romain en monarchie de droit divin, le christianisme devenait la religion officielle, l'État en faisait son associé, son égal. Il convoqua en 325 un concile œcuménique qui élabora le crédo de Nicée, confirmé de nouveau au concile de Trente, en 1545, et qui prévaut encore pour l'Église catholique de nos jours. Le divorce entre l'État et l'Église, depuis ce temps, s'est imposé de plus en plus, même l'Iran devra s'y résoudre. Nous voyons des Don Quichotte s'élancer sur les routes pour essayer de vendre la plus vieille utopie de l'humanité, instaurer le règne de l'amour au lieu de celui de l'argent.

Demain, les humains seront dix milliards, la planète ne suffira plus pour assurer leur survivance. Ils devront, malgré eux, devenir des adeptes de la simplicité volontaire, se partager équitablement les richesses ou s'entretuer, pour avoir le minimum vital. Comme rien ne devrait empêcher les croyants de livrer librement leur message d'amour et de paix, ils doivent respecter la liberté des incroyants de livrer le leur. Un agnostique aurait donc le privilège de dire qu'«à la place d'un Dieu qui aurait créé les croyants libres et responsables, qui leur aurait sacrifié son propre fils pour les racheter et leur enseigner comment s'aimer, les entendre gémir et supplier de venir à leur secours, je serais d'une surdité volontaire, inflexible, inébranlable». Ce Dieu-Père, infiniment parfait, fêté et louangé comme tel dans la liturgie, serait tout sauf un dépendant affectif...

L'auteur de cet essai croit que si quelqu'un de la trempe du Christ se développait au sein d'une communauté, tenait un discours et avait un impact social semblable, le danger que ses contemporains ne puissent pas l'intégrer serait très grand et qu'il serait de nouveau crucifié. Ceux qui l'ont imité, consciemment ou non, le connaissant ou non, et qui remettaient en question en profondeur le pouvoir «militaro-économico-politique» établi l'ont aussi été.

Vouloir survivre à la mort, dans un paradis où ne règnent qu'amour et bonheur ou dans la mémoire des hommes, est-ce une utopique illusion, ou une grande vanité? Laisser derrière soi une œuvre qui stimule les siens et les autres à aimer la vie, à mieux la savourer, qui ajoute du beau, de la lumière, et qui aide les humains à grandir, n'est-ce pas un noble projet?

C- Entre un hier nuageux et un demain pluvieux

La civilisation occidentale s'est développée depuis l'Antiquité et a donné la nôtre, qui a côtoyé celle de l'Orient, plus ancienne, et la côtoie de plus en plus. Le village global, dont parlait le sociologue canadien McLuan en 1964 dans son œuvre *Pour comprendre les médias,* continue de se construire tous les jours.

Avant d'y arriver, de longues et dures négociations s'annoncent. Les pays, jaloux de leur souveraineté, n'en céderont que des parcelles et n'accepteront pas de perdre leurs acquis. Sur les plans social, politique, économique et scientifique, l'humanité a beaucoup évolué, mais ces gains ne furent pas sans douleur et ont été obtenus au milieu de guerres nombreuses et dures. Si le phénomène de la mondialisation nous semble irréversible, il ne se réalisera pas sans épisodes tragiques, comme il s'en est vécu au cours de cette période, qui va de l'*homo sapiens* à nos jours. Cette période, courte à l'échelle de la planète, mais longue à l'échelle humaine, si l'on considère que l'être humain vient de sortir de sa grotte, est une période d'énorme progression.

Un répertoire des guerres de l'Antiquité à nos jours serait pénible à lire, démoralisant à parcourir et devrait être écrit avec du sang. Des peuples et des individus entreprenants malgré ces horreurs ont entraîné et aidé les humains à exploiter de plus en plus leur riche potentiel.

L'évolution de l'humanité, qui tantôt piétine, tantôt fait des bonds en avant, progresse-t-elle de façon égale et continue vers le mieux-être de tous? La mortalité infantile a-t-elle chuté, les pestes régressé avec l'hygiène, l'espérance de vie augmenté, le nombre de personnes qui meurent de faim diminué, etc.? Les humains, qui se sont dotés d'institutions et d'une technologie qui les aident à satisfaire leurs besoins de manière de plus en plus sécuritaire et facile, sont-ils de plus en plus nombreux à pouvoir en profiter? Il faut en douter.

Le peuple juif, avec ses prophètes et sa conception monothéiste de la divinité, a développé cette idée de l'égalité des humains, les Grecs ont établi les bases de la démocratie, les Romains ont élaboré le droit à l'origine de nos systèmes de justice, les chrétiens ont prêché une religion basée sur l'amour du prochain, les Arabes ont imprimé leurs marques civilisatrices, et l'évolution a continué en Occident dans toutes les directions. Les évangiles enseignés partout, les artistes, les philosophes et les scientifiques grecs et romains de l'Antiquité redécouverts ont permis à notre pensée de progresser au pas de course, depuis la Renaissance.

Différents pays d'Europe se sont démarqués à partir de cette époque qui était en gestation au Moyen Âge. Des pays comme l'Angleterre, la France, l'Espagne, le Portugal, l'Allemagne, la Hollande, la Belgique et l'Italie se sont développés, et bon nombre d'entre eux ont découvert le Nouveau Monde et créé des empires. Cette expansion explique la géographie humaine du monde occidental et même oriental d'aujourd'hui.

Le colonialisme, malgré sa volonté d'exploiter économiquement les peuples conquis, aidera peut-être ces peuples en leur ayant légué une autre langue, une autre technologie qui leur permettront peut-être de mieux s'intégrer au phénomène de la mondialisation, d'y participer comme les Romains, qui ont conquis les principaux pays d'Europe, leur ont légué le latin, qui a donné les langues romanes, leurs connaissances et leur savoir-faire. Le christianisme, enseigné parallèlement au colonialisme, était lui aussi un pas dans le sens de la mondialisation.

Au XXe siècle, le Nouveau Monde a vu les États-Unis devenir une puissance économique et militaire inégalée dans le monde actuel. Assombris par l'esclavage et le racisme, ils seraient sortis de cet enfer et seraient devenus des locomotives d'une puissance et d'une force qu'aucun pays actuel n'aurait pu égaler ou ralentir, mais demain… L'ex-URSS et sa tentative d'implanter son communisme dans le monde entier ne sont à peu près plus dans le décor.

Parmi les institutions importantes qui ont vu le jour, il faut citer la démocratie, les écoles qui vont maintenant de la prématernelle aux études postdoctorales, le développement de la justice et la spécialisation des tribunaux, le marché commun européen, la création de l'ONU et l'élaboration de la Charte des droits de l'homme, la Cour internationale de justice et le Conseil économique et social, qui sont de grandes conquêtes sur les plans social, judiciaire et économique.

À ces peuples qui furent des chefs de file, il faut ajouter des individus dont la réputation a franchi les frontières de leurs pays, et qui furent des accélérateurs de progrès et des bienfaiteurs pour l'Occident et le monde entier. Pour n'en nommer que quelques-uns, Homère, Platon, Aristote, Virgile, César, les Évangélistes, Dante, Thomas d'Aquin, Gutenberg, Cervantes, Michel Ange, Galilée, Léonard de Vinci, Montaigne, Shakespeare, Newton, Bach, Mozart, Marx, Pasteur, Darwin, Freud, Jean XXIII, Einstein furent des « Lumières » et ont imprimé aux arts et aux sciences des élans ou des bonds en avant qui font d'eux des personnes irremplaçables pour le mieux-être de leur peuple et de l'humanité.

L'évolution accélérée des moyens de communication clôture cette marche ascendante et aidera les peuples pauvres à rejoindre les riches. L'égalité des citoyens devrait s'accélérer, la justice, s'améliorer et l'environnement, devenir la priorité de demain. Le Christ, qu'on dit le fils de Dieu, serait venu dire aux humains qu'ils ne peuvent pas s'en sortir seuls, se faire confiance. Aveugles, nous aurions besoin de nous opposer les uns, aux autres, pour progresser, prendre les bonnes décisions.

Si aujourd'hui est nuageux, demain sera-t-il pluvieux? Pour l'environnement, de notre planète, cela ne fait pas de doute. Puisque la population mondiale augmente à un rythme effarant, il nous faudra combien de planètes comme la nôtre pour satisfaire les besoins humains qui augmenteront aussi avec l'augmentation de la qualité de vie? Un citoyen à l'aise consomme davantage de biens qu'un pauvre dans un bidonville ou dans une hutte, donc pollue plus. Les humains devront-ils apprendre à vivre avec moins? La simplicité volontaire pour tous? L'accepteront-ils?

À l'heure actuelle, les États-Uniens et leurs alliés dominent économiquement, militairement et culturellement le monde. Ils sont démocrates, mais d'abord pour eux-mêmes. Leur domination leur vient principalement de la force de leur économie. Devenir riche est l'idéal à atteindre des États-Uniens; l'argent est premier servi, et avec lui, ils auraient le pouvoir, la liberté et la qualité de vie.

Demain, comment entrer en compétition avec la Chine? Comment se fera le mariage entre l'Occident et l'Orient? Le troc et l'argent qui règnent depuis que les humains vivent les uns avec les autres céderont-ils le terrain à l'amour, qui entraîne avec lui la justice, l'égalité et la fraternité? Il faudrait être bien naïf pour le croire. Les Chinois domineront d'abord économiquement et peut-être de façon plus dure que les États-Uniens. Ils attendent depuis longtemps. L'Occident sera regardé comme l'ancien dominateur, abuseur, profiteur, exploiteur, et l'Orient, derrière la Chine, dira: «À notre tour». L'argent continuera d'imposer avec arrogance sa domination, et les révolutionnaires qui voudront lui substituer l'amour comme première valeur continueront-ils leurs discours ou leurs chansons qui berceront leurs illusions?

Sans tirer de conclusions trop pessimistes, il faut en tirer des réalistes. Les humains sont ce qu'ils sont, ont des limites, et l'animal qui vit en eux précède le sage qu'ils peuvent devenir. En groupe, socialement, le discours des fils des ténèbres, leur philosophie qui prône et défend la facilité, l'opulence et l'immédiat l'emportent sur ceux des fils de la lumière, qui prônent l'effort, la modération et le lendemain. Le combat est inégal. Pour les fils des ténèbres, la fin justifie les moyens; pour les fils de la lumière, elle ne les justifie pas, et ils doivent être moraux, légaux, respectueux de la justice et au service de l'amour.

Le citoyen à la tête de son pays qui voudrait faire régner une moralité sans faille et des institutions inattaquables devrait s'entourer d'un important cortège de gardes du corps pour le protéger. Les sociétés démocratiques, accordant à leurs citoyens le maximum de liberté pos-sible, doivent pactiser avec le diable qui nous habite tous plus ou moins et qu'on pourrait appeler l'«hommerie» et la «femmerie».

Les philosophes et les moralistes qui nous ont précédés ont répertorié et défini des valeurs, des vertus ou des qualités que les humains auraient intérêt à développer ou à cultiver pour exceller ou se dépasser sans devenir des anges. Ces idéaux d'excellence qu'atteignent les humains sont des acquis et ne se transmettent pas génétiquement. L'exemple des proches, des concitoyens et de sages institutions leur permettent de revivre dans les générations qui se succèdent.

Les valeurs, les vertus, aussi bien que les qualités morales se rejoignent toutes et furent l'objet d'études, de classifications dans les siècles antérieurs, et tous devraient les connaître. Elles font partie de notre héritage culturel, sont défendues et enseignées dans les familles, les écoles et les églises. Les énumérer vous les rappelleront comme présentes en vous et désireux de les vivre. Un répertoire sommaire des vertus comme la prudence, le courage, la tempérance et la justice, des valeurs comme la vie, l'amour, la liberté et des qualités morales ou importantes comme la générosité, l'honnêteté, la sensibilité ou la compassion, la tolérance, la lucidité, la volonté et le réalisme peut être utile.

Aucune démocratie n'a la liberté de tolérer ou d'encourager le mal, le vice ou le négatif. Ne pas combattre avec courage et détermination ce qui détruit la vie au lieu de l'aider à se développer et s'épanouir est inacceptable et vient de la faiblesse humaine ou de l'«hommerie» et de la «femmerie», qui sont ancrés en nous. Le mal comme la noirceur et la maladie sont le reflet d'une absence de bien, de lumière et de santé. Le bien est bien en soi, est positif et doit régner, l'emporter sur le mal, qui est négatif, synonyme de mort.

Le Christ serait venu nous enseigner l'art de vivre harmonieusement entre humains, mais les citoyens qui exerçaient le pouvoir en son temps l'ont condamné à mort. Excepté Jean, sa mère et quelques femmes, ses disciples et ceux qui l'avaient entendu et côtoyé n'ont pas pris sa défense, ont assisté, passifs, à sa crucifixion. Les évangélistes ont témoigné de sa résurrection et, basé sur sa vie et ses propos, le christianisme est né, s'est développé et a tenté et tente encore de mondialiser sa pensée. Au XXe siècle, le communisme est né, prônant l'athéisme, et voulait lui aussi mondialiser sa doctrine, basée sur l'égalité des humains, mais il a échoué.

Il semblerait que le rêve chrétien d'un monde où l'amour règnerait, tel que le rêve communiste où tous les hommes seraient égaux, en théorie et en soi excellents, ne peuvent s'implanter ou se vivre avec les humains. Ils seraient condamnés à parler de ces rêves en termes d'utopies, comme irréalisables, et, pourtant, le rêve d'aller sur la Lune n'était pas une utopie, il s'est réalisé. Le christianisme continuera-t-il à perdre du terrain, à péricliter ? Là où il règne, il n'a pas réussi à enrayer la guerre, l'injustice, ni à implanter l'amour comme première valeur, détrônant l'avoir et le pouvoir.

Comme la vie ne se réduit pas aux objectifs que l'on veut atteindre, qu'on la vit quotidiennement avec ses proches et ses concitoyens, qu'elle est dans le chemin que l'on parcourt, tel un Sisyphe heureux de se lever tous les matins et de continuer à construire un monde plus humain, il faut accepter de ne pas savoir où elle conduit si on ne s'abandonne pas ou ne se livre pas à une religion.

En Occident, l'Angleterre a exercé une énorme influence sur les plans politique et économique. Elle développa en Europe la démocratie, et elle fut la première puissance économique mondiale grâce à sa force maritime. À l'origine de la révolution industrielle, elle orienta et influença en profondeur notre civilisation, qui comprendrait les pays réputés économiquement prospères.

Peut-on parler d'une prospérité dont les bases sont en acier trempé et la construction en pierres qui défient les siècles? Malgré la récession actuelle que les États-Unis ont déclenchée et qui a gagné le monde, nous pouvons dire que notre édifice économique est bien fragile, que notre richesse est surfaite, artificielle. Nos pays et nos citoyens vivent au-dessus de leurs moyens, le taux d'endettement collectif et individuel est faramineux, et, tôt ou tard, le château de cartes devait s'écrouler. Des abuseurs éhontés et immoraux l'ont précipité.

Pour nous relever, nous nous endettons davantage. Déjà étouffés par des paiements hebdomadaires, mensuels et annuels ou pour des dizaines d'années, les citoyens, demain, devront faire face à un esclavage encore plus lourd, et les générations montantes commenceront leur vie d'adultes lourdement hypothéquées. C'est de l'irresponsabilité inqualifiable. Il y a les dettes qui sont des investissements, qui peuvent coûter très cher en intérêts, et il y a les autres... Si un des deux conjoints perd son emploi et a de la difficulté à se réintégrer dans l'armée des travailleurs, surtout à un certain âge, c'est la catastrophe... On voit s'accumuler les maisons et les deuxièmes autos à vendre, les faillites apparaître, etc. L'emploi continue d'exercer sa dictature de vie ou de mort si l'État ne prend pas la relève, puis s'endette à la place du contribuable, qui, tôt ou tard, devra payer le capital et les intérêts qui s'accumuleront. En janvier 2013, pour chaque dollar gagné, les Canadiens doivent un dollar soixante-quatre.

Pour faire face à cet endettement, les pays doivent multiplier les prouesses afin d'augmenter la croissance du P.I.B., la richesse collective et individuelle doit nécessairement s'accroître, une consommation insatiable se développer, la planète être surexploitée et la pollution être surmultipliée. Cette productivité et cette consommation effrénées, qui expliqueraient notre prospérité d'hier et enrichiraient certains pays, dont des capitalistes profiteurs et abuseurs, créent une illusion de richesse dont les racines ne sont pas dans l'acquis, l'accumulé, mais dans le promis, le probable, si le château de cartes ne s'écroule pas.

Tout l'effort actuel des pays économiquement forts consiste à remettre sur pied un système économique qui nous a conduit où nous en sommes, à une récession dont nous ne savons pas trop comment nous en sortir pour mieux retomber dans une autre, si nous ne sommes pas plus sages, moins voraces, ce qui ne semble pas être le cas.

Pierre se demande s'il rêve, quand il entend des économistes réputés dire que les citoyens qui coupent leurs dépenses en temps de crise sont des égoïstes et des salauds, à courte vue, quand l'endettement à outrance des contribuables occidentaux est la cause première de cette récession dont le monde n'est pas prêt de sortir. Ces experts proposent comme solution d'endetter davantage les générations montantes, de pelleter en avant, comme si nos gaffes et nos bêtises ne nous rattrapaient pas toujours, et de préparer une autre récession, comme il s'en produit tous les dix ans. Les milliards d'endettement que se votent les divers gouvernements créent des cauchemars à tout citoyen responsable qui aime ses enfants et petits-enfants, sans compter les coûts exorbitants des intérêts à payer sur ces dettes qui découragent tout ministre des finances consciencieux.

Tôt ou tard, il nous faudra apprendre à limiter et à définir nos besoins avec plus de rigueur, plus de modération, cesser d'user et d'abuser de toutes les formes d'énergie, devenir raisonnables. Attendre d'un messie les solutions est enfantin et irréaliste. Il faut que nous soyons tous individuellement des messies en révélant à nous-mêmes le devoir d'être plus responsables et adultes au quotidien.

Si hier était nuageux, demain sera certes pluvieux, tant que nos priorités seront d'abord économiques. Nous ne récolterons que déboires, échecs, inégalités, injustices, exploitations et guerres dans le monde des humains. Les citoyens des pays riches devront, malgré eux, devenir des sympathisants, des adeptes de la simplicité volontaire, et les gouvernements devront ramener les affamés de profits à l'ordre, les riches sur le plancher des vaches avec ceux qui vivent bien avec un salaire décent et raisonnable, et qui n'ont pas besoin d'additionner les châteaux et les limousines quand une honnête propriété et une automobile sécuritaire et peu ou non polluante suffisent à tout citoyen normal…

Il y a l'armée des travailleurs, des patrons, des actionnaires, des spéculateurs, des économistes, des journalistes, des penseurs, et même des amoureux pour qui «amour» ne rime plus avec «toujours», qui ne privilégient que le présent et l'immédiat, le court terme, contrairement à une saine évolution qui se conjugue nécessairement avec le temps. Demain, les humains seront dix milliards qui auront des besoins à satisfaire et qui pollueront encore... Le régime capitaliste est un régime qui enrichit celui qui court plus vite que les autres, où le deuxième pleure, qui veut répondre hier aux besoins de demain et où le profit promet un bonheur qui ne sait pas attendre.

Les riches, millionnaires, multimillionnaires, milliardaires et multimilliardaires sont, pour le régime capitaliste, des modèles de réussite, des exemples à imiter, contrairement aux saints chez les catholiques qui se sont sanctifiés en pratiquant la pauvreté. Ces riches incarnent le rêve américain, le rêve des Occidentaux, qui est en train de gagner les citoyens de toute l'humanité. Pauvre planète Terre...

À M. Ban Ki-moon, Secrétaire général de l'ONU, l'inacceptable et l'intolérable durent depuis que les humains vivent sédentaires dans différentes communautés sur notre planète. Aujourd'hui, des enfants, par centaines de millions, ne sont pas soignés, ne mangent pas à leur faim et ne s'instruisent pas. La majorité des humains adultes ont un revenu dérisoire, la guerre continue ses ravages, et l'armement génère des milliards et des milliards aux pays riches. Ça ne va pas. Vous convoquez vos membres et leur démontrez qu'ils doivent voter et décider de mesures qui mettront un terme à la mort injustifiée d'enfants, à l'injustice et à l'iniquité dans le monde, tel que le dit la charte qui définit les devoirs et responsabilités de l'ONU.

Actuellement, les pays riches imposent leurs priorités et les pays pauvres doivent recourir à une philosophie socialisante dans l'espoir que le coude à coude les aidera à survivre. L'espoir leur vient de leur solidarité à partager le peu qu'ils possèdent. Ils prient et attendent l'aide d'en haut, supplient l'ONU et les pays riches. Même si des citoyens font un travail admirable sur le terrain pour les aider sous l'égide d'organismes patronnés par l'ONU et que des ONG ainsi que de nombreux et généreux missionnaires ou laïques y consacrent leur énergie, ce n'est pas suffisant. Ils ne peuvent que rendre leur misère et leur souffrance un peu plus supportables.

Actuellement, l'ONU n'exerce pas le *leadership* qu'elle devrait sur la répartition des richesses, la défense des droits de l'homme, le progrès de la démocratie, la défense de l'environnement et la circulation d'une information libre et honnête. On assiste au spectacle désolant d'un monde où les forts dominent, où l'on refuse de baliser les effets négatifs d'une philosophie capitaliste qui impose une morale de la loi d'une offre et d'une demande implacables.

Que les pays défendent leur liberté, leur souveraineté et leur culture, bravo, mais non au détriment du bien de l'humanité. Si l'ONU ne joue pas son rôle de *leader* mondial, l'Empire chinois succédera à l'Empire étatsunien et imposera « ses priorités » comme tous ceux qui ont précédé...

Malgré nous, Occidentaux, nous avons créé la Chine économique actuelle, en avons fait la puissance de demain, l'empire qui succédera à celui des États-Uniens. En livrant aux Chinois notre savoir, notre technologie, en formant dans nos universités leurs meilleurs étudiants, en accueillant leurs délégations d'ingénieurs et de techniciens dans nos industries, nous fabriquions des concurrents affamés et féroces. Ils nous diront: «Ôtez vos fesses qu'on mette les nôtres.» Ils feront de nous, à leur tour, ce que nous avons fait d'eux, nous réduirons à des rôles de sous-traitants, si nous ne sommes pas plus ingénieux et innovateurs qu'eux. Plus nombreux que nous, ils contrôleront l'ONU comme les États-Uniens et leurs alliés le font aujourd'hui, pollueront pour s'industrialiser davantage, nous concéderont une chaise au Conseil de sécurité et achèteront nos produits s'ils leur sont nécessaires. Pendant un temps, les États-Uniens et les Chinois rivaliseront, ils joueront au jeu des courbettes polies, mais tôt ou tard, le plus fort s'imposera et dominera. La Chine a le vent dans les voiles, aura une main-d'œuvre abondante et compétente, et s'imposera, comme les États-Uniens déclinent depuis déjà plusieurs générations. Actuellement, une oligarchie, composée des pays les plus puissants économiquement et militairement, contrôle le Conseil de sécurité, impose ses volontés aux autres, dont le pouvoir réel est à peu près inexistant.

Sans remonter aux conflits entre les nomades et les agriculteurs, les premiers empires seraient nés en Égypte vers 2700 av. J.-C., et depuis ce temps, les pays jouent à la chaise musicale. Le pays qui détient le pouvoir a la chaise gagnante, est celui qui domine militairement, économiquement et politiquement les autres. Le militaire et l'économique soutenant le politique, ce jeu ne cessera que si les pays de l'ONU subordonnent le Conseil de sécurité à leur démocratique volonté. La justice au service de l'amour suivra si tous veulent qu'elle règne et que les nobles valeurs humaines qui en découlent dominent, et non celles de la richesse et de la puissance, de l'avoir et du pouvoir.

Pour hâter l'arrivée du grand jour, le jour de l'utopique règne de l'amour, puissent continuer à se multiplier des créateurs de la trempe d'un Beethoven, qui nous a fait cadeau de l'*Hymne à la joie*. Avec lui, chantons l'amour du monde, de la vie, de la nature, de la justice, de la liberté, de la famille, des grands-parents, de la maternité, de la paternité, des enfants, de la santé, du travail, des sports, des arts, de la science, du bon, du beau, du vrai, des saines nourritures terrestres porteuses de qualité de vie et de bonheur pour tous les humains. Puissent-ils vivre heureux et en paix sur leur territoire, dans leur communauté et leur pays, selon leur culture.

À l'heure actuelle, aux États-Unis, des rois du marketing ont mis sur le marché, catapulté les «bulles sociales» Facebook et Twitter, qu'on appelle pompeusement des «médias» ou des «réseaux sociaux», au lieu de tribunes pour personnes en mal de visibilité ou de voyeurisme, dans un univers axé sur le paraître et la consommation d'humains. Deux tsunamis déferlaient sur le monde, deux «m'as-tu-vu, je t'ai vu», et deux «si j'en avais et j'en ai des amis» ou deux agences de rencontre, pour faire oublier leur récession-dépression, leur morosité. Ne parlons plus des scandales financiers à l'origine de la catastrophe économique mondiale qu'ils ont infligée à leurs citoyens et aux autres sur terre. Espérons que le réveil de ces faux amis ne sera pas trop brutal. Quand les membres de ces «bulles sociales» perdront leur illusoire famille, leur harem amical, cela ne fera-t-il qu'ajouter des divorces, des séparations, des incompréhensions? Quelles traces ineffaçables laisseront-ils d'eux dans les archives du Net? Il ne peut rien sortir de bon de l'argent sale, comme il ne sort que déceptions de créatures artificielles issues de gènes défectueux et dont les effets sont et seront psychologiquement toxiques. Les États-Uniens pensent à eux, et ensuite, au bien de l'humanité. Diffuser les répressions violentes d'un tyran, sur un site Internet de l'ONU, suffirait…?

En attendant le jour où l'amour détrônera l'avoir et le pouvoir, les adultes de bonne volonté ou les fils de la lumière du monde entier devront se donner la main, être solidaires et l'emporter sur les fils des ténèbres qui ne cherchent qu'à posséder davantage d'argent, de biens et une vaine célébrité pour dominer. Les fils de la lumière sont majoritaires sur leur territoire, dans leur pays et dans le monde et se doivent d'être plus intelligents et de meilleurs alliés au service de l'amour, pour annihiler les fils des ténèbres.

Qu'on soit enfant ou adulte, vivre dans un bidonville, essayer d'extirper d'un dépotoir un objet qui aurait un peu de valeur, travailler du matin au soir à 10 ou 11 ans, être enlevé tout jeune à sa famille, enrôlé et dressé pour s'insérer dans une guerre civile à laquelle ils ne comprennent rien, se demander si ses enfants mangeront le lendemain, si on aura du travail, et continuer à lutter pour survivre est digne d'admiration. Parallèlement, des capitalistes disent chaque matin : « 10, 20, 30 mille dollars et plus entreront... »

Quand la faim et la soif te caractérisent, définissent ton niveau de vie, quand satisfaire tes besoins primaires est ta première et principale préoccupation, on peut comprendre que le papier monnaie acquiert un pouvoir divin. Quand tu fais partie d'une communauté dont tu te sens solidaire, d'une classe moyenne qui vit bien, que tu es en santé, que tu t'aimes, que tu aimes et est aimé, que tu as reçu une instruction qui te procure un travail satisfaisant, le reste est secondaire. Si en plus, tu vis en démocratie, tu as droit à des loisirs, tu es déjà riche. Ne pas mettre au-dessus de l'argent, du luxe, les nobles valeurs issues de la vie, comme l'amour, la justice et la liberté, et se croire évolué est vivre et ne pas vivre, être et ne pas être un humain. L'ONU a-t-elle accepté, a-t-elle permis à l'argent, le nerf de la guerre, de devenir le nerf de l'humanité ?

Que les Barack Obama, Xi Jinping, Manmohan Singh, Vladimir Poutine, etc., disent à tous qu'ils cherchent le bien de l'humanité avec les Ban Ki-moon, le pape François, etc., en plus de celui de leurs électeurs, et veulent établir le règne de l'amour et de la justice avant leur règne et celui du veau d'or.

Existe-t-il une fin de vie plus agréable qu'écrire ses pensées, léguer le fruit
de son expérience aux siens, à ses proches, à ses compatriotes,
à ceux de sa nation, en toute liberté?

VIATEUR TREMBLAY

D- RÉACTIONS APRÈS LECTURE

Dans cet essai, l'auteur, comme moraliste, n'est ni pro ni antiféministes, antigais, anticapitalistes, antisocialistes, antisyndicalistes, anticommunautaristes, anti-environnementalistes, antimondialistes, «anti-étatsunianistes», «anti-opinionistes», «antimédiatistes», etc. Il dit ce qu'il croit être positif ou négatif pour les siens, ceux de sa nation, qu'ils soient Québécois de souche ou d'adoption.

L'auteur vous propose, ados et jeunes adultes qui pourraient le lire, de donner un titre à ces propos et réflexions. Il en suggère un certain nombre, mais le meilleur serait le vôtre. Cela vous a-t-il plu, déplu, amusé, choqué, fait réfléchir, ennuyé? Vous vous écoutez. Il vous propose en plus de caractériser votre première impression. S'il vous venait des titres et des impressions plus flatteurs que ceux suggérés, ne les rejetez pas!

L'humilité est la seule vertu que l'on ne peut se vanter de posséder sans la perdre. Toutes vos réactions ont droit de cité. Si des Marilyn Monroe, Romy Schneider et Dalida se seraient suicidées riches et au sommet de la gloire, il faut croire que l'argent et la célébrité ne sont pas tout. Ce plus, il revient à chacun de le découvrir, de le faire sien et d'en vivre.

Un essai ne se lit pas comme un roman, demande réflexion. Il devrait s'en dégager une unité de pensée, une philosophie. Comme il ne fut écrit qu'avec l'aide du *Petit Larousse*, vous devriez y naviguer sans difficulté ou sans trop de recherche.

Dans la recherche de ce qui est plus important que l'argent et la célébrité, la première place va à l'amour. La nature a voulu que les parents aiment leurs enfants de façon instinctive et inconditionnelle. Ce cadeau les accompagne jusqu'à leur mort et n'a pas de prix.

Dans toute société, la civilité doit l'emporter sur la barbarie, la culture sur la bêtise, la rationalité sur l'instinct, la dignité sur la bassesse, la connaissance sur l'ignorance, le raffinement sur la vulgarité, la sagesse sur l'imbécillité, la moralité et l'excellence sur la facilité et le laisser-aller. La conquête du réalisme et de la lucidité vient avec l'âge.

Pierre, avec le bagage héréditaire et l'éducation reçus, son activité personnelle, les bons coups et les coups durs que la vie lui a portés, souhaiterait que tous se sentent solidaires, dans leur milieu, des élus de ce monde, les Ban Ki-Moon, le pape François, Barack Obama et tous les autres, pour construire un monde meilleur. Il reviendrait à chacun de suivre ces citoyens, de cautionner ou non leur *leadership* selon leur mérite, eux qui ne sont que des humains, des adultes de bonne volonté, et dont les succès dépendent du soutien qu'ils ont reçu et recevront de ceux qui les entourent et qui croient en eux.

Pierre dit aux psys qui « psychologiqueront », psychanalyseront et psychiatriseront son essai qu'il s'est inscrit à l'école de la vie et a lu et relu l'*Iliade*, d'Homère, *Le Roman de Renard* et *Le Petit Prince*, de Saint-Exupéry, au lieu de s'en tenir à leurs conclusions, qu'il connaît peu et sont souvent basées sur des études statistiques, pour philosopher sur la vie et les humains. L'auteur ajoute n'avoir présenté son manuscrit à aucun spécialiste des disciplines scientifiques qu'il touche, n'avoir ni lu ni consulté aucun traité de sciences humaines, ou exactes, et qu'il s'intéresse, depuis qu'il est à la retraite, à la lecture d'essais ou d'œuvres plus générales que pointues, qui auraient une portée sociologique. Il comprendrait que des spécialistes puissent réduire beaucoup de ses propos et réflexions à néant. Comme il s'adresse à monsieur et madame Tout-le-Monde, simplement, il aimerait parler ou se questionner avec eux et en leur nom. Tout, dans cet essai, est issu de son vécu et de l'expérience acquise. Puisse-t-il être un bon interlocuteur pour qui l'en juge digne!

1- Titres possibles… L'un d'eux vous convient-il?

Plutôt sérieux, ce livre!

Plutôt sévère, ce livre!

L'humour est entre les lignes…

On voudrait changer le monde?

Réflexions entre deux réflexions

On affirme, ou on remet en question?

On veut séduire, ou convaincre?

Un penseur du dimanche se livre

Un cours magistral?

Mes parents ne m'ont pas dit cela

Un missionnaire incroyant…

Prédication d'un agnostique

Un programme de sainteté laïque

Propos et réflexions d'un Québécois «pure laine»

Propos et réflexions d'un homme heureux

Propos et réflexions qui demandent réflexion

Propos et réflexions révolutionnaires

Propos et réflexions à contre-courant

Réflexions et propos moralisateurs

Un son de cloche différent

Un Québécois de souche debout!

Un livre utile… Qui sait?

2- Première(s) impression(s)…

Ingurgiter 4 500 réflexions et plus…

Je ne sais trop quoi penser

Ça me bouscule!

Des réflexions pertinentes

Un auteur qui a des convictions

Un auteur qui sait où il s'en va

Un auteur qui prend position

J'ai appris des choses

Des critiques pour construire

Des idées claires et du contenu!

Une douche de réalisme

On en a pour notre argent

Ça irait bien ou mal, dans le monde?

Veut-on m'influencer?

Partir de l'Antiquité…

Oser parler de morale…

J'ai ma propre morale et j'y tiens!

Un livre plein d'espoir

Un livre pour nous?

Un livre pour le citoyen de demain?

Un livre à lire et relire?

Un livre à garder à portée de main?

Distribué par BND Distribution

4475, rue Frontenac, Montréal, Québec, Canada H2H 2S2
Tél. : 514 844-2111 poste 206 Téléc. : 514 278-3087
Courriel : libraires@bayardcanada.com
Distribution numérique : Agrégateur DeMarque
Web : http://vitrine.entrepotnumerique.com/ressources?publisher=Les+%C3%A9ditions+Belle+Feuille&sort_by=issued_on_desc&view=covers

Titres par catégorie	Auteurs	ISBN
Poésie		
À la cime de mes racines	Mariève Maréchal	2-9807865-5-1
Un miroir sur ma tête		
Amalg'âme	Angéline Bouchard	978-2-9811691-1-7
Arc-en-ciel d'un ange	Diane Dubois	978-2-9810734-0-2
Bonheur condensé	Magda Farès	2-9807865-8-6
Fantaisies en couleur	Marcel Debel	978-2-9810734-1-9
Voyage au centre de la pensée	Louis Rodier	978-2-9810734-8-8
Nouvelles		
La Vie	Marcel Debel	2-9807865-0-0
Lumière et vie	Marcel Debel	2-9807865-1-9
Quelqu'un d'autre que soi	Micheline Benoit	2-9807865-4-3
Une femme quelque part	Micheline Benoit	2-9807865-2-7
Essais		
Au jardin de l'amitié	Collectif	978-2-9810734-2-6
Les Jardins,		
expression de notre culture	Pierre Angers	2-9807865-3-5
Univers de la conscience	Yvon Guérin	2-9807865-7-8
Vivre sur Terre, le prix à payer	Alexandre Berne	978-2-9811696-3-1
De l'aurore à la brunante	Viateur Tremblay	978-2-923959-64-1
Récits autobiographiques		
La fenêtre de la liberté	Claudette Gauvreau	978-2-923959-55-9
Cas vécus		
Enveloppez-moi de vos ailes	Huguette Lemaire	978-2-923959-48-1
L'insomnie, une lueur d'espoir	Carole Poulin	978-2-9810734-7-1
L'instinct de survie de Soleil	Gabrielle Simard	978-2-9810734-3-3
Récit d'un fumeur de cannabis	Stéphane Flibotte	978-2-9811696-4-8
Recueils de fantaisie pour enfant		
L'anniversaire de Marilou	Hélène Paraire	978-2-9810734-5-7
Les oreilles de Marilou	Hélène Paraire	978-2-9811696-2-4

Romans

Deux enfants aux petites valises	Yvette Desautels	978-2-923959-57-3
En quête du passé	Chantal Valois	978-2-923959-58-0
La Ménechme	Chantal Valois	978-2-9811696-8-6
Les millions disparus	Bernard Côté	978-2-9811696-0-0
Lettre à ma Louve	Lise Vigeant	978-2-923959-52-8
Méditation extra-terrestre	Olga Anastasiadis	2-9807865-9-4
Oscar et Hélène dans la naissance de la nouvelle Terre	Fred Ardève	978-2-923959-59-7
Oscar et les Vendanges du Seigneur	Fred Ardève	978-2-923959-53-5
Rose Emma	Gisèle Mayrand	978-2-9810734-4-0
Sous la poussière des ans	Pierre Cusson	978-2-923959-51-1

Récits

L'Arnaquée	Gisèle Roberge	978-2-9811696-6-2

Recueils de contes

L'aventure de Vent des Neiges	Sophie Bergeron	978-2-9811696-7-9
Le Diamant inconnu	Pierre Barbès	978-2-9810734-6-4
Contes de l'au-delà		

Romans fantasy

L'Arbre à Bulles : Tome 1 - Le Leilos	Anne Gaydier	978-2-923959-60-3

Sciences-fictions

Collection Espadia : La nouvelle ère de la Terre	Maxime G. Benjamin	978-2-923959-56-6
Recueil d'événements au sein de l'exspace	Damien Larocqu	978-2-923959-49-8

Biographies

Maman et la maladie « d'Eisenhower »	Anne-Marie Pépin	978-2-923959-54-2

Autofictions

Tout peut arriver (épuisé)	Roxane Laurin	978-2-923959-47-4

Autobiographies

Le crapuleux violeur d'âmes	Monique Richard	978-2-923959-50-4

Anecdotes de vie

La magie du passé	Marcel Debel	978-2-9811696-9-3